中国新供给经济学研究书系
BOOKS OF STUDIES IN CHINA NEW SUPPLY-SIDE ECONOMICS

编委会

主　　　任　洪崎　贾康
副 主 任　徐林　李万寿　白重恩　姚余栋　黄剑辉　刘培林　王庆　滕泰
执行主编　姚余栋　黄剑辉　王广宇
执行编委　冯俏彬　金海年　张茉楠　刘薇

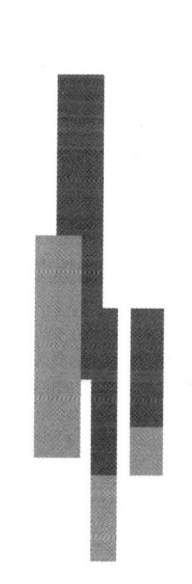

中国新供给经济学研究书系
BOOKS OF STUDIES IN CHINA NEW SUPPLY-SIDE ECONOMICS

PPP：地方善治的必由之路

欧纯智 ◎ 著

企业管理出版社
ENTERPRISE MANAGEMENT PUBLISHING HOUSE

图书在版编目（CIP）数据

PPP：地方善治的必由之路 / 欧纯智著. —— 北京：企业管理出版社，2017.5
ISBN 978－7－5164－1501－6

Ⅰ.①P… Ⅱ.①欧… Ⅲ.①政府投资－合作－社会资本－研究 Ⅳ.①F830.59 ②F014.39

中国版本图书馆CIP数据核字（2017）第084844号

书　　名：	PPP：地方善治的必由之路
作　　者：	欧纯智
责任编辑：	聂无逸
书　　号：	ISBN 978－7－5164－1501－6
出版发行：	企业管理出版社
地　　址：	北京市海淀区紫竹院南路17号　邮编：100048
网　　址：	http://www.emph.cn
电　　话：	总编室（010）68701719　发行部（010）68701816
	编辑部（010）68701891
电子信箱：	niewuyi88@sina.com
印　　刷：	三河市嘉科万达彩色印刷有限公司
经　　销：	新华书店
规　　格：	787mm×1092mm　1/16　17.75印张　263千字
版　　次：	2017年5月第1版　2017年5月第1次印刷
定　　价：	58.00元

版权所有　翻印必究·印装错误　负责调换

序　言

初见欧纯智时，知她在中国人民大学取得的行政管理博士学位，研究方向是公共利益、税收征管。当时她将有关税收征管的博士论文拿给我看，感觉她受到过严谨的学术训练，又知她对PPP创新非常感兴趣，遂在其后鼓励她在财政部科研所（今财科院）做有关PPP治理专题的博士后研究。本书便是在欧纯智博士后出站报告的基础上修改而成。

这一成果跳出了财政学专业视界，将公共服务供给放在尽可能广阔的背景下进行研究，是一项融政治学、经济学、财政学、行政管理学和博弈论为一体，规范研究与实证检验相结合的跨学科综合研究成果。作者特别关注综合理性，兼顾时空对政策的适配，强调把握系统性、整体性、协同性来看问题。在横向上，作者分别从融资到管理再到治理三个维度，对公共服务供给进行剖析并提出解决方案；在纵向上，作者力求实现公共服务在不同历史阶段对公共行政理论范式（传统公共行政、新公共管理、公共治理）的扬弃与超越。作者以政府作为观察思考的主体视角，以公共利益作为价值取向，努力运用科学严谨的研究方法使全书在逻辑上自洽，得出PPP是公共服务供给提效升级的伟大制度创新这一结论，并围绕这个主题形成了一系列有学术价值的认识。我看本书的特点主要体现在如下四个方面：

首先是治理思维。作者并不认同不少有关PPP的学术研究的散点式考察，效率、收益、风险、优化等问题的研究固然重要，但作者特别强调的是大处着眼、纲举目张的治理维度思考，把收益风险分担模型以及优化等经济管理问题的讨论，纳入公共服务供给的核心价值—实现公共利益、社会公平正义、承担国家责任、回应民众诉求的"顶层取向",进而聚焦于治理这一核心概念的演变开掘,结合国家治理现代化的系统化制度安排和机制创新,进行深入剖析。

其次,是共赢思维。本书在承认人性自利的基础上,试图利用激励机制将公共利益与私人利益加以整合,将私人部门利益引导到公共利益的轨道上来,实现两者的内在统一。换言之,使社会资本在实现个人利益的过程中同时实现社会公共利益。相关创新的意义也因此呼之欲出,耐人寻味。

再次,是合法性与有效性统一的思维。本书基于对传统公共行政以及新公共管理的反思,提出PPP是旨在实现公共利益、勇于承担国家责任、回应民众诉求的新型公共服务供给制度,并在伙伴间有水平民主权力划分,以及在公共服务提供者与使用者之间有垂直权力结构的重新构建。作者透视政府主导下的内部平行合作与外部的多中心层级制权威结构,在PPP模式下相互交织,揭示其内生的伙伴间内部关系合法、外部社会综合效应有效,实现合法性与有效性的统一。

最后,是理论密切联系实际服务实践的思维。作者认为纯粹学理层面生成的建议在现实中往往难以实现,问题导向下理论和与实践的紧密结合,才能以可操作性更好地推动现实问题的解决。本书根据相关理论分析,在考察具体案例的基础上,注重有针对性地指出公共服务供给制度的善治之路并研讨其操作要领。

本书是作者对公共服务供给实践长期思考和运用相关学科成果进行深入研究的结晶。对这一主题的探究,经历了一个不懈求索、逐渐深化的过程。我欣喜地看到,作者在理论密切联系实际的科研道路上一步步走来,对研究内容的把握正趋向于比较系统化,特别是体现了认识的深度与创新的亮点。人生有涯,而知无涯,公共服务供给研究需要直面现实的问题与挑战,把握国家治理现代化的历史潮流,把学术理论紧密地联系和有效地服务于实际工作。希望欧纯智博士继续在公共服务供给与PPP理论研究领域努力耕耘下去。天道酬勤,相信在将来会取得更为丰硕的成果。在本书出版之际,特作此序诚挚祝贺!

贾 康

2017年4月

自　序

我是中国人民大学的行政管理博士，研究方向是公共利益和税收征管。博士期间为了我的博士论文做国内文献回顾，博导蓝志勇教授推荐我看贾康教授的东西。在阅读的过程中逐渐被贾老师的学识吸引，不自觉地扩大了文献范围，对 PPP 发生兴趣，觉得 PPP 在治理层面还有很多未尽的工作。后来成为贾老师的博士后实属幸运，也让我有机会对 PPP 进行系统研究，PPP 顺理成章地成为我博士后阶段的研究方向。

当前的 PPP 有些"政热企冷"，甚至被说成是新骗局，这显然不是 PPP 自身的问题，就如同兵器既能杀人也能防身一样，比如说方天画戟，它是仪设之物，也可以用来作为兵器，它说到底就是工具，如果用方天画戟杀人而不是防身，到底算武士的错还是兵器的错？PPP 的融资功能是其工具性的优势，可以有效缓解地方财政压力，这也是 PPP 受政府欢迎的最重要原因。然而武士用兵器做什么、怎么用并不是兵器的工具性所能决定。当前我国对 PPP 的研究更多地聚焦于融资、风险、收益等纯经济视域，有关伙伴关系、伙伴间分权、PPP 的有效性与合法性等问题却乏人问津。也可以这样理解，当前对 PPP 的工具性研究比较广泛深入，而有关 PPP 如何有序运行的研究尚属空白。PPP 在运行中出现的问题，更多的源于制度不健全，无序的合作往往使社会资本对未来不可预期，这加剧了当期投资的风险权重，所以很多社会资本有投资热情但缺乏投资决心，这是阻止 PPP 发展的桎梏。

在站期间，我有幸到贵州省惠水县人民政府挂职，亲历了政府与社会资本合作，让我有一种冲动，将我的所学、所见、所思、所感结合起来汇成我的出站报告，并得到贾老师的肯定和支持。PPP是公共服务供给的一种方式，要研究PPP首先要追溯公共服务供给，而正是公共服务供给的嬗变启发了公共行政学科范式的转换。我从历史的视角，将公共服务供给在每一阶段面临的挑战，结合理论上的范式转换，试图厘清公共服务供给的变革路径。在每一阶段，公共服务供给都有很多可行路径，我们也在不断的试错中去探寻更好的方式。当前，对PPP的争议很多，即便它有很多不如意之处，但它依然是破解传统公共服务供给融资、管理、治理掣肘的最有效方式。诚然，它对治理提出了挑战，但这是由新公共管理范式的管理主义导向造成的，也是未来改革的切入点。我们知道，"统治的权威来源于被统治者的同意"，这是合法性的来源，PPP的广泛推广同样依赖于它的有效性与合法性。由此看来，共同制度、伙伴关系、权力分配等因素变得尤为重要，这也是我博士后出站报告的关注点。

欧纯智

2017年4月

目 录

第1章 绪论

1.1 研究的背景和意义 / 001

 1.1.1 研究背景 / 001

 1.1.2 研究意义 / 004

1.2 研究的内容和思路 / 014

 1.2.1 研究内容 / 014

 1.2.2 研究思路 / 014

1.3 研究方法和创新 / 016

 1.3.1 研究方法 / 016

 1.3.2 本研究可能的创新点 / 017

参考文献 / 018

第2章 有关公共服务供给的理论回顾

2.1 有关公共服务供给的治理理论范式转换 / 023

 2.1.1 治理理论的根基—公共行政学 / 026

 2.1.2 传统公共行政—官僚制 / 028

 2.1.3 新公共管理 / 031

2.1.4 新公共治理 / 035

2.2 PPP：创新中的地方治理提效升级 / 038

2.2.1 PPP 概念 / 038

2.2.2 PPP 的兴起 / 040

2.2.3 PPP 机制分析 / 043

2.3 PPP 的伙伴合作 / 048

2.3.1 公私对比与合作 / 048

2.3.2 伙伴关系 / 053

2.3.3 伙伴间博弈需要优化形成正和博弈 / 055

2.4 本章小结 / 058

参考文献 / 058

第 3 章 公共服务

3.1 有关公共的概念 / 063

3.1.1 "公共"的概念 / 064

3.1.2 公共性 / 066

3.1.3 公共领域 / 067

3.1.4 公共利益 / 069

3.1.5 小结 / 072

3.2 公共服务供给实践 / 072

3.2.1 公共服务 / 072

3.2.2 公共服务供给现状 / 074

3.2.3 公共服务供给的市场化 / 076

3.2.4 公共服务供给的社会化 / 078

3.2.5 小结 / 080

3.3 自然状态下的公共服务自发供给 / 081

3.3.1　政府本质 / 081

　　　3.3.2　无政府状态下公共服务的自愿合作供给 / 083

　　　3.3.3　社会规范下公共产品和服务的自愿合作供给 / 085

　　　3.3.4　小结 / 087

　3.4　本章小结 / 088

　参考文献 / 089

第 4 章　传统公共服务供给机制的掣肘

　4.1　融资掣肘 / 093

　　　4.1.1　政府融资 / 093

　　　4.1.2　以传统方式融资支付基本公共服务导致供给低效 / 095

　　　4.1.3　政府之间争夺财政拨付造成公共服务供给无序 / 099

　　　4.1.4　小结 / 104

　4.2　管理掣肘 / 104

　　　4.2.1　最优政府规模 / 105

　　　4.2.2　传统公共服务供给优化 / 108

　　　4.2.3　公共服务供给的效率与公共性议题 / 114

　　　4.2.4　小结 / 116

　4.3　治理掣肘 / 117

　　　4.3.1　官僚与政治程序 / 118

　　　4.3.2　传统公共服务供给的成本收益分析 / 121

　　　4.3.3　传统公共服务供给决策过程与帕累托效率分析 / 126

　　　4.3.4　小结 / 131

　4.4　本章小结 / 132

　参考文献 / 133

第5章　基于对新公共管理反思下的 PPP 模式构建

5.1　融资构建 / 137

5.1.1　拉动民间资本跟进 / 138

5.1.2　非暴利但可接受收益 / 146

5.1.3　小结 / 151

5.2　管理构建 / 152

5.2.1　公私管理的替代性问题 / 152

5.2.2　政府与社会资本形成委托—代理关系 / 154

5.2.3　政府在 PPP 模式下的身份定位 / 156

5.2.4　委托—代理模型 / 159

5.2.5　小结 / 167

5.3　治理构建 / 167

5.3.1　PPP 重效率但不唯直接效率 / 169

5.3.2　公私风险分担应是理想化目标取向下正和博弈和专业化方案的探索 / 175

5.3.3　公私长期合作面临变数 / 181

5.3.4　问责可以敦促公私合作谨慎负责 / 187

5.3.5　小结 / 193

5.4　本章小结 / 194

参考文献 / 196

第6章　通过 PPP 的权力构建以实现其有效性与合法性

6.1　PPP 伙伴共同制度供给 / 202

6.1.1　复杂而不确定情境中的理性合作者 / 202

6.1.2　政府与社会资本相互依存、独立行动和集体行动 / 204

6.1.3　政府与社会资本合作的供给、承诺和监督 / 206

6.2 PPP的权力制约 / 209
　　6.2.1 伙伴间以权力制约权力的原则 / 209
　　6.2.2 以使用者权利制约提供者权力的原则 / 211
　　6.2.3 以法律制约权力的原则 / 212
　　6.2.4 以道德制约权力的原则 / 214
6.3 PPP的权力整合 / 217
　　6.3.1 PPP提供者伙伴间水平民主分权机制分析 / 218
　　6.3.2 PPP提供者与使用者之间的垂直权威机制分析 / 220
　　6.3.3 PPP民主机制与权威机制的有机整合 / 222
6.4 PPP的有效性与合法性构建 / 225
　　6.4.1 PPP制度的法定化 / 225
　　6.4.2 PPP的共同价值观 / 227
　　6.4.3 PPP各个利益群体的同意 / 228
6.5 本章小结 / 231
参考文献 / 231

第7章　中国PPP前景：创新中走向地方善治的挑战与出路、建议

7.1 PPP在未来将成为主流治理工具 / 236
7.2 PPP应该带给我们更多的思考 / 238
7.3 高效实现公共利益是PPP的核心目标与机制优势 / 240
参考文献 / 244

参考文献

致谢

附录
华夏新供给经济学研究院简介 / 262
中国新供给经济学50人论坛简介 / 264
中国养老金融50人论坛简介 / 266

第1章

绪论

1.1 研究的背景和意义

1.1.1 研究背景

党的十八大所形成的新一届领导集体履职以来,在治理改革问题上所呈现出的新作风、新气象和新思路,引起了全国人民的强烈反响。就某种意义来说,中国政府自1978年以来一直处于改革的过程中,虽已取得举世瞩目的成绩,但以强政府弱市场、高能耗低产出为核心特征的粗放发展经济模式,积累了巨大的社会风险,经济正进入中高速增长的新阶段新常态。其中,城镇化进行时、人口红利不再、老龄化社会、较高基数上投资"报酬递减"、工业化与后工业化两步并作一步走等社会问题,使得中国的形势变得更加复杂。政府与社会资本在公共服务供给的设计和交付中,将以合作为取向发挥核心作用,标志着我国公共行政从管制走向合作治理。

当前,政府提供的公共产品和服务越来越难以满足日益增长的创新需求和不同形式的治理需求。尽管困难重重,各级政府依然要继续承担传统的公共责任,承担民众要求它们承担的广泛而多种多样的任务。民众天然地具有在不增税的前提下要求更多公共服务供给的诉求,这便使政府陷入两难困境——利用有限的资源提供更多的基本公共服务。在这种情况下,民众希望政府"钱都花在刀刃上",将效率提升到前所未有的高度，就是人们常说的"少花钱多办事"，其实这也是所有现代民主国家都会面临的压力。更具体地说，新一届政府决心要表现出良好的治理能力，彻底摆脱官僚作风浓郁的刻板印象、保证社会资本健康有序的发展壮大，很明显，已顺理成章地下定决心在诸多领域开展PPP。该机制早在前面几十年间就已经小试牛刀，它被看作是一种解决财政支出压力、缓解社会矛盾的有效方案，同时也表达了政府对社会资本所寄予的希望和信任。新一届政府努力发挥社会资本高效和专业知识的优势，扩大公共产品与服务供给的范围，提升公共产品与服务的质量。据发改委公告显示，2015年5月间该委发布的PPP项目共计1043个，总投资1.97万亿元，项目范围涵盖水利设施、市政设施、交通设施、公共服务、资源环境等多个领域。[1] 2016年财政部PPP中心公布，当年6月底全国PPP入该中心项目评为9785个项目，涉及能源、交通、水利、生态环境、片区开发等19个行业，总投资额10.6万亿元。[2]

PPP之所以得到政府的积极推行，在很大程度上源于引入社会资本能够有效缓解政府的财政约束，尤其当政府遭受沉重债务负担时，PPP的应用会比以往更为普遍。由下图1.1可知，1999—2015年度我国债务余额量值节节攀升，适当、逐步地引入PPP是我国现实发展的需要。此外，即使未来财政资金压力得到有效缓解，也要继续推广PPP合作。这是因为PPP的优势并不仅仅局限于缓解财政紧张，该模式能够倒逼有效投资、对冲经济下行，有助于我国治理改革创新，尤为重要的是，可以增进公共利益。PPP由政府提供资本作为"引子钱"来拉动社会资本，并通过与社会资本缔结契约的方式提供公共服务。其实，纳税人对"谁"来提供公共产品和服务并不感兴趣，他们只是关心服务的标准和质量。以前由于财政资金不足，造成公用基础设施投入不足，或者勉强投入使用却遭遇质量不过关，服务不热情不周到，导致这样或那样的使用问题，并不能让老百姓满意。政府投资的目标应当是以罗尔斯的正义原则"最小受惠者最大利益"的方式形成，特别地改善那些"最小受

---

[1] 国家发展改革委讯. 国家发展改革委发布政府和社会资本合作推介项目 [N]. 2015年5月25日 http://zys.ndrc.gov.cn/xwfb/201505/t20150525_693162.html.

[2] 人民日报. 截至6月末全国PPP总投资额10.6万亿元 加快落地 [N]. 2016年7月29日 http://www.peopledigital-sd.com/ANNews/ShowInfo.asp?InfoID=89435.

惠者"（低端弱势者）的福利，让他们切实地感到受益。惟有如此，公共资源的分配才能更好更快地促进"中国梦"的实现。

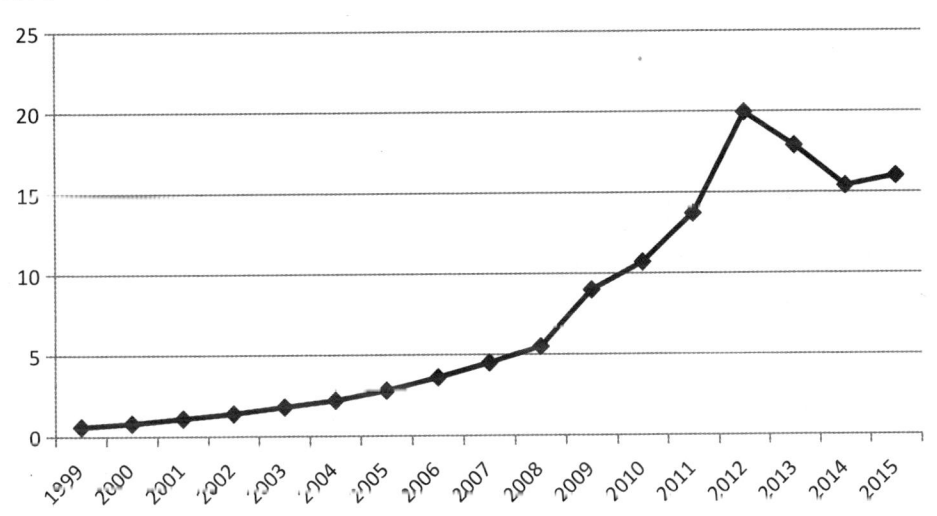

万亿元

图 1.1 1999—2015 年间年度债务余额量值演变情况（单位：人民币万亿元）

数据来源：1999—2010 年数据来自贾康等著. 全面深化财税体制改革之路. 北京：人民出版社，2015，53. 2011—2015 年数据来自网络.

当前政府通过融资、管理、治理等机制整合引导社会资本的同时，将资源进行整合，是天然对接混合所有制改革和法治化制度建设的治理创新机制，推动国有企业改革的深化发展。[①] 它是从融资到管理再到治理的新型制度供给，它是中国处于特定历史时期的不二选择，是充分尽责地实施和谐社会管理、贯彻中国梦发展战略的客观必然要求。[②] 特别是对于当代中国建成全面小康社会和实现"中国梦"的伟大目标，向纵深推进行政体制改革和全面依法治国，PPP 具有不容忽视的重大历史

[①] 贾康. 借助 PPP 推动国企改革 [N]. 财新网. 2015 年 5 月 6 日 10：49 http：//video.caixin.com/2015—05—06/100806835.html.

[②] 贾康. PPP 模式是融资机制、管理体制机制的创新 [N]. 中国环保网. 2014—8—25 http：//www.chinaenvironment.com.

意义。[1]

1.1.2 研究意义

党的十八大报告将公共服务供给列为重要议题，加快公共服务供给体制改革，形成覆盖城乡、政府主导、可持续的公共服务供给制度。从治理的视角来看，公共服务供给制度改革实际上不仅仅涉及供给制度本身，有效的伙伴间协调机制、服务的提供者（提供者由层级制政府、社会资本组成）与使用者（具体指使用由 PPP 模式供给的公共产品和服务的人群）之间的和谐互动，均是实现公共服务供给改革顺利实施的必要保证，是改革成功的基础。本研究关注了公共行政领域中一个最为核心的命题，同时也是我国公共服务供给改革中最亟待解决的一个问题——公共服务供给合意。传统公共服务供给的融资、管理、治理掣肘使得我们有必要深入研究并实现有关公共服务供给优化的问题。[2] 借鉴国外的先进经验，有效缓解公共产品私人供给不足[3]、由公共财政支付增加公共物品均衡供给[4]，这些主题都是本文致力于探索的方向。然而在我国，现有的研究并没有指明公共服务供给的最优路径，而将供给不合意笼统归因于地方政府的"半科层制半市场化"的组织模式[5]、政府购买公共服务对民主治理的潜在危险[6]、人财物的局限[7]，忽视了现有公共服务供给模式造成的对公共治理的挑战。

纵观国外的研究，Brennan, G., & Brooks, M. 认为以人格尊严尊重作为激

---

[1] 贾康. PPP—制度供给创新及其正面效应. 光明日报［N］. 中国共产党新闻网，2015年05月27日08：17 http://theory.people.com.cn/n/2015/0527/c40531—27061850.html.

[2] Brennan, G., & Brooks, M. (2007). Esteem-based contributions and optimality in public goods supply. Public Choice, 130 (3), 457—470.

[3] Buchholz, W., Cornes, R., & Rübbelke, D. (2011). Matching as a cure for underprovision of voluntary public good supply. Economics Letters, 117 (3), 727—729.

[4] Andreoni, J., & Bergstrom, T. (1996). Do government subsidies increase the private supply of public goods? . Public Choice, 88 (3), 295—308.

[5] 何彬，潘新美. 任务压力、问责风险与政府公共服务供给模式的选择——以城市管网巡护为例［J］. 甘肃行政学院学报，2016（02）：35—44.

[6] 刘舒杨，王浦劬. 政府购买公共服务中的风险与防范［J］. 四川大学学报，2016（05）：5—13.

[7] 吕芳，潘小娟. 基于公民互助的协同生产—公共服务供给的一种新模式［J］. 北京行政学院学报，2014（06）：103—107.

励，可以产生最优的公共物品供给。[1] Snyder, S. K. 在一个广泛的公共物品供给中测试了帕累托最优假设，[2] Lockwood, B. 则从公共服务供给的财政收支角度：分析了旨在增加政府收入而扭曲产品税时，产品市场竞争对公共资金边际成本变化以及公共产品供给优化的影响。[3] Andreoni, J., & Bergstrom, T. 研究了三种不同的公共物品私人供给模型，指出在这些模型中，如果公共物品和私人物品都是正常的商品，那么财政补贴率的增加必然增加公共物品的均衡供给。[4] Bergstrom, T., Blume, L., & Varian, H. 得出了一些显著具有可比性的统计结果，表明收入再分配会优化公共产品供给状况。[5] Buchholz、Cornes 与 Rübbelke 认为匹配机制是实现公共产品帕累托最优分配的重要工具，并能有效缓解公共产品私人供给不足的问题。[6] Warr 认为公共物品的"搭便车"问题无法解决，财政再分配依然不能达到帕累托福利改进的效果。[7] Maskin 致力于纳什均衡下的供给最优条件。[8] Roberts, R. D. 认为公共物品供给可以通过直接征税或对私人支出的补贴来资助，但补贴总是比直接税收更优，就分配效应来说纳税人更喜欢税收减免。[9]

当前有关治理理论和政治科学的相关文献为公共服务供给与政府规模的增长提

---

[1] Brennan, G., & Brooks, M. (2007). Esteem-based contributions and optimality in public goods supply. Public Choice, 130 (3), 457—470.

[2] Snyder, S. K. (1999). Testable restrictions of pareto optimal public good provision. Journal of Public Economics, 71 (1), 97—119.

[3] Lockwood, B. (2003). Imperfect competition, the marginal cost of public funds and public goods supply. Journal of Public Economics, 87 (7—8), 1719—1746.

[4] Andreoni, J., & Bergstrom, T. (1993). Do government subsidies increase the private supply of public goods?. Public Choice, 88 (3—4), 295—308 (14).

[5] Bergstrom, T., Blume, L., & Varian, H. (1986). On the Private Provision of Public Goods." J. Public Econ (Vol. 29, pp. 25—49).

[6] Buchholz, W., Cornes, R. C., & Rübbelke, D. T. G. (2011). Matching as a cure for underprovision of voluntary public good supply: analysis and an example. Economics Letters, 117 (3).

[7] Warr, P. G. (1982). Pareto optimal redistribution and private charity. Journal of Public Economics, 19 (1), 131—138.

[8] Maskin, E. (1999). Nash equilibrium and welfare optimality. Review of Economic Studies, 66 (1), 23—38.

[9] Roberts, R. D. (1987). Financing public goods. Journal of Political Economy, 95 (2), 420—37.

供了理论支撑。这些理论根据不同的标准分类，常见的分类基于需求和供给，或者民众主导（citizen—over—state）与国家主导（state—over—citizen）的考量。国家主导理论基于政府规模的需求驱动前提，这些主要理论被分成两大类：一类是政府作为纯公共产品的提供者和外部性的校正器，见于庇古的福利经济理论[①]；另一类是政府提供给特殊利益集团的利益，见于奥尔森的集体行动法则[②]。国家主导理论强调政府规模的供给因素。如果将国家主导理论再进一步划分，可以分为尼斯坎南的官僚理论[③]和布坎南等人的利维坦理论[④]。而所有这些理论背后的逻辑和分类是相似的，政府部门在各自的公共领域占据垄断地位，具体工作由官僚完成落实。Drometer认为官僚制模式下的公共服务供给导致供给过度，造成公共支出增加，官僚可以攫取租金，作者试图探索在官僚制下提升公共物品的供给效率。[⑤] Berry与Lowery以转移支付和政府采购为变量，以二战后为时间起点建立时间序列模型，否定了政府一直以来所辩称的其自身规模大是因为回应（responsive）民众需求导致的，揭示出政府规模过大是供给过度（excessive）导致的。[⑥] Goel和Nelson利用1983—1987的面板数据研究腐败发生率与联邦规模的关系，得出政府特别是州政府，规模越大越容易导致腐败的结论。[⑦] 由此可见，传统公共服务供给改革迫在眉睫。

2007—2008年全球金融危机之后PPP在全球范围内受到广泛关注，这些国家

[①] ［英］A. C. 庇古. 福利经济学［M］. 朱泱等，译. 北京：商务印书馆，2006.

[②] ［美］曼瑟尔·奥尔森. 集体行动的逻辑［M］. 陈郁，译. 上海：上海人民出版社/格致出版社/上海三联书店，1995.

[③] 威廉姆·A·尼斯坎南. 官僚制与公共经济学［M］. 王浦劬，译. 北京：中国青年出版社，2004.

[④] Geoffrey Brennan, & James M. Buchanan. (1977). Towards a tax constitution for leviathan. Journal of Public Economics, 8 (3), 255—273.

[⑤] Drometer, M. (2012). Bureaucrats and short—term politics. Public Choice, 151 (1), 149—163.

[⑥] Berry, W. D., & Lowery, D. (1987). Explaining the size of the public sector：responsive and excessive government interpretations. The Journal of Politics, 49 (Volume 49, Number 2), 401—440.

[⑦] Goel, R. K., & Nelson, M. A. (1998). Corruption and government size：a disaggregated analysis. Public Choice, 97 (1), 107—120.

旨在借鉴社会资本的专业知识以及降低由公共服务供给投入造成的赤字。[1] 合作治理是一种新形式的治理[2]，作为治理模式的创新，PPP 的政策制定等相关文献进入人们的视野。PPP 在全球治理的最显著成就是公共服务和基础设施建设，PPP 是实现善治的工具[3]，新公共管理—NPM 理论有较为详尽的阐释[4]。上世纪 90 年代后期有关利益增长[5]、PPP 的风险问题[6]逐渐成为热点。与此同时，有关伙伴关系[7]、融资失范[8]、过程管理[9]等问题在世界范围内都展开广泛的研究。Ke 等人对 1998—2008 这十年间有关 PPP 的成功因素投入了大量的研究。[10] Tang 指出全球研究人员的兴趣旨在如何交付 PPP 项目的最佳方式。[11] 由于过去过于关注 PPP 资金效率等问题

---

[1] Cheung, E., Chan, A. P. C., & Kajewski, S. (2012). Factors contributing to successful public private partnership projects: comparing hong kong with australia and the united kingdom. Journal of Facilities Management, 10 (1), 45—58.

[2] Ansell, C., & Gash, A. (2008). Collaborative Governance in Theory and Practice. Journal of Public Administration Research and Theory: J—PART, 18 (4), 543—571.

[3] Bovaird, T. (2004). Public–private partnerships: from contested concepts to prevalent practice. International Review of Administrative Sciences: An International Journal of Comparative Public Administration, 70 (2), 199—215.

[4] Bovaird, T. (2004). Public-private partnerships: from contested concepts to prevalent practice. International Review of Administrative Sciences: An International Journal of Comparative Public Administration, 70 (2), 199—215.

[5] Bing Li, A. Akintoye, & C. Hardcastle. (2005). Critical success factors for ppp/pfi projects in the uk construction industry. Construction Management & Economics, 23 (5), 459—471.

[6] Shen, L. Y., Platten, A., & Deng, X. P. (2006). Role of public private partnerships to manage risks in public sector projects in hong kong. International Journal of Project Management, 24 (7), 587—594.

[7] Smyth, H., & Edkins, A. (2007). Relationship management in the management of pfi/ppp projects in the uk. International Journal of Project Management, 25 (3), 232—240.

[8] Wibowo, A. (2004). Valuing guarantees in a bot infrastructure project. Engineering, Construction and Architectural Management, 11 (6), 395—403.

[9] Ng, S. T., Xie, J., Cheung, Y. K., & Jefferies, M. (2007). A simulation model for optimizing the concession period of public-private partnerships schemes. International Journal of Project Management, 25 (8), 791—798.

[10] Ke, Y., Wang, S. Q., Chan, A. P., & Cheung, E. (2009). Research trend of public-private partnership in construction journals. Journal of Construction Engineering & Management, 135 (10), 1076—1086.

[11] Tang, L. Y., Shen, Q., & Cheng, E. W. L. (2010). A review of studies on public-private partnership projects in the construction industry. International Journal of Project Management, 28 (7), 683—694.

而使我们忽视了政治问题。这些问题包括：能力、结构、国家的声誉核心、承诺的集体健康保障、新治理形式的民主合法性等等[1]，这是由于 PPP 缺乏必要的政治目标[2]，合作各方都带来了自己的技术、组织和政治挑战[3]，使得世界各地的 PPP 实践混乱无序。[4]

  有关 PPP 的政策制定应该更多地投入治理视角的考量，Franklin 认为政府主动向利益相关者咨询有助于公共政策的设计更好地回应公共利益[5]。众所周知，利益可以影响公共决策[6]，尽管民众参与 PPP 决策很重要，但经常会有公共参与脱离实际决策的情况[7]，不容小觑。过去我们经常认为私营部门更厌恶风险，而事实表明，公务人员比私营部门管理者更厌恶风险。政治控制、文牍主义、繁文缛节、官僚结构和目标的模糊性都会影响风险。[8] 伙伴关系不仅是合作，也是风险管理工具，其中包含着善治、监管等功能。[9] PPP 问责机制的缺失使腐败寻租、逃避责任变得极为容易[10]，PPP 是这样一种机制，它可以提供一种新型的责任体系以及一定程度的

---

[1] Richards, D., & Smith, M. J. (2002). Governance and Public Policy in the UK. Governance and public policy in the United Kingdom. Oxford University Press.

[2] Grand, J. L.. Book review: the new labour song remains the same; did things get better? an audit of labour's successes and failures by polly toynbee and david walker (penguin, pounds 6.99).: 104—105.

[3] Broadbent, J., Gray, A., & Jackson, P. M. (2003). Public-private partnerships: editorial. Public Money & Management, 23 (3), 135—136.

[4] Guðrið Weihe. (2008). Ordering disorder-on the perplexities of the partnership literature. Australian Journal of Public Administration, 67 (4), 430—442.

[5] Franklin, A. L. (2001). Serving the public interest? federal experiences with participation in strategic planning. American Review of Public Administration, 31 (2), 126—138.

[6] Andranovich, G. (1995). Achieving consensus in public decision making: applying interest—based problem solving to the challenges of intergovernmental collaboration. The Journal of Applied Behavioral Science: A Publication of the NTL Institute, 31 (4), 429—445.

[7] Vivien Lowndes, & Helen Sullivan. (2004). Like a horse and carriage or a fish on a bicycle: how well do local partnerships and public participation go together?. Local Government Studies, 30 (1), 51—73.

[8] Bozeman, B., & Kingsley, G. (1998). Risk culture in public and private organizations. Public Administration Review, 58 (2), 109—119.

[9] Hodge G. A., Greve. C. (2007). Public-private partnerships: an international performance review. PublicAdministrationReview, 67 (3), 545—558.

[10] Hood, C. (2002). The risk game and the blame game. Government and Opposition, 37 (1), 15—37.

民主潜力。① 通常来看，民主国家比集权国家在政府独家提供公共服务方面表现出更廉洁、更高效、更高的服务水平。② 旨在预防腐败的制度很多，其中，Maskin等人认为分包可以防止官僚与承办商之间的官商勾结。③ 有关PPP合同的订立已经从传统的合约方式升级为基于长期信任和承诺的方式。④ 其作为长期的可持续发展模式不仅仅是一纸契约能够约定，我们知道，统治的权威来源于被统治者的同意，有关PPP的有效性与合法性是关系到PPP能够长期有效推广的至为关键的因素。⑤ 有关PPP的治理视角研究，在我国尚属空白，随着PPP在我国的蓬勃发展，有必要将其进一步探索和深化，并结合我国国情提出一些制度建议。

因此，本文立足于完善公共服务供给改革的目标和价值选择，承认公共服务供给在传统公共行政（官僚制）范式下的掣肘以及新公共管理范式下对公共治理造成的挑战，以我国公共服务供给为研究基础，以传统公共服务供给方式为逻辑分析起点，回归善治模式下的公共服务供给的基本命题，探寻我国公共行政改革大背景下公共服务供给的善治之路。

1. 本研究的理论意义

在传统的分析框架里，无论是规范分析，还是解释性描述，政策制定者常常被我们假定为乐善好施的社会计划者，他追求社会福利函数的最大化，对扭曲资源配置的无效率状态进行直接干预，以达到理想的资源配置目标。而实际上，在政策形成的过程中，无论制度背景如何，大量存在着个人利益、私人小团体利益、部门利益。这些利益的客观存在，会导致公共服务供给者背离使用者委托，为实现个体利

---

① Moore, H., & Mayo, E. (2001). The mutual state: how local communities can run public services. New Economics Foundation.

② Lake, D. A., & Baum, M. A. (2001). The invisible hand of democracy. Comparative Political Studies, 34 (6), 587—621.

③ Maskin, E., & Tirole, J. (2008). Public-private partnerships and government spending limits. International Journal of Industrial Organization, 26 (2), 412—420.

④ Bovaird, T. (2004). Public-private partnerships: from contested concepts to prevalent practice. International Review of Administrative Sciences: An International Journal of Comparative Public Administration, 70 (2), 199—215.

⑤ 欧纯智. 政府与社会资本合作的善治之路—构建PPP的有效性与合法性[J]. 中国行政管理，2017 (1)：57—62.

益或群体利益而置公共利益于不顾，对于公共服务提供者的伙伴间合作往往也是如此。此外，公共服务提供者之间过于强调平行的伙伴关系往往使 PPP 合作陷入无序。传统公共服务供给难以逃脱公共服务供给的融资、管理、治理掣肘。新公共管理范式下的 PPP，由于当前的公共服务供给缺乏民众参与，公共利益经常被无视，现有的制度缺陷，造成了对治理框架的挑战。本文试图在新公共治理框架下寻求公共服务供给的善治之路。

群体和个人均具有公共利益和个体利益的二元属性。政府与社会资本也不例外。公共服务的提供者经常会为了特定组织或私利违背公共利益，谋求偏离公共利益的目标。同时，因为传统行政模式过分追求可以量化的绩效，使得他们有可能以效率、经济之名而牺牲正义、公平、公正等伦理目标，导致偏离公共利益的行政行为。[1] 如何使用适当机制来鼓励公共服务的提供者成为公共利益的维护者而不是个体私利极大化的追逐者，使他们在公共利益与私人利益的两极坐标中倾向于公共利益，也是本文的理论思考之一。正如亚当斯密所说"我们不必唤起他的利他心，只需唤起他的利己心就够了"。[2] 如何能使个体实现私人利益的过程恰好也是实现公共利益的过程，是一个极具挑战性的经典问题。亚当斯密认为市场是这一过程的最好方式。但在非市场的条件下，如何思考个体私利与公共利益的统一，是本论文努力探讨的理论问题之一。

改革开放近四十年靠单一经济理性思维推动 GDP 的增长，积累了很多社会问题，这是单一学科视角分析问题无法回避的尴尬处境。在现实中，许多发达经济体的成功，并不只是单纯靠市场力量带来的经济效率而获得成功。比如说，划清美国央地边界的迪龙法（Dillon's Rule）完全超越了财政视域。英国城市反污染、反贫困和维护经济体系运行，就是社会对经济干预的成功。老罗斯福的反垄断法、小罗斯福的百日新政、克林顿的政府再造等等都不仅仅是单纯的经济问题，而是更宏大的国家治理问题。中国改革开放与市场经济建设既是经济问题，更是政治问题，同

---

[1] ［英］丹尼斯·C·缪勒. 公共选择理论［M］. 杨春学，等译. 北京：中国社会科学出版社，1999：1.
[2] ［英］亚当·斯密. 国民财富的性质和原因的研究［M］. 郭大力，王亚南，译. 北京：商务印书馆，1988：13.

时也是社会问题。但政府管制不足正是市场失范、社会不公、环境恶化、贫富差距加大的原因。所以说，任何一个经济体的发展，仅有经济导向是不足的。现在大力倡导的供给侧改革，源于西方的供给学派，但在很大程度上区别于它，超越于它，成功地实现了范式的转换。其理论内涵更富有张力，外延更富有弹性。国外的理论在引进的时候要经过本土化的改良，以避免水土不服的问题。理论源于实践，高于实践，并反哺实践。西方理论自有西方理论出生及存在的土壤，它也许能够在一定程度上应用于中国实践，但这种不加修改地机械化地应用往往会使实践陷入僵化不可自拔。在厘清西方供给学派概念的基础之上，结合中国实践，本文既有对传统供给学派的扬弃，也有对既有理论范式的超越。制度供给是供给侧改革的重点，它已经不是单纯的经济问题，如果单纯用经济学的语言、逻辑、方法来讨论制度供给，显然难以承担这一伟大的历史使命，本文试图从制度供给的视角思考公共服务供给的范式转换。

公共政策是现代政府用来管理和规范政府、市场以及社会行为，体现公共价值目标，提供公共产品和服务，维护和弘扬公共利益，对社会资源进行初次分配和再分配的重要管理手段，它是对政府、社会资本和民众个体有约束、有影响力、有资源支持的一系列行为准则和规范性指导，它包括政治、社会、管理、治理、历史文化、伦理道德等维度，公共政策视域需要我们用全景的视角（Panoramic View）来看问题。[①] 用全景的视角对公共政策进行审视，包括：政策目标、政策导致的政治利益分配、经济效率和回报、路径选择与方法、政策实施所要匹配的环境条件、实施的效果、政策选择分析等等，有助于我们理解、研究、制定和实施相关政策。本文有关公共服务的探讨：在纵向上从无政府自然状态下的公共服务供给到有政府参与，再到社会资本参与的变迁历程；从横向上避免单一学科视角带来理论的盲点，分别从融资到管理再到治理的视角对公共服务供给进行剖析。经过横纵分析得出结论，PPP 是公共服务供给提效升级的伟大创新。

2. 本研究的实践意义

在公共服务供给主体日益复杂的今天，政府不再是一家独大垄断公共服务，社

---

① 蓝志勇. 全景式综合理性与公共政策制定——中国行政管理［J］. 2017（02）：17—20.

会资本逐渐地参与其中，相较于既往很多公共服务供给需要使用者付费，而没有支付能力的民众如何不被排除在付费的公共服务供给系统之中，都是当前公共服务供给实践需要考量的问题。此外，公共服务供给模式的合法性、有效性、权力结构、民众参与等等都是实践当中客观存在，而我们又无法回避的制约当前公共服务供给实践的政治难题。理顺公共服务提供者伙伴间的权力关系，协调好公共服务提供者与使用者的权力关系，吸纳使用者参与到公共服务供给的过程中来，通过公共服务供给有效性的不断叠加以增进其合法性，具有很强的实践意义。

近几年，我国学界大多从经济、法律和管理等视角来探讨公共服务供给，将研究重点放在 PPP 的风险[1]、融资[2]、效率[3]、管理[4]、激励[5]、分配[6]等领域（在中国知网按照 PPP 不同纬度研究的引用率排序，引用率可以在一定程度上反映被关注的程度），然而 PPP 对公共治理的挑战，对民主程序的削弱却鲜有研究。使得很多对公共服务供给核心问题的解释缺乏力度、信度和效度。事实上，公共服务供给问题与国家政治息息相关，其政治意义永远都要大于它的经济意义，公共服务供给首要目的就是为了实现社会正义、公共利益、国家责任。本文不仅从理论上阐释我国公共服务供给的困境—PPP 的民众参与不足、风险收益无法同比例分担、仲裁评估机制缺失、公共责任与问责不到位、有效性与合法性的缺失。同时，还从公共服务供给实践方面论证 PPP 改革需要面对和解决的重要问题，指出公共服务供给的善治路径，即构建科学、合理、具有现实可操作性的公共服务供给机制，积极解决当前公共服务供给过程中面临的对公共治理框架挑战的问题，使公共服务供给能够更好

---

[1] 刘新平，王守清. 试论 PPP 项目的风险分配原则和框架 [J]. 建筑经济，2006（02）：59—63.
[2] 李秀辉，张世英. PPP：一种新型的项目融资方式 [J]. 中国软科学，2002（02）：51—54.
[3] 赖丹馨，费方域. 公私合作制（PPP）的效率：一个综述 [J]. 经济学家，2010（07）：97—104.
[4] 黄腾，柯永建，李湛湛，王守清. 中外 PPP 模式的政府管理比较分析 [J]. 项目管理技术，2009（01）：9—13.
[5] 柯永建，王守清，陈炳泉. 私营资本参与基础设施 PPP 项目的政府激励措施 [J]. 清华大学学报（自然科学版），2009（09）：1480—1483.
[6] 徐霞，郑志林. 公私合作制（PPP）模式下的利益分配问题探讨 [J]. 城市发展研究，2009（03）：104—106.

地发挥合理配置公共资源、及时回应民众诉求、实现社会正义、实现公共利益、承担国家责任的作用。本文对公共服务供给实践有许多指导意义：

第一，当前公共服务供给机制关注效率但未必能真正做到高效，效率并不仅仅单指经济上的收益减去成本，政府与民众的政治支持往往是决定其运行效率的关键。此外，公共服务供给效率还要面临政府既定规模下，与外部性内化程度的权衡取舍。即便如此，本文努力挖掘提升PPP运行效率的政治、管理等原因以及解决路径。

第二，伙伴间的收益风险分担一直都是PPP研究的重点，然而经济学框架下的分析有如隔靴搔痒，这是由于公共服务的公共性天然属性决定其不能供给失败，强调政府与社会资本共担风险在实践中很难实现，无数实践证明风险最终都由纳税人承担，这需要政策制定者对于社会资本予以更多的行为引导以规避社会资本的不负责任行为。

第三，随着政府与社会资本合作的不断兴起，伙伴间的利益冲突将不可避免，政府单方面粗暴地终止合作、或国资收购将社会资本国有化等举措，都会削弱社会资本未来参与公共服务供给的积极性。独立的仲裁机构可以对伙伴们的权利义务进行仲裁，化解伙伴间的利益冲突，仲裁机制成为PPP顺利运行的迫切需求。

第四，不合意的公共服务供给不应该重复发生，政府不但要引以为戒还要将责任落实到具体的PPP参与者，这样一来使伙伴间推卸责任变得困难。由于PPP合作项目的年限通常都很长，这使得伙伴关系不得不持续很多年。在PPP项目运行过程中，即便各方都能自觉维护合作，但是冲突往往会导致供给不合意，有了问责机制，使敦促政府负责在理论上成为可能。

第五，尽管政府与社会资本合作无法真正做到收益与风险分担，然而适当的激励机制可以解决委托—代理问题，通过制度引导社会资本的努力程度，杜绝不负责任的现象。减少风险在理论上虽然不是风险分担，但是，如果真能在源头上减少风险，那么也算在一定程度上解决了风险问题。

第六，国资拉动民资，发挥"四两拨千斤"的作用，不但能有效缓解政府的财政压力，还能让社会资本在获得资本收益的同时承担公共责任。为了形成长效机制,社会资本的收益必须限定在"非暴利但可接受"收益的范围内。

第七,由于PPP是源自西方新公共管理范式下的公共服务供给模式,我国在引入的过程中,首先要进行本土化改良。在引进的初始阶段水土不服的症状无法避免,比如过于强调民主分权的伙伴间平行合作容易陷入无序,为高效而设定的官僚体制层级制供给模式往往却是低效的罪魁祸首。所以,整合水平和垂直的权力结构成为当务之急。

第八,PPP在我国尚属于新兴事物,虽势如破竹但依然属于方兴未艾的阶段,其有效性与合法性是政策制定者不容忽视的重中之重,亦是PPP通往善治的必由之路,相关的制度建设应该适时跟上,这是PPP走出中国特色的有利契机。

1.2 研究的内容和思路

1.2.1 研究内容

本文研究的重点是公共服务供给的善治之路。本研究不局限于将其作为纯财政问题进行研究,而以行政管理的视角重新梳理公共服务供给的困境——无法突破新公共管理的理论范式,并分析这种困境的产生、存在的根由,探讨针对具体问题的制度建构原则。

具体来看,本研究由以下几个方面组成:绪论、有关公共服务供给的理论回顾、公共服务、传统公共服务供给机制的掣肘、基于对新公共管理范式反思下的PPP模式构建、通过PPP的权力构建以实现其有效性与合法性、中国PPP前景:创新中走向地方善治的挑战与出路建议。

1.2.2 研究思路

建立一套什么样的公共服务供给制度,如何建立这样一套制度,一直是治理改革的重要议题。现有PPP伙伴关系、公共服务的提供者与使用者关系、社会资本参与机制、政府与社会资本的风险收益分担机制、民众参与机制、风险管理机制、仲裁机制、问责机制、权力机制与结构、有效性与合法性等问题都是当前公共服务供给的热点问题。

在现代社会里，健康公共服务供给机制的实现离不开优良的法治、规范的市场，更离不开运作有序的民众参与机制。本文对公共服务供给作了系统研究，旨在为善治的实现提供一种有效可行的路径，利用科学合理的制度促进公共服务供给正义。积极应对公共服务供给机制掣肘的前提是科学、合理制度的有效构建与行使。本文的核心任务就是要回答如何突破传统公共行政与新公共管理范式对公共服务供给的束缚。本研究立足于我国国情，在理论演绎和实证分析的基础上构建科学有效的公共服务供给机制，并最终实现善治。

本文的研究对象是治理改革大背景下的公共服务供给创新。通过对传统公共服务供给掣肘、当前PPP对治理形成的挑战进行深入思考，本文发现公共财政理论、公共行政理论、经济学理论、行政法学理论、法哲学理论、管理学理论、政治学理论同公共服务供给制度等若干问题之间存在着天然的联系，其中任何一项的变动都会波及其他诸项：要么是作为前项的结果出现，要么是作为后项的原因存在。本文将以不同的学科视角来分析传统公共服务供给的融资、管理、治理掣肘，PPP模式对公共治理框架的挑战以及破解之道，PPP的有效性与合法性构建。

首先，本研究以自然状态下公共服务自发供给推导出政府参与不可或缺的原因，并由此引出传统供给方式。以传统公共服务供给的融资、管理、治理掣肘作为本文逻辑分析的起点。

其次，本研究将运用新公共管理理论作为探索我国公共服务供给对公共治理造成挑战原因的理论基础。回顾大师们的经典理论，正是我们面对问题、解决问题、提出新思路的宏大基础。本研究不是要重新构建某种新理论，而是要在大师们经典研究的基础上，重新挖掘其潜在的力量，结合当前的政策环境，将理论的原则性与现实的灵活性相结合，回归人性的天然属性，承认利益是个人乃至群体行为决策的引擎，回答新形势下公共服务供给改革的新命题。

再次，本研究的核心是探讨在中国治理改革推进中如何改善公共服务供给。从财政融资的基本命题出发，结合新形势的要求，借鉴国际公共服务供给的先进经验，立足于中国自身发展的特点，考察中国现实。通过治理改革实践获得启示，将理论与实践结合，构建公共服务供给的具有前瞻性和可行性的能够规避治理挑战的有关公共服务供给的制度设计。

最后，依然从融资、管理、治理这三个维度分析并构建公共服务供给，以及探索实现善治的可能路径。

1.3 研究方法和创新

1.3.1 研究方法

研究方法是研究的重要工具和技术支持，影响着对问题观察的视野，关系到对研究对象把握的深度和广度。本研究综合运用文献研究、规范分析、实证分析、理想类型相结合的研究方法。具体来说，它们是：

1. 文献研究方法

本研究依照文献分析的路径和方式，搜集国内外有关公共服务供给的研究资料、了解公共服务供给的掣肘，挑战和改革等问题。并对其进行鉴别，去掉主观性太强或者缺乏现实解释力的资料，留存更符合客观现实的文献，进行归纳、演绎、推理、分析和鉴别，系统全面地对我国公共服务供给现状进行综述和评论，为本研究提供坚实的文献依据和理论基础。国外公共服务供给制度的文献研究，正是我们学习的源泉和可借鉴的成功经验，是我国构建公平正义高效的公共服务供给制度必不可少的对比资料。

2. 规范分析

霍布斯、洛克政府观下的传统公共服务供给对比自然状态下的公共服务供给，得出政府供给必不可少的结论。传统公共服务政府独家供给会不可避免的造成供给不合意问题。PPP是改善传统公共服务供给不合意问题的有效工具，却造成了对公共治理的挑战。基于对传统公共行政和新公共管理的反思，提出PPP的改革以及实现善治的路径。

3. 实证研究方法

本研究在文献综述的基础上，通过查阅统计年鉴、档案文献资料、国内外公开的统计数据、案例等，关注我国公共服务供给改革实践中所获得的成绩和面临的困境，通过观察、描述和分析，一方面印证前期的理论文献综述研究，另一方面研究问题症结所在，为理想的公共服务供给机制的重塑提供现实依据和事实基础。通过前期的理论研究和规范分析，我们提出实现公共服务供给善治的关键在于构建科学有效的供给机制，利用具体案例与数据印证理论分析部分得出的结论。

4. 理想类型研究方法

理想类型研究方法是马克斯·韦伯创立的社会科学研究方法。所谓"理想类型"是指研究者为了对研究现象进行分类和比较而做的一种主观上的建构。这些模型都是价值中立的。无论哪种模型都与其他模型有着密不可分的联系，实际上任何一种模型都不可能在现实中以纯粹形态出现。在这里，本文将理想类型方法用于制度设计中的有效性、合法性等以分析现实中的问题。

1.3.2 本研究可能的创新点

首先，一直以来，有关PPP的学术研究聚焦于效率、收益、风险、优化等问题，由于对治理维度思考的缺失，其逻辑后果必然是空洞乏味且没有太多实际含义的收益风险分担模型以及优化等经济管理问题的讨论，忽视了公共服务供给的核心价值—实现公共利益、社会公平正义、承担国家责任、回应民众诉求，本文将对此进行深入剖析。

其次，本文在承认人性自利的基础上，试图利用激励机制将公共利益与私人利益加以整合，将私人利益引导到公共利益的轨道上来，实现两者的内在统一。换言之，使社会资本在实现个人利益的过程中同时实现社会公共利益。

再次，本文基于对传统公共行政以及新公共管理的反思，提出旨在实现公共利益、勇于承担国家责任、重视民众诉求的公共服务供给制度，并在伙伴间水平民主权力划分，以及公共服务提供者与使用者之间垂直权力结构的重新构建。力求政府主导下的内部平行合作与外部的多中心层级制权威结构在PPP模式下相互交织，内部合法外部有效，实现合法性与有效性的统一。

最后，纯粹学理上的建议在现实中往往难以实现，理论和实践的结合才能更好地推动现实问题的解决。本文根据相关理论分析，在考察具体案例的基础上，有针对性地指出公共服务供给制度的善治之路。

参考文献：

[1]国家发展改革委讯.国家发展改革委发布政府和社会资本合作推介项目[N].2015年5月25日 http://zys.ndrc.gov.cn/xwfb/201505/t20150525_693162.html.

[2]人民日报.截至6月末全国PPP总投资额10.6万亿元 加快落地[N].2016年7月29日 http://www.peopledigital-sd.com/ANNews/ShowInfo.asp? InfoID=89435.

[3]贾康.借助PPP推动国企改革[N].财新网.2015年5月6日10：49http://video.caixin.com/2015-05-06/100806835.html.

[4]贾康.PPP模式是融资机制、管理体制机制的创新[N].中国环保网.2014-8-25 http://www.chinaenvironment.com.

[5]贾康.PPP—制度供给创新及其正面效应.光明日报[N].中国共产党新闻网,2015年05月27日08：17 http://theory.people.com.cn/n/2015/0527/c40531-27061850.html.

[6]Brennan,G.,& Brooks,M.(2007).Esteem-based contributions and optimality in public goods supply.Public Choice,130(3),457-470.

[7]Buchholz,W.,Cornes,R.,& Rübbelke,D.(2011).Matching as a cure for underprovision of voluntary public good supply.Economics Letters,117(3),727-729.

[8]Andreoni,J.,& Bergstrom,T.(1996).Do government subsidies increase the private supply of public goods?.Public Choice,88(3),295-308.

[9]何彬,潘新美.任务压力、问责风险与政府公共服务供给模式的选择——以城市管网巡护为例[J].甘肃行政学院学报,2016(02)：35-44.

[10]刘舒杨,王浦劬.政府购买公共服务中的风险与防范[J].四川大学学报,2016(05)：5-13.

[11]吕芳,潘小娟.基于公民互助的协同生产——公共服务供给的一种新模式[J].北京行政学院学报,2014(06)：103-107.

[12]Brennan,G.,& Brooks,M.(2007).Esteem-based contributions and optimality in public goods supply.Public Choice,130(3),457-470.

[13]Snyder,S.K.(1999).Testable restrictions of pareto optimal public good provision.Journal of Public Economics,71(1),97-119.

[14]Lockwood,B.(1996).Imperfect competition,the marginal cost of public funds and

public goods supply.Journal of Public Economics,87(7-8),1719-1746.

[15]Andreoni, J., & Bergstrom, T. (1996). Do government subsidies increase the private supply of public goods?.Public Choice,88(3),295-308.

[16]Lohse, T., Robledo, J. R., & Schmidt, U. (2010). On the private provision of public goods.Journal of Public Economics,29(86),25-49.

[17]Buchholz, W., Cornes, R., & Rübbelke, D. (2011).Matching as a cure for underprovision of voluntary public good supply.Economics Letters,117(3),727-729.

[18]Warr,P.G.(1982).Pareto optimal redistribution and private charity.Journal of Public Economics,19(1),131-138.

[19] Maskin, E. (1999). Nash equilibrium and welfare optimality. Review of Economic Studies,66(1),23-38.

[20] Roberts, R. D. (1987). Financing public goods. Journal of Political Economy, 95(2), 420-37.

[21][英]A.C.庇古.福利经济学[M].朱泱等,译.北京:商务印书馆,2006.

[22][美]曼瑟尔·奥尔森.集体行动的逻辑[M].陈郁,译.上海:上海人民出版社/格致出版社/上海三联书店,1995.

[23]威廉姆·A·尼斯坎南.官僚制与公共经济学[M].王浦劬,译.北京:中国青年出版社,2004.

[24] Geoffrey Brennan, & James M. Buchanan. (1977). Towards a tax constitution for leviathan.Journal of Public Economics,8(3),255-273.

[25] Drometer, M. (2012). Bureaucrats and short-term politics. Public Choice, 151(1), 149-163.

[26]Berry,W.D., & Lowery,D.(1987).Explaining the size of the public sector: responsive and excessive government interpretations.The Journal of Politics,49(Volume 49,Number 2), 401-440.

[27]Goel,R.K., & Nelson,M.A.(1998).Corruption and government size: a disaggregated analysis.Public Choice,97(1),107-120.

[28]Cheung, E., Chan, A.P.C., & Kajewski, S.(2012).Factors contributing to successful public private partnership projects: comparing hong kong with australia and the united kingdom. Journal of Facilities Management,10(1),45-58.

[29]Ansell,C.,& Gash,A.(2008).Collaborative Governance in Theory and Practice.Journal of Public Administration Research and Theory: J-PART,18(4),543-571.

[30]Bovaird,T.(2004).Public-private partnerships: from contested concepts to prevalent practice.International Review of Administrative Sciences: An International Journal of Comparative Public Administration,70(2),199-215.

[31]Bing Li, A. Akintoye, & C. Hardcastle. (2005). Critical success factors for ppp/pfi projects in the uk construction industry.Construction Management & Economics,23(5),459-471.

[32]Shen,L.Y.,Platten,A.,& Deng,X.P.(2006).Role of public private partnerships to manage risks in public sector projects in hong kong.International Journal of Project Management,24(7),587-594.

[33]Smyth,H.,& Edkins,A.(2007).Relationship management in the management of pfi/ppp projects in the uk.International Journal of Project Management,25(3),232-240.

[34]Wibowo,A.(2004).Valuing guarantees in a bot infrastructure project.Engineering,Construction and Architectural Management,11(6),395-403.

[35] Ng, S. T., Xie, J., Cheung, Y. K., & Jefferies, M. (2007). A simulation model for optimizing the concession period of public-private partnerships schemes.International Journal of Project Management,25(8),791-798.

[36]Ke,Y.,Wang,S.Q.,Chan,A.P.,& Cheung,E.(2009).Research trend of public-private partnership in construction journals.Journal of Construction Engineering & Management,135(10),1076-1086.

[37]Tang,L.Y.,Shen,Q.,& Cheng,E.W.L.(2010).A review of studies on public-private partnership projects in the construction industry.International Journal of Project Management,28(7),683-694.

[38] Richards, D., & Smith, M. J. (2002). Governance and Public Policy in the UK. Governance and public policy in the United Kingdom.Oxford University Press.

[39]Broadbent,J.,Gray,A.,& Jackson,P.M.(2003).Public-private partnerships: editorial. Public Money & Management,23(3),135-136.

[40] Guðrið Weihe. (2008). Ordering disorder-on the perplexities of the partnership literature.Australian Journal of Public Administration,67(4),430-442.

[41] Franklin, A. L. (2001). Serving the public interest? federal experiences with participation in strategic planning. American Review of Public Administration, 31(2), 126-138.

[42] Andranovich, G. (1995). Achieving consensus in public decision making: applying interest-based problem solving to the challenges of intergovernmental collaboration. The Journal of Applied Behavioral Science: A Publication of the NTL Institute, 31(4), 429-445.

[43] Vivien Lowndes, & Helen Sullivan. (2004). Like a horse and carriage or a fish on a bicycle: how well do local partnerships and public participation go together?. Local Government Studies, 30(1), 51-73.

[44] Bozeman, B., & Kingsley, G. (1998). Risk culture in public and private organizations. Public Administration Review, 58(2), 109-119.

[45] Hodge, G. A., & Greve, C. (2007). Public private partnerships: an international performance review. Public Administration Review, 67(3), 545-558.

[46] Hood, C. (2002). The risk game and the blame game. Government and Opposition, 37(1), 15-37.

[47] Moore, H., & Mayo, E. (2001). The mutual state: how local communities can run public services. New Economics Foundation.

[48] Lake, D. A., & Baum, M. A. (2001). The invisible hand of democracy. Comparative Political Studies, 34(6), 587-621.

[49] Maskin, E., & Tirole, J. (2008). Public-private partnerships and government spending limits ☆. International Journal of Industrial Organization, 26(2), 412-420.

[50] Bovaird, T. (2004). Public-private partnerships: from contested concepts to prevalent practice. International Review of Administrative Sciences: An International Journal of Comparative Public Administration, 70(2), 199-215.

[51] 欧纯智.政府与社会资本合作的善治之路——构建PPP的有效性与合法性[J].中国行政管理,2017(1):57-62.

[52] [英]丹尼斯·C·缪勒.公共选择理论[M].杨春学,等译.北京:中国社会科学出版社,1999:1.

[53] [英]亚当·斯密.国民财富的性质和原因的研究[M].郭大力,王亚南,译.北京:商务印书馆,1988:13.

[54]蓝志勇.全景式综合理性与公共政策制定——中国行政管理[J].2017(02):17-20.

[55]刘新平,王守清.试论 PPP 项目的风险分配原则和框架[J].建筑经济,2006(02):59-63.

[56]李秀辉,张世英.PPP:一种新型的项目融资方式[J].中国软科学,2002(02):51-54.

[57]赖丹馨,费方域.公私合作制(PPP)的效率:一个综述[J].经济学家,2010(07):97-104.

[58]黄腾,柯永建,李湛湛,王守清.中外 PPP 模式的政府管理比较分析[J].项目管理技术,2009(01):9-13.

[59]柯永建,王守清,陈炳泉.私营资本参与基础设施 PPP 项目的政府激励措施[J].清华大学学报(自然科学版),2009(09):1480-1483.

[60]徐霞,郑志林.公私合作制(PPP)模式下的利益分配问题探讨[J].城市发展研究,2009(03):104-106.

第 2 章

有关公共服务供给的理论回顾

20世纪80年代开始,人类进入全球化、后工业化时代,而此时正是我国改革发展之初,中国在此大背景下,开始工业化的新时代。在改革开放30年这一伟大的历史进程当中,中国社会必须要补落下的工业化课程,同时还要应对与西方国家同样面临的全球化和后工业化。也可以这样说,中国社会在全球化的视野下,将工业化与后工业化并在一起走,其传统社会治理模式受到了前所未有的严峻挑战,尤其是无法满足经济新常态下的社会治理需求。由于我国同时进入工业化和后工业化的特殊历史时期,跟西方社会的顺序发展还存在一定的差异,所以还不能完全照搬西方的理论和实践经验,只能在反思、甄别的基础上有选择的借鉴,这在一定程度上增加了治理改革的难度。从世界各国的发展来看,无论是政治改革、行政改革还是经济改革,改革的方向最终都会指向社会治理。

2.1 有关公共服务供给的治理理论范式转换

西方公共服务供给经历了三个治理范式的转换:一是从19世纪末到20世纪70年代末的传统公共行政;二是从上世纪70年代末发展到21世纪初的新公共管理;三是自那以后的新公共治理。

PPP：地方善治的必由之路

关于治理理论，自古有之：前现代专治治理、前现代民主治理、中世纪之后的功利主义治理、现代自由主义民主治理、现代国家官僚治理、后现代民主治理—也就是我们常常提到的世界银行治理。中国当前的发展阶段，正介于现代国家官僚治理与后现代民主治理发展阶段之间。我们可以尝试以现代治理体系结构追求后现代治理的目标。在此过程中，需要有很多创新参与其中，需要政府和社会力量共同努力。尤其是基层民主治理的高度，恰恰是通过治理实践来获得。① 对治理的新近讨论始于九十年代的世界银行。当时，由其资助的一些发展中国家腐败、低效、专制，滥用世行项目款项。但世行作为国际民间组织，又不能直接干预他国内政。因而提出由民间组织参与协作治理，对政府行为进行监督、问责。世界银行推动治理与西方国家上世纪80年代的小政府、分权、私有化改革正好契合。在福利国家改革、分权、私有化的口号下，西方政府大力削减公共支出，降低税收，使很多既往的政府职能转移到社会。来自地方财政和政府执政能力的压力，使得政府与社会资本合作成为一种迫切的需求。在这样的背景下，合作政府、服务型政府、有为政府、民主治理的理念就成为时代的呼声。从历史上看，几乎所有时代所有地域的政府都会扮演社会进步的保守角色，往往是被社会进步力量推动前行，而且，更经常地，是政府首先诉诸暴力去扼杀社会进步力量。即便如此，社会前进的步伐还是无法阻遏。无论是社会对政府的刻板印象，还是政府与社会资本的互动无法克服文化与制度上的障碍，双方既往的互动难如人意。政府与社会资本合作落地难也有部分原因是基于此。尽管如此，政府与社会资本合作依然是趋势。

治理是一个古老而又现代的词语，从传统上讲，治理是统治的意思，用统治的方法理顺社会各个方面的关系，实现天下大治。既强调自上而下的统领和管制（administration）又重视水平的经营管理（Management）。世界银行将其定义为"决策权利的使用方式、公民参与能力和公共决策传统、制度和过程"。② 治理理念的引入对传统公共服务供给提出挑战，更少的政府主导，更多的民众参与，更高的决策

---

① 蓝志勇．桐乡"三治"经验的现代意义．党政视野．2016（7）：14—15．
② http://www.worldbank.org/en/topic/governance

执行效率。治理包括以下四个方面的内容：公共服务供给过程的参与者、公共服务供给目标、如何实现目标、如何决定政府的政治活动和实现政治目标。[①] 西方发达民主国家已经将治理作为公共服务供给和公共政策制定的机制。当前治理改革的逻辑已经超越传统公共行政，由于民众似乎正在失去对传统公共服务供给模式的信心，所以现代国家日益依赖公共服务供给的收益和产出以期获取统治的合法性，而非既往的传统公共行政模式的供给过程，该过程被视为极端的繁文缛节、傲慢低效以及缺乏回应性。传统公共行政自身却无法洞悉自身的缺陷，也没有适时的跟上民主社会的步伐，在这一过程中，公民社会的不断发育已经催生了一些新事物，形形色色的社会主体已经开始承担在治理方面的更多责任。这样一来，把政府从大量低效的行政事务中解救出来成为一种可能。然而，在欠发达国家或正处于转型期的国家，由于民众尚不能广泛参与公共事务，因此参与式治理还不能取代传统的官僚体制的层级制治理。但这并不足以证明传统治理模式好，不能被取代，只能说明政治配套条件尚未成熟。尽管民众参与式治理受政体所限，并没有在世界范围内广泛开花结果，但该治理模式的基本逻辑已在实践中得到广泛应用。

新公共管理是介于具有集权主义色彩、理性官僚主义的传统公共行政和尚处于萌芽阶段、具有多元主义特征的新公共治理之间的一个相对短暂的过渡。尽管是过渡，新公共管理范式对传统公共行政范式的颠覆使得其大有推翻一切、占据主流的势头，而统治了公共领域近百年的传统公共行政面对来势凶猛的新公共管理只能束手待毙，毫无招架之势。尽管新公共管理以见效快、好用著称，然而对他的质疑却从未休止。[②] 当前我国公共服务供给正处于新公共管理这一历史阶段，其对治理的挑战已初现端倪，要想积极应对挑战，就要在制度上突破、创新，力求在公共利益、社会公平正义、国家责任、民众参与、权力构建、有效性合法性方面有所建树。

---

① John, D. W., Kettl. D. F., Dyer, B., & Lovan, W. R. (1994). What will new governance mean for the federal government?. Public Administration Review, 54 (2), 170—175.

② Gow, J. I., & Dufour, C. (2000). Is the new public management a paradigm? does it matter? [J]. International Review of Administrative Sciences, 2000, 66 (4): 573—597.

当我们转向有关治理的文献时，发现大量的社会力量可以引导社会活动产生积极的社会结果，为社会活动结果提供资金支持助其实现公共利益等等。在实践中，政府尝试通过跨越边界去寻找资源、技术、工具、甚至谋求新的合法性来实现其公共利益的核心目标。有些创新致力于组织合作层面的治理变革，有些创新致力于设定一个更为有序的权力结构，以期获得合法性有效性。总体来看，公共治理实践正在从官僚制层级政府向更依赖于水平、混合、相互交织关联的治理形式转变[①]。

此外，经济学家从经济学视角对治理也有很多独到的阐释，他们对公共服务有效供给也进行了深入研究，其中最为著名的是最优供给理论，以维克塞尔—林达尔均衡、庇古均衡和萨缪尔森均衡为典型代表。瑞典经济学家林达尔指出，如果每个社会成员都按照其所获得的公共服务的边际效益来捐献自己所应当分担的公共服务费用，那么公共服务的供给数量可以达到最有效水平，这就是著名的"林达尔均衡"。英国福利经济学家庇古指出，对于每一个人来说，当公共服务消费的边际效益刚好等于税收的边际负效益之时，此时公共服务供给有效。应用一般均衡以及边际原理，个人预算中的私人产品和公共产品均能达到最佳配置状态，当社会的边际替代率之和恰好等于边际转换率之时，公共服务供给有效，此时达到帕累托最优。

本文在随后的章节分析论述有关公共服务供给适应这种范式转换的路径，传统公共服务供给在传统公共行政范式下的掣肘、在新公共管理范式下面临的挑战和应对，以及对新公共治理的探索与尝试。无论哪种治理理论首先都要尊重公共价值，最终都要走向善治。同时，新公共治理理论对当代公共服务供给提出了比过去更为宽广的交互要求，对公共利益、社会正义、国家责任、民众参与、公共性、有效性与合法性的实现均给予更多期望。

2.1.1 治理理论的根基—公共行政学

公共行政学作为社会治理的理论工具是一门实践性极强的大学问，诞生于1887

---

① ll, C. J., & Lynn, L. E. (2005). Is hierarchical governance in decline? evidence from empirical research. Journal of Public Administration Research and Theory: J-PART, 15 (2), 173—195.

年，以威尔逊的《行政学之研究》出版为起点。当时资本主义已经进入高速生长期，政治、经济、社会的发展日益复杂，对公共服务的需求与日俱增，这极大地扩展了政府的工作领域与职能。在这样的时代背景下，公共行政就迫切地需要有科学的理论予以指导，以避免政府步入歧途，高效有序地为公众提供必要的公共产品和公共服务，传统公共行政学派关注效率并倡导权威主义。然而，传统公共行政忽视了"正义"这一最为核心的公共行政要旨。为了改善传统公共行政忽视公平正义的弊端，1968年9月，32位年轻学者聚集在锡拉丘兹大学明诺布鲁克会议中心举行研讨会，其中弗雷德里克森（H. George Frederickson））的《走向一种新的公共行政学》一文标志着新公共行政学派诞生。该学派不满于关注效率、经济和效果，他们倡导以社会公平、社会正义作为核心价值。六七十年代西方世界普遍出现经济滞胀和政府公共服务无效率，1980年撒切尔政府推行以缩小政府规模和进行"财政管理创新"为中心的改革，这被视为新公共管理学派的实践发端。该学派以私营部门管理理论和现代经济学作为自己的理论基础，将市场机制引入到公共服务领域。新公共管理引入竞争关注效率、效益、效能。本文要重点论述的政府与社会资本合作（PPP）就是新公共管理的实践创新。该运动在一定程度上拓宽了公共行政的视域，丰富了公共管理的手段和方法，同时在实践中也暴露出了较大的局限性。政府与市场之间的选择是复杂的，他们不是非黑即白的二元论选择，往往是两者不同权重组合的选择。世纪之交，登哈特夫妇旨在批判新公共管理的种种弊端而推出《新公共服务：服务，而不是掌舵》标志着新公共服务学派的诞生，该学派重新审视政府与市场的关系，同时社会的作用得到前所未有地强调，并成为介于政府和市场之外的一种新选择。该学派抛弃了新公共管理追求效率、效益、效能的单一价值取向，把民主、公平、公正、正义看做公共行政的重要价值取向。尽管治理作为一种理论，其变迁的经历被视为"旧瓶装新酒"，但它确实蕴含着一种新的社会实践指向，意味着国家、社会以及市场以全新的方式互动和协作。充分发挥市场的资源配置功能以及社会的资源整合功能，最终与政府一起重构社会治理体系。治理理论的每一次变革都是人类社会的历史演进向现有社会治理提出新要求，谋求通过改革去适应新要求。

我们知道，社会的发展脉络是以一个个分散的具体事件来加以体现的。所以，改革者把更多的关注焦点投放在特定的历史事件当中是可以理解的。但是纵观近百年来的社会治理改革，如果缺乏全局观，那么每一次改革作为对特定历史事件或状态的回应，就会沦为"效率"与"公共性"之间的取舍，落入"改过来再改过去"的死循环无法超越，这样做既浪费了社会资源也阻碍了历史的进程，甚至最终引发人们对改革的怀疑。所以，我们将治理改革与人类社会发展进程的核心价值联系在一起认识是有着重要意义的。那么，社会治理改革的核心价值是什么？经济考量与政治考量孰优孰劣？高效的私营部门是否可以取代繁文缛节的官僚机构？公私合作的前景与困境是什么？循着公共管理学科的发展足迹使我们看到类似的争论从未停止过，而每一次争论都标志着社会治理改革的创新。公共服务虽没有经历公共行政学的所有范式转换，但是回顾理论的脉络有助于我们更好地把握公共服务供给的改革实践。

2.1.2 传统公共行政—官僚制

1887年伍德罗·威尔逊发表《行政学研究》一文被视为公共行政作为一个独立学科从政治学分离出来。威尔逊界定行政学研究的目标、政府的执政领域，以及政府高效的可行路径。[①]威尔逊旨在建立一个什么形式的政府，以及根据其形式承担职能。古德诺对威尔逊做了回应，即政治与行政二分，政治是国家意志的表达[②]，行政是国家意志的执行[③]。根据政行二分原则建立起来的政府，具有工具理性，它的目标只有一个，效率。公共行政的关键要素包括："法治"居于主导地位、文牍主义、官僚制在政策制定与执行过程中扮演的重要角色、政行二分、增量预算，官僚在公共服务供给中始终居于主导地位。

尽管官僚制的理论模型由马克斯·韦伯所创，然而官僚制的基本原则确是威尔逊和古德诺确定。威尔逊和古德诺的行政思想以及马克斯·韦伯的理论共同构成现代官僚制的理论基础。应当说，对传统公共行政最具影响的是韦伯提出的官僚制理

---

① 彭和平 翻 叶舟. 国外公共行政理论精选 [M]. 北京：中共中央党校出版社，1997.1.
② [美] F·J·古德诺. 政治与行政 [M]. 王元译，北京：华夏出版社，1987.14.
③ [美] F·J·古德诺. 政治与行政 [M]. 王元译，北京：华夏出版社，1987.41.

论。官僚制是人类管理世界的三大方法之一，适于大型的组织机构，其优点在于稳定性、准确性和可靠性。官僚制作为一种理性主义的[①]、专业的、有效率的政府体制，在上世纪得到了充分发展。它以非人格化、理性化、专业化、制度化的特征得到了科学管理时代的认同，又在一定程度上满足工业社会超大规模生产和公共行政复杂多元的客观需要。官僚制政府往往能够利用国家权力和公共资源去实现结果，有时还会以强制的措施，或者以提出要求的方式获得民主授权。官僚制促进政府革新，并助其高效履职，在上世纪公共行政实践当中取得重大成就。

我们知道，任何一种理论，都源于实践并指导实践，每个时代都有自己的理论。诚然，诞生于工业社会的官僚制在西方工业社会阶段对社会进步起到了巨大的推动作用。然而，理论之树不能长青，并且理论本身也会有先天不足。随着后工业时代的到来，社会、政治、经济、文化随之发生变化，官僚制的形式合理性和工具理性等先天缺陷逐渐显现出来，理论对实践的解释也渐呈疲态。韦伯的官僚制理论逐渐在学界受到质疑，尤其是来自后工业社会实践的批判更是加重这种质疑，官僚制在一定程度上成为繁文缛节、行政傲慢、低效僵化的代名词。的确，官僚制作为工业社会诞生的理论，有其时代局限性，层级制下的层层授权使得只有处于链条最顶端的人才能掌握充足信息，并且决策在上传下达的过程中往往失真，这些都是其广受诟病的重要原因。官僚制极端推崇工具理性、循规蹈矩和效率，这样一来会扼杀公务人员的个性。由于过于痴迷科学的组织结构和法律制度的形式，使其难以应付政治、经济、社会等个性化的发展要求。上述因素既促进了工业社会的发展，同时也是后工业社会多元需求不能得到有效满足的桎梏。更可悲的是，官僚制正在背离其效率至上的初衷，这是由于专业化使得行政部门之间呈现碎片化态势，分工却不能合作，官僚缺乏积极主动的工作热情，得过且过不负责任的混日子。[②] 从政治的视角来看，现代官僚制是集权模式，与民主政治和市场经济相对立，是一种死板、

---

① [德] 马克斯·韦伯. 经济与社会下卷 [M]. 北京：商务印书馆，1997.320.
② [美] 戴维·奥斯本. 改革政府：企业精神如何改革着公营部门 [M]. 上海：上海译文出版社，1996.6.

僵化的行政模式。由于受各种规范制约，官僚们自主发挥的空间几乎没有。其政行二分，是为了满足公共事务不受党派竞争影响，保持文官政治中立，维持行政机制持续稳定，而这些恰恰是官僚制的死穴。从实践上看，政行难以分开，尤其在中国的实践当中更是如此，政治与行政这种国家意志的表达和执行往往很难划分界限，中国的官僚也以共产党员居多，先天的具有政治立场。有鉴于官僚制的种种弊端，改革浪潮风起云涌，提高行政效率以化解公共行政危机成为时代的选择。其主要做法是：市场化、分权、引入竞争机制、权力下放、减少垂直层级、公共服务供给主体打破政府独家垄断并引入社会资本、民众参与等等。我国的应对举措是行政审批改革、企业混合所有制改革、PPP拉动民间资本参与公共服务供给等等，所有这些都是对官僚制的突破和超越，传统公共行政正在面临前所未有的挑战，改革已经成为大势所趋。

在实践领域，传统公共行政在1949—1979年英国福利国家时期达到顶峰，强调通过行政程序确保社会公平，具体做法就是"从摇篮到坟墓"。这种做法必然以失败告终，因为民众需求已经远远超出了可供分配和使用的公共资源。福利国家的公共服务供给模式，后继乏力，不是经济的可持续发展模式，在其统治后期遭到了越来越多的批评[1]，Chandler甚至认为公共行政作为一门学科已经进入衰退期[2]。这些都为新公共管理的兴起铺平了道路。然而，尽管有学者很早就意识到了传统公共行政范式的缺陷，但是他们并没有完全摒弃公共行政范式下的公共服务供给政策的制定和实施。

此外，还有一个问题不容忽视，我国的公共行政体系算不算是集权体制？能否在我国以西方超越官僚制的方式实现对集权化层级节制体制的超越？长期以来，学者在探讨官僚制的时候，将集权制度视为传统官僚制的生态环境，将民主制度视为现代官僚制的生态环境。的确，政治的发展是以民主取代集权，但是，民主与集权并非人类社会政治文明的必然选择，还有一种可能，即废除专制集权的同时超越现代民主。所以，当下我们不能仅局限于集权和民主的制度表象上，应当深入挖掘它

---

[1] Dunleavy, P. (1985). Bureaucrats, budgets and the growth of the state: reconstructing an instrumental model. British Journal of Political Science, 15 (3), 299—328.

[2] Chandler, J. (1991). Public administration: a discipline in decline. Teaching pulic administration, 9, 39—45.

们的底蕴，去发现集权制度的不合理和民主制度的缺陷。究其成因在于集权制度缺乏法制，民主制度却是法制的片面发展。如果改变民主制度法制片面发展的现状，实现对民主制度的超越，那么，集权制度当中的一些因素就可以是合理的，成为其伦理精神和道德秩序。从集权和民主的分类中，我们看到现代公共行政的矛盾冲突：在政治上，我们主张民主，单就官僚制本身而言，它是民主环境下的集权体制，也可以认为是民主与集权的并存。如果将民主与集权的并存转化成彼此的相互渗透，即将民主精神贯穿至官僚制中，以此实现公共行政的民主化[1]，那么该模式也可以成为公共行政的一个可行改革路径。尽管实践表明新公共管理范式取代了传统公共行政范式，但是新公共管理不是唯一路径，只能算是可行路径之一。

2.1.3 新公共管理

上世纪70年代末，一股崭新的潮流出现在西方各国公共行政的理论和实践当中，"政府再造"、"企业家政府"、"代理政府"、"空心化政府"、"市场化政府"等都是对这场变革的不同称谓，新公共管理就是对这股潮流的统称，新公共管理是对传统公共行政反思基础上的革新，直至 Hood 那篇文章问世，才真正界定了新公共管理范式的特征。[2] 该理论带来一种新治理模式和政府责任体制，公共部门向私营部门借鉴管理方法，强调以顾客为中心，结果导向。同时，新公共管理也带来了组织上的变化，公私部门界限模糊，文牍主义被逐渐削弱以减少对自由裁量权的束缚[3]，引入市场机制、促进分权。

效率是新公共管理的核心议题，"效率"是哲学术语，最早出现于拉丁文，意指"有效的因素"，后被广泛用于经济学和管理学，指社会活动结果和所消耗的社会成本之间的比率。科学管理运动以后，被引入行政管理，指单位成本下政府提供公共产品与服务的收益，是产出与投入之间的比率。1890年，美国洲际贸易委员会

---

[1] 张康之. 超越官僚制：行政改革的方向 [J]. 求索. 2001 (3). 33—36.

[2] Hood, C. (1991). A public management for all seasons?. Public Administration, 69 (1), 3—19.

[3] Patrick Dunleavy, & Christopher Hood. (1994). From old public administration to new public management. Public Money & Management, 14 (3), 9—16.

将"泰罗制"确定为"效率",作为是否提价的标准。尽管如此,如果单纯地以效用或福利对效率进行衡量,而忽略人类的终极目标,将会本末倒置,这是我们试图避免的。有关效率的研究在传统上存在两个明显的缺陷,一是沿袭管理学效率的研究范式,忽视研究对象的公共性,二是局限于综合研究的模式,忽视实践的适用性。这两个缺陷在现有公共服务供给研究中尤为突出。管理学的效率研究范式不完全适用于政府,政府工作的公共性决定了诸如效率的合理定位、体现方式、低效成因、提高效率等一系列问题,这些都是公共服务供给研究应该关注的重大课题。公共服务供给的公共性属性给效率研究带来前所未有的挑战,目的在于引起我国公共服务供给学者的关注,从而把该研究引向纵深。

新公共管理是古典经济学和公共选择理论的产物,它关注分权化的国家统治系统,公共政策的制定和实施是部分连接并部分分离的,且公共政策的实施是通过一系列彼此独立竞争的单元来完成的,这种竞争发生在横向组织的市场中。其中,核心的资源分配机制是竞争机制、价格机制及契约关系的多样组合。在这种情况下,国家的角色是管制,并且通常是在委托—代理情境下的管制。该理论将公共服务的供给过程塑造成一个在相互协调合作的环境条件下,变投入为产出的组织内部过程,并强调公共服务供给过程的经济与效率,其价值基础是"产出—投入",即市场及其运行机制为公共服务供给提供了最适宜的条件。

新公共管理的核心要素:注重从私营部门管理中吸收借鉴经验、专任式管理、聚焦于公共服务组织中的企业家式领导、强调投入产出的控制与评估、强调绩效管理与审计、专注成本管理、将公共服务分解为最基本的单位。新公共管理的一系列变革导致管理演变为公共服务组织内部一个广为理解和接受的、合法化的角色和功能,这与传统上公共服务组织内部专业群体间的孤立、分割、冲突是大相径庭的。新公共管理有几个方面值得关注:

第一,伙伴关系。公共服务供给引入社会资本才能更好地提高行政效率、效益和效能。地方政府分担上级政府的责任成为可能,公共政策日益侧重中央政府以下层级的政府,政府对社会资本的关注使其能够顺利展开PPP合作。伙伴间以包容性的发展方式来决定政府目标，设定并执行公共政策。[①]

第二、顾客满意与结果导向。衡量公共服务供给成功与否的关键在于其使用者（顾客，消费者、民众）的满意程度。新公共管理将政府与民众之间的关系定义为公共服务提供者与顾客之间的关系。因此，满足顾客诉求是公共服务供给的核心目标。新公共管理将公共服务供给结果进行指标化，顾客满意度是衡量评估公共服务供给的重要指标，并要求政府对结果负责。

第三，市场化契约化。公共服务供给主体强调多元，要引入市场竞争机制。打破政府垄断公共服务供给的既有格局，引入社会资本参与公共服务供给，通过签订契约的方式结成合作。

新公共管理崇尚公共服务导向模式，意味着公私部门管理思想的融合，试图通过公共服务供给来再造政府，而这种政府使命又与私营部门的管理理念相呼应。有关新公共管理最为极端的论调认为，私营部门管理技术要远胜于公共部门，那么如果假定将这些技术应用于公共服务供给中，会自动导致公共服务供给效率、效益、效能的提高吗？似乎未必。私营部门未必能够完全取代公共部门，但是可以做得更好。公共服务导向模式将公私管理完美融合，它从私营部门吸收管理经验应用到公共部门，强调公共服务要对顾客负责，这一点是传统公共行政所不具备的，尽管它代表的是右派观点但是也在一定程度上能够得到左派的支持，意识形态分歧较少。它追求效率、避免公共支出浪费、提高行政产出。然而，公共服务供给的核心目标是改善服务质量、扩大服务范围。因此，对新公共管理的评判应该聚焦于民众对公共服务的满意程度。新公共管理范式下的公共服务模式具备如下特征：运用全面质量管理的方法，是一种价值驱动的管理模式，关注公共服务质量；强调"公民"概念，具有广泛及时的回应性，关注民众的利益和价值；倡议政府关注社区发展、关注公共服务领域；公共服务供给管理的独特源于公共服务价值目标本身的独特；民众参与与官员负责是公共管理中相辅相成不可分割的组成部分。新公共管理的优势在于很

---

① Zhiyong Lan, & David H. Rosenbloom. (2008). Editorial: public administration in transition? Public Administration Review, 68 (4): 775—777.

精确的处理既往政策实施不透明所造成的"黑箱"问题，它被视为是对变革和创新的一种管理。然而，由于新公共管理将公共政策过程简单地看做公共管理基本任务发生的一个"情境"，这恰恰也是它的局限性所在。新公共管理甚至质疑公共政策作为公共管理情境的合法性，认为其对公共服务供给强加了许多不合理的民主限制。[1]

新公共管理创立了公私合作的新模式，公私伙伴关系就是当前的政府与社会资本合作（PPP），是新公共管理范式下的产物，它可以分担政府不太擅长的公共事务，扩大公共服务供给范围，弥补政府单一供给不足，使社会富余资本能够参与公共服务供给与基础设施建设。PPP被视为私有化和分权化的产物，公私合作但不能替代政府，政府的核心功能不能私有化，它保存了政府责任以及对民众诉求回应的灵敏度。这意味着公共服务供给依然要由政府主导，确定服务的标准、数量和质量，确保公共服务供给符合公共利益。

对新公共管理的质疑从未停止，它从诞生起就一直毁誉参半。支持者认为新公共管理是治理范式的革命[2]，反对者认为其不过是一股强劲的旋风而已。[3][4] 新公共管理不仅仅是一个理论范式那么简单，它既可以是右派主张的意识形态，也可以是学术研究，还可以是一种管理实践。初始阶段它只在英国、美国、澳大利亚和北欧等一些国家才占据公共管理的统治地位，[5] 现在已经在我国落地、生根、开花。尽管其传播势头迅猛，但是在不同的地域，受地域差异以及本土化所限，新公共管理的特征是不一样的。对于新公共管理的最严重批评莫过于其依然将关注焦点集中在组织内部，这显然不能满足日益多元化的世界，此外，不是所有的私营部门技术都

---

[1] Meier, K. J. (1997). Bureaucracy and democracy: the case for more bureaucracy and less democracy [J]. Public Administration Review, 57 (3), 193—199.

[2] Kettl, D. F. (1997). The global revolution in public management: driving themes, missing links. Journal of Policy Analysis and Management, 16 (3), 446—462.

[3] Richard Laughlin. (1991). Can the information systems for the nhs internal market work?. Public Money & Management, 11 (3), 37—41.

[4] Abrahamson, E. (1991). Managerial Fads and Fashions: The Diffusion and Rejection of Innovations. The Academy of Management Review, 16 (3): 586—612.

[5] Hood, C. (1995). the new public management in the 1990s: variations on a theme. Accounting, Organizations and Society, 20 (2—3): 93—109.

适用于公共部门的公共服务供给，新公共管理有点对已经过时的或不适用的私营部门技术热衷过头。此外，在日益碎片化的、跨组织的环境中，新公共管理对公共服务供给管理进行掌控的能力极为有限。

因此，传统公共行政和新公共管理范式都无法恰到好处地解释公共服务供给的设计、提供、运行、管理、监督、评估等方面的复杂问题。有鉴于学界对这两个范式的批判，是时候对公共服务供给予以必要的反思与变革，政策制定者应该积极探索公共服务供给能够承担公共责任、实现公共利益、积极应对治理挑战的新路径。

2.1.4 新公共治理

受实证主义思潮影响，主流公共行政学更加强调事实与价值的区分，强调"价值中立"，其中以西蒙为代表，见于其《管理行为》，注重"工具理性"与"价值理性"[1]，这种区分是非常有益的。然而过于注重工具理性而忽视价值理性，就会不可避免地导致将效率作为公共行政的终极目标，把公共管理简化为管理技术或行政程序，从而忽略政府的公共性本质，缺乏对公共价值的回应、对公共利益的捍卫。由此观之，新公共管理尚无法承担善治的责任。即便如此，我们依然认为新公共治理不是新公共管理的良好替代，恐怕尚无法承担公共服务供给的范式转换，也不是应对公共服务供给挑战的最佳方法。[2] 它更像是帮助我们理解这些公共服务供给挑战的一个工具，以及对公共行政的反思。它关注公共服务领域，将政策变为实践。按目前来看，新公共治理可分为四个不同的分支：

第一，社会—政治治理，关注社会系统内部占据主导地位的各种制度（政府、市场、社会资本、公民社会）之间的关系以及相互作用[3]，以便更好地理解公共政策的制定和实施。在该类型的治理模式中，政府在公共服务的供给中不再具有主导

---

[1] ［美］赫尔伯特·西蒙. 管理行为—管理组织决策的过程［M］. 杨砾等，译. 北京：北京经济学院出版社，1988：44—51.

[2] Alford, J., & Hughes, O. E. (2008). Public value pragmatism as the next phase of public management, The American Review of Public Administration，38（2），130—148.

[3] Kooiman, J. (1999). Social-political Governance: Overview, Reflection and Design. Public Management Review，1（1）：67—92.

优势，而是需要依赖其他社会行动主体、以实现其合法性和对公共服务供给的引领和主导。

第二，公共政策治理，关注公共政策制定者与民众如何相互作用从而制定和执行公共政策[①]，在包含多元利益相关者的公共服务供给中，伙伴间水平分权关系不容忽视，自上而下的层级制指令在传递的过程中如何不失真，公共服务供给如何实现公共利益、如何不排除那些根本无力支付公共服务付费的城市贫民等等都是值得政策制定者反复思考的问题。

第三，行政治理，关注公共行政的有效运用即公共行政的重新定位。政行二分已然被扔到故纸堆里，但事实并非如此，连主张突破官僚制的巴泽雷都承认政行二分在美国的公共行政实践中所起的作用非常大[②]。新公共管理对传统公共行政颠覆式的扬弃值得深入思考，管理主义的效率至上使得社会正义等元素无法实现，导致公共服务供给对民主范式的全面挑战。

第四，合同治理，关注新公共管理的内部运行，尤其关注公共服务供给过程中的伙伴关系、公共服务提供者与使用者之间合同关系的治理。在当代契约国家中，政府需要对他们几乎不能控制的公共服务供给体系负责。

所有这些有关治理的理论观点，对于我们理解公共服务供给都大有裨益。公共治理最初只是公共服务供给体制（传统公共行政和新公共管理）中的一个要素，到如今已经发展成为一个独具特色的体制—新公共治理。在当前公共服务供给主体日益多元的背景下，新公共治理能够解释、把握公共服务供给的各种现实问题。通过发展新公共治理理论来充分反映和把握这些现实是有必要的。这个理论并不是传统公共行政或新公共管理的简单承继，而是基于公共服务供给主体日益多元的现实，并在此情境下探索公共服务供给的善治之路。

历来传统公共行政都被固化在政治研究的框架内，它关注层级制国家的统治体

---

① E. H. Klijn & J. F. M. (2000). Koppenjan. Public management and policy networks. Public Management, 2 (2): 135—158.

② [美] 麦克尔·巴泽雷. 突破官僚制：政府管理的新愿景 [M]. 孔宪遂等，译. 北京：中国人民大学出版社, 2002.2.

系，政策的制定和执行来自自上而下的封闭系统，将民众参与排除在外。由于传统公共行政具有垂直高效且不必更多协调等功能优势，所以层级制是传统公共行政的核心，该机制通过层级制管理确保公共财政的支出责任，也就是说政府拥有对公共服务供给的主导作用。

多元参与是新公共治理的理论假设，大量相互依赖的行动主体共同致力于公共服务供给，该理论同时假定公共活动的决策制定是复杂且由各种不同的过程共同组成。相较于传统公共行政和新公共管理而言，新公共治理扎根于制度供给理论[1]，关注制度及外部环境压力。这种压力既能给处在多元系统中的公共服务供给提供动能，又能对其施以约束和限制。它关注组织间的关系和对过程的控制管理，强调依赖公共服务组织与环境间的交互作用来提高服务的效率和产出。[2] 由于伙伴间地位的不平等，以及权力的不对等，伙伴间关系常常不是合作状态，间或会有冲突。然而，为了能够高效运行，在整合伙伴利益的同时，更要对公共服务的提供者伙伴间，包括公共服务的提供者与使用者之间的权力关系进行梳理并加以构建，做到充分的控制与协调。

新公共治理既是应对21世纪公共服务供给日益多元和碎片化特征的一个产物，也是对这种特征的有效回应。该理论致力于此大背景下的公共服务供给基本原则，以及公共服务供给系统本身而非单个的供给主体。在本文后续章节会就如下问题展开论述：

第1，公共服务供给，以及自然状态下的自发公共服务供给。

第2，传统公共行政框架下的公共服务的融资、管理、治理掣肘。

第3，基于对新公共管理反思下的PPP模式构建。

第4，通过PPP的权力构建以实现其有效性与合法性。

第5，中国PPP前景：创新中走向地方善治的挑战与出路、建议。

公共服务供给伴随着公共行政范式的转换以适应时代的发展。有关对成功公共

---

[1] Ouchi, W. Markets, Bureaucracies, and Clans [J]. Administrative Science Quarterly, 25(1): 129—141.

[2] [英] Stephen P. Osborne. 新公共治理？—公共治理理论和实践方面的新观点 [M]. 包国宪等，译. 北京：科学出版社，2016.5—10.

政策的评价标准，不但要考虑政治、经济、社会、文化和心理方面的需求，还要考虑历史和未来。在不同的历史时期，对各个评判维度的指数要求不同。上述的理论范式是不同社会发展阶段为解决当时的迫切社会问题提出来的，有较强的针对性，即便后来被新的理论范式替代，我们依然不能轻易地评价孰优孰劣，他们在时间维度上不具有可比性。当前，公共服务供给主体多元、供给过程日益复杂等现实使得组织内本身的效率并不能保证公共服务供给的成功运行，因此，为了进一步提高公共服务供给水平，新公共治理不仅要在理论上形成一个有效的框架，从而对该理论的优势和局限进行更深入的探讨，并且在实践中需要探索可落地的有效管理机制。新公共治理是源于公共服务供给的理论，它源于实践，得到实践的不断修正，并最终反哺实践。

2.2　PPP：创新中的地方治理提效升级

为了加快城镇化建设、提升治理能力、构建现代财政制度、改善公共服务供给，我国在立足地方政府实践的同时，推广政府和社会资本合作，这也是国家确定的重大经济改革任务，实施新型城镇化发展战略的客观需要。国家层面对PPP模式的战略定位和自上而下前所未有的大力推动，引起学界和各级地方政府地关注，逐渐成为一种能够提效升级的新治理模式。

2.2.1　PPP概念

PPP的本质在于借助私人部门的资金、技术、竞争与创新潜能来改善公共服务的供给效率，强调交易双方的收益风险共担以及绩效导向。该模式在市政基础设施和城市服务方面历史悠久。对于PPP定义的关键，在于基础设施融资、建设、运行、维护，政府引导社会资本参与或提供支持，通过与私人部门签订合同允许私人部门提供公共服务。它是公共组织与非公共组织之间工作安排的相互承诺（暗含任何合同），这个概念的重要性在于强调了政府与社会资本合作（PPP）不是简单的跨部门参与，是以契约为约束机制，以合作的方式提供公共服务，但PPP又并非订立契约那么简单，它是基于长期信任和法律、契约所保障的合作，其中所承诺的收益共享、责任共担、目标规划、协调服务、资源整合，无不彰显 PPP 伙伴关系的特征，并充分体现新公共管理的内在价值取向，包括放松管制、对市场机制的依赖、顾客导向。

政府与社会资本合作（PPP）应该具备以下特征：合作各方共同决定目标、以合作和共识作为决策的基础、水平而非纵向的结构和过程、基于信任的正式或非正式的关系、合作伙伴之间的协同互动、对于结果共同分担责任。[①] 政府和社会资本被要求扮演好战略合作伙伴和投资者的双重角色。作为战略合作伙伴，政府与社会资本需要与其他政府部门和利益相关者共同合作，以制定地方政策的总体框架；作为投资者，政府部门和出资者可以将服务直接外包给其中的一些利益相关者。有关 PPP 伙伴关系的一个最为重要的观点是，政府与社会资本需要为共同目标的达成联合开展工作。有学者将其定义为"公共部门与私人部门某种程度上的持久合作，它们合力生产产品和提高服务，并共同分担或分享与这些产品相关的风险、成本和资源"。[②] 那么，PPP 是否代表了一种真正意义上的创新？或者仅仅是为进一步私有化的缓兵之计？Bovaird 认为，PPP 不仅仅是市场化的一种形式，它本身已经成为公认的组织形式和制度形式。[③]

我们知道，社会资本在很多方面比政府工作更便捷，而且效率更高。另外，各级政府，尤其是地方政府财政压力较大，而社会资本刚好可以通过 PPP 参与地方政府事务，上世纪 80 年代末，政府与社会资本开始正式合作提供公共服务以及大型的基础设施建设。对于不同国家，PPP 的概念也存在语义上的差异，在日韩，它被称为"第三部门道路"（thirdsector approach）；而在欧美，它似乎更应该归在混合型企业（mixed enterprise）或混合型经济（mixed economy）的名下。对 PPP 的倚重被认为有益于改善公共服务供给和公用基础设施建设，它强化了经济发展、打破了传统官僚结构的惰性，提供了新的政府安排和政府与社会资本合作框架。PPP 是公共服务供给的伟大创新，它将政府从公共服务供给的单一主体身份释放出来，意

---

① Derick, W. B., Jennifer, M. B. (2011). Public-private partnerships: perspectives on purposes, publicness, and good governance. Public Administration, 31 (12): 2—14.

② Hans Van Ham, & Joop Koppenjan. (2001). Building public-private partnerships: assessing and managing risks in port development. Public Management Review, 3 (4), 593—616.

③ Bovaird, T. (2006). Developing new forms of partnership with the 'market' in the procurement of public services. Public Administration, 84 (1), 81—102.

味着公共服务的提供者并不必然同时也是生产者。政府既可以是公共服务的生产者也可以不是生产者，比如社会资本独立生产公共服务再由政府购买或者作为政府伙伴与政府一起合作生产，但政府一定是公共服务的提供者。厘清了公共服务的生产者与提供者，有助于我们以开放的胸襟接受并推广 PPP 模式。

2.2.2 PPP 的兴起

工业革命开始后的城市化早期，由政府提供公共产品和服务，并进行公共工程、基础设施投资。从那时起，根深蒂固的公私分野基本上将社会资本排斥在外，折射出国家干预与市场机制分庭抗礼的态势。随之而来的城镇化、老龄化等城市和社会问题凸显社会应对机制在功能上远远落后于社会期待的现实。传统上我们将政府视为征税者和公共产品和服务的唯一提供者，而随着时代的进步，现代政府承担的角色越来越多：刺激经济、激励并维护市场健康有序地竞争、提供就业、减少贫富差距等。在这样的大背景下，政府需要承担的支出责任越来越多，其独自包揽公共基础设施建设，其绩效产出往往无法满足民众的意愿诉求，且呈现当局心劳日绌之态，亟待社会资本参与其中，政府与社会资本合作的创新机制呼之欲出，应运而生。

政府与社会资本合作（PPP）并非新生事物，早在一百五十年前，托克维尔将非政府协会作为遗产留给民主制。诚然，PPP 的兴起在一定程度上是民心所向的结果。具体分析其成因，以下四个因素尤为重要：

1. 政府的低效。改革开放以后，政府职能范围不断扩大，权力不断扩张，公共服务供给也呈现多元化态势，民众的福利保障较以往有很大的提高。政府管制渗透到政治经济生活的方方面面，由此导致寻租腐败横生，而真正需要政府管制的领域往往会出现管制真空的现象。尽管政府的初衷在于构建公共服务均等化，然而对政府的抨击从来没有如此猛烈，改革的呼声甚嚣尘上。对政府的抨击来自以下三个方面：一是政府机构过于臃肿，消耗了太多的公共资源；二是在市场不需要政府的时候，政府对市场往往干预过多，而在市场需要政府的时候，政府经常缺位；三是对官僚制的刻板印象导致我们认为以政府的传统方式提供公共服务必然导致平庸和无效率。PPP是政府引进社会资本合作，高效提供公共服务的实践创新。

2. 政府的经济压力。公共服务供给顾名思义就是要使民众获得更多更好的公共服务保障，这样一来，政府每年都要承担数目庞大的转移性财政支出。我们知道，财政收入的最大来源是税收，也可以是政府债。提高税率并不必然意味着提高财政收入，可能在短期内收入会有提高但是长期来看可能会把企业逼走，将资本转移到税收相对低的国度，因而从长期来看，提高税率不但不能提高财政收入，有可能还会带来未来财政收入的锐减。政府债就是提前透支未来的钱，会给未来政府运转带来困难甚至是灾难。以多元融资方式替代政府的传统融资方式成为现实的选择。此外，政府再造运动的此起彼伏使世界各国的政府改革压力逐渐加剧。如何使政府更高效地提供公共服务，如何降低政府的施政成本、如何使公共服务供给更具有回应性成为改革的焦点和难点。在此情况下，PPP不仅可以有效地提供公共服务，还可以在一定程度上缓解财政压力。也可以这样说，政府在不增加税不增加债的同时，以PPP的方式实现了公共服务供给优化。当财政压力得到有效缓解时，我们是否还需要社会资本参与公共服务供给呢？答案不言而喻，引入社会资本不仅可以缓解眼前的资金不足，还可以带来管理模式的变革，更重要的是在一定程度上带来公共服务供给的效率革命。PPP凭借其得天独厚的协作优势和创新效应，在一定程度上可以提升供给效率、延伸公共服务供给、提高公共服务的质量、降低公共服务成本。

3. 政府的合法性危机。随着工业社会、后工业社会的不断兴起，一些社会问题凸现出来，政府的政策议程已经无法回避公共产品与服务供给方面的捉襟见肘、逐年加大的贫富差距、严重失衡的人口年龄结构、居高不下的失业率等等。类似的问题层出不穷，往往是旧病未治，又添新伤。政府面临前所未有的高度复杂性、高度不确定性和社会多元性，政府经常会陷入失灵不可自拔，表现出力不从心的疲态。此外，官僚机构本身固有的消极保守，以及官僚制的墨守陈规、繁文缛节、寻租腐败、行政傲慢、行政低效等等正一点一点地蚕食政府的合法性，并引发民众对政府的信任危机，甚至由此引发公共危机。公共服务供给的对象是民众，公共利益源于共同价值的对话，而非个人利益的简单相加。政府应该与民众建立良好的互动和信任关系。[1] 当前，这种不信任得到广泛蔓延，甚至以民意通过媒体裹挟公共政策的方式爆发出来。民众呼唤政府改革的声音不绝于耳，特别是公共服务供给回归社会、回归市场的呼声不断地得到践行，社会资本以伙伴合作的关系参与公共服务供给。

4. 政府与市场的意识形态之争。从某种意义上说，"管理主义"是一场意识形态运动，是新右派思考国家问题的路径。官僚以及官僚组织的预算最大化，公共支出的大幅攀升，垄断低效的公共服务供给，公权对个人自由的侵犯、政府对市场的压制、社会正义的缺失等，最要命的是政府会经常陷入比市场失灵还可怕的政府失灵。PPP似乎可以解决类似问题，它在"准公共品"的概念之下，找到政府功能与市场功能结合的新机制，使特定公共服务"有限排他"，以此弥补行政垄断和市场无序造成的不足。对于新右派的信仰者而言，PPP提供了这样一种制度，社会资本进入公共领域，对社会资本的控制可以因合作而得到强化，还可以医治官僚制与生俱来的低效。正是在这种意识形态之下，政府引入社会资本参与公共服务供给，PPP无疑是不容置疑的实践创新选择。[2]

财政部于2014年9月下发《关于推广运用政府和社会资本合作模式有关问题的通知》（财金[2014]76号，下称"76号文"），将PPP作为公共服务供给的创新模式引用到公共服务当中，也是地方治理模式多元化创新的自主选择。PPP被认为是解决紧迫社会问题的有效管理方式，它倡导政府、企业与公民社会发挥比较优势。PPP在这样的大背景下应运而生，是时代的选择。

---

[1] Denhardt, R. B., & Denhardt, J. V. (2000). The new public service: serving rather than steering. Public Administration Review, 60 (6), 549—559.
[2] 张成福. 公共行政的管理主义：反思与批判[J]. 中国人民大学学报，2001 (1)：15—21.

2.2.3 PPP机制分析

无论是PPP还是更广义的合作，不同类型或者不同组织形式的伙伴关系适合于不同的情境，一个关键的问题是确定并选定一个合适的合作类型。一直以来，伙伴关系被用来作为提升政府执政能力的一种最为明显的手段；如奥斯本在《再造政府》中所阐释的那样，再造就是要政府创造具有内在改革动力以及企业家式思维的公共部门，也就是构建"自我更新的体制"。此外，PPP被赋予尽最大可能促进各个利益相关者和民众诉求的实现，以及解决公共服务供需之间冲突等价值内涵。PPP被赋予如此多的功能，其作为社会治理的创新模式不仅能够缓解地方政府的财政压力，而且公私合作本身还能带来很多管理优势。令人遗憾的是，合作的局限性也相伴而生，必须探求一种机制使其能够成功运行。

PPP作为一种机制创新，通过资源整合，优势互补，在伙伴合作关系中存在优势或者说潜在优势：

第一，促进创新。由不同政策视角的利益相关者组成的伙伴关系在创新性方面无疑具有更多元的视角，这些利益相关者通过专业技能、思想理念、实践及收益风险的彼此共享，本身就能产生出更大、更多的动态整合能力。伙伴间可以真正平等地坐在一起讨论合作，比如合作的目标和范围，在充分讨论后共同制定解决方案。甚至在某些情况下，可以共同制定必要的制度。伙伴关系允许单个伙伴对合作进行尝试、调整、适应，如果有必要可以及时从失败或困境中撤退出来。因此，高效运行的PPP敢于通过吸收每个合作者的经验，并发展出一套在伙伴间能够达成共识的共同制度和方法，从而对既有的制度和方法提出挑战。[1]

第二，共享资源。任何一种合作都会涉及资源的共享问题，政府与社会资本合作概莫能外，PPP能够发挥伙伴间各自比较优势，以合理分工、资源共享的方式提升合作效率。伙伴们可以共享彼此的专业技能、知识和专长，有利于提升公共服务供给的数量、质量、效率和合理性。通过与具有特定服务领域工

---

[1] Zadek, S. (2001). Partnership alchemy. Perspectives on Corporate Citizenship, (16): 199—214.

作专长或具有服务特定弱势群体经验的社会资本合作，政府可以扩大自身的服务范围，扩展自身的服务类型，提高自身的服务质量。通过消除重复工作和改进信息交流，PPP 可以提高政策实施的效率。在伙伴关系内部，政府会变得更加民主，在可能的前提下，政府可以开放政策制定过程，并且可获得代表伙伴们利益的意见和政策倾向。

第三，协同效应。以合作和共识作为决策的基础、基于信任的正式或非正式关系，伙伴间积极响应集体行动，能够以妥协、让步、协商的方式解决冲突，共同分担收益、风险、责任和权利。[1] 这样一来可以将潜在的合作失败引导到共赢的路径上来，避免伙伴间的不合意合作以及由此带来的损失。PPP 可以提高解决问题所需资源的总体水平。伙伴间的协同效应可以通过整合不同组织的互补性资源以及通过这些组织，找到比传统方法更为合适的方法，进而将资源的影响最大化。一个有效伙伴关系的总体效应远远大于各个伙伴自身效应的简单加总。通过合作产生的协同效应赋予伙伴们一个"变革型"的学习过程，伙伴们通过相互学习和借鉴，获得自身的提高。有效的伙伴关系有望促进信息共享、沟通方式的改进、互相理解与适应、避免无效率和重复工作、识别可以有效共享资源的机会。[2] 伙伴关系还可以确保各项公共政策的协调一致，伙伴们就共同战略下的政策进行适当必要的整合，以确保政策彼此互补。

第四，增强合法性。决策过程开放，合作的规范性更可能促进民众的利益和伙伴间的良好合作，从实践的角度看，此举是确保可持续发展的一种手段。通过民众参与从而对民众诉求进行挖掘，有助于解决既往应该解决却不曾解决的问题。与此同时，伙伴们制定共同战略的过程融合民众参与有利于增进 PPP 目标的合法性，以获得更多的民众支持。这是因为对于传统公共服务供给不满的民众来说，通过过程参与可以更好地支持新政策。政府也可以通过民众参与发现目标服务人群，提供更

---

[1] Derick, W. B., Jennifer, M. B. (2011). Public-private partnerships: perspectives on purposes, publicness, and good governance [J]. Public Administration, 31 (12): 2—14.

[2] Miller, C. (1999). Partners in regeneration: constructing a local regime for urban management?. Policy & Politics, volume 27 (27), 343—358.

多更好的服务。以期通过有效性的不断叠加，实现合法性。这种组合更有可能促成伙伴关系的目标实现。然而，当前在中国，PPP尚没有引入民众参与模式，亟待这种潜在优势尽快成为现实。

尽管PPP有很多优势，其劣势亦不能被忽视。在一定程度上，PPP的伙伴关系不能发挥协同效应的潜能，也许是惰性或其他方面的原因。[①] 其劣势主要体现在以下几个方面：

第一，目标冲突。共同目标无疑是结成伙伴关系的要素，然而伙伴间缺乏清晰目标经常被视为伙伴关系失败的主要原因。这是由于伙伴们就目标的具体细节存在分歧，或者对共同目标的含义有不同的理解。这将在未来造成伙伴间的误会、合作失调，乃至冲突。如果某个合作伙伴有单独行动，那么将会进一步恶化整个合作关系。在战略层面上，不同的伙伴对战略的定位有时也会有出入，当伙伴们各自的战略重点发生冲突时，或者伙伴们为了主导某一领域而相互争抢发生"圈地斗争"，这将不可避免地削弱伙伴们一直以来在合作方面的尝试和努力。在实践操作中，也会经常因为伙伴们的偏好以及偏好强度的差异而使合作变得更加复杂难以调和。这将导致合作成本攀升，比如讨论、一致意见方面所花费的时间以及妥协难以达成而浪费的时间。如果不能得到伙伴们的一致支持，结束一个低效的或者不成功的伙伴关系是相当困难的。此外，因为要终止与某个合作伙伴的关系，也许会重创与其他合作伙伴的关系。[②]

第二，责任不清。主体责任不清问题一致困扰着伙伴关系。伙伴关系平行平等意味着没有任何一个伙伴认为自己应该对合作承担责任。伙伴关系缺乏主导必然会造成争利避责，对于"谁来负责"以及"对谁负责"的问题，并没有一定之规，伙伴间由此造成的混乱无序在所难免。片面的强调伙伴间主体平等，而缺乏政府主导，很难建立伙伴们的共同愿景目标，使合作变得更具挑战性。能够有效应对伙伴们的相对权力差异，对于构建成功的伙伴关系意义非凡。此外，公共利益是全民福

---

① Huxham, C. (2010). Theorizing collaboration practice collaboration. Public Management Review, 5 (3), 401-423.

② [美] Stephen P. Osborne. 新公共治理？—公共治理理论和实践方面的新观点 [M]. 包国宪等译，北京：科学出版社，2016.124.

祉，不是每个个体利益的简单叠加。同样的道理，PPP的成本、收益、风险也不是单个伙伴的简单叠加，它也是指伙伴们的共同成本、收益和风险。所以，尽管伙伴们内心确实向往合作的成功，但是如果只关注个体的成本、收益、风险，那么这种合作还不能算是成功的合作，顶多算是几个精明的单干户在合伙做事。伙伴关系已经被视为治理的创新模式，利用伙伴们的资源优势进行积极有效地整合互补，无论对合作而言还是对该合作提供的公共服务使用者而言，都会产生一个意义深远的影响，挑战与机遇并存。

第三，理念差异。伙伴们在理念上也容易产生差异，比如对市场的定位，对公共服务使用者的判断以及价值体系的天然差距，这些都会深深地影响伙伴关系的发展和运行。当政府与社会资本的管理实践、管理思想被融合在一个组织当中，上述的问题就会显现出来。大多数的伙伴关系都存在权力不等现象，这是由于更多的参与带来更大的政治合法性，因此拥有更多的合法权力诉求。在伙伴关系发展的不同阶段，由于理念不同，参与不同，伙伴间的权力平衡状态是不同的。比如关键出资者是非常具有影响力的，他们的观点在群体当中尤为重要，值得思考的是他们的理念更接近实现公共利益还是仅仅是该合作者的个体利益，他们的理念是否伤害其他合作者的利益，这些问题直接关系到伙伴合作的稳健顺畅。正式的合同能在多大程度上保障合作，这是另一个值得深入思考的问题。如果合作有效，那么在整个合作期间，"共同目标"、"共同制度"就能够被伙伴们共享。

伙伴关系在一定程度上不是制度或方法的问题，尽管制度方法也很重要，它实际上是关乎态度与文化的问题。它是一个如何构建互信以及求同存异，妥协让步的过程。其成功运行应该注重以下几个方面：

第一，愿景聚焦。一个成功的PPP往往具备下列几个条件：清晰完备的战略计划、符合战略愿景且方向一致的个体行动目标和总目标、执行环节的透明公开、共同利益优先于伙伴们的个体利益。合作要完全自愿，并在合作中培养共同价值观。对于每一个合作伙伴，对合作关系的支持与维系是非常重要的。

第二，互信合作。伙伴间的彼此信任极为重要，这关系到专业知识技能的整合、责任的确定性、方法的一致性、和PPP成员资格的稳定性。每个合作伙伴都有一个一致公认的合法性角色，尽管伙伴们的权力大小以及影响力存在差异，但没有任何一个合作伙伴可以支配一切。

第三，激励共生。基于彼此信任，伙伴们必须相信合作给每一方都能带来益处，共同目标或互补性目标可以在伙伴间形成共生互赖关系，即对一方的有利结果在多大程度上对另一方也有利。[①] 这与竞争性的共生互赖是截然不同的，竞争性的共生互赖容易导致潜在的冲突。激励共生有利于增强对当前共同利益的分享。

PPP成为制度供给创新的意义在于它是应对跨越组织边界与私人机构开展合作所带来挑战的治理工具。在民主的背景下，PPP的伙伴关系依然是有争议的，伙伴关系的建立意味着政府有可能存在缺乏民众回应性的问题。尽管困难重重，在实践当中，PPP还是要力求实现公共利益。PPP模式既有优势也有劣势，如何在利用优势规避其局限性的前提下探索一条成功合作的路径，是研究PPP的要旨所在。当前，PPP在运行的过程中依然有一些原则问题不容忽视：

1. PPP作为当前公共服务供给的新模式应更多地被视为一种民主国家治理的过程，而不仅仅被视为一种融资、管理过程。

2. PPP应承认政府在国家治理过程中的正当性地位，避免过度强调市场、效率，造成"空洞化的公共服务供给"。

3. PPP应更多地关注其公共性，遵循公共精神、公共价值，弘扬公共利益。

4. PPP固然要向市场学习效率，但不能舍本逐末，应考虑情境适用的特殊性。

5. 有关PPP的研究，要采取学科整合的途径，避免单一视角带来的盲点，结合政治学、经济学、行政学、法学、哲学的学科视角。

在实践中，政府是否采用PPP模式都是从经济的合意性来进行评判，比如特定标准的成本比较。因此，它往往低估非经济性收益，比如，私营企业的效率借鉴以

---

① Fenger, M., & Klok, P. J. (2001). Interdependency, beliefs, and coalition behavior: a contribution to the advocacy coalition framework. Policy Sciences, 34 (2), 157—170.

及善治的结果。PPP 模式和激励机制更有利于政府实现善治的目标。因此，经济收益不该是衡量 PPP 的唯一维度，政府在决策是否采用 PPP 模式的时候应适当地考虑其管理和治理的效果。

2.3 PPP 的伙伴合作

国内外大量实践表明，所有引入 PPP 的国家，在民主机制的配套方面都不太到位，权力分配尚没有成熟机制，伙伴关系本质上还是政府与社会资本的协定，鲜有民众参与进来以共同维护公共利益。面对多重的利益冲突，政府会将其调整和化解。然而遗憾的是，政府往往会表现得力不从心，原因在于：政府与社会资本的本质差异、伙伴关系对民主治理至今尚无法解决的挑战。伙伴间如何协定才能更好地确保公共利益的实现，以及如何才能满足伙伴们的诉求，各方似乎需要更慎重更广泛的讨论。

2.3.1 公私对比与合作

历史清楚地向我们表明，国家制度中公共部门与私营部门的合理配置与使用决定着经济甚至国家的兴衰。而一国制度的设计和运行，不仅仅取决于该国的政治和经济生态，还取决于该国的历史文化传承和精英的群体意识和管理智慧。官僚政治和市场经济是控制国家政治经济活动的两种基本方法，官僚政治可以领导经济活动，相应地，自由市场的价格机制可以控制经济产品和资源配置决策。[1]

从严格意义来说，政府，企业或是社会组织，都是以追求自身效用作为存在的基础。政府的效用是公共利益，企业的效用是盈利，社会组织的效用是为某一特定

---

[1] Rainey, H.G.. (1996). Understanding And Managing Public Organizations [J]. Jossey-Bass Publishers San Francisco, 61.

的事务或人群服务。它们在一起合作追求的是 1+1+1>3[①] 的效果。政府代表公，企业代表私，所以二者在管理和运行上应该有本质区别。Rainey 在对有关组织的公私区分进行文献整理时发现，目前对于组织的公私划分还没有找到切实有效的方法。他认为政府与企业的区别主要在于以下三个方面：一是在压力源方面，政府组织较少受到来自市场的压力，它更多的受到法律的约束以及政治的限制，企业的压力主要源自市场和消费者；二是组织与外部互动方面，政府组织决策具有垄断性、强制性等特点，同时接受民众监督，回应民众诉求，企业决策依据的是市场方法，接受消费者监督，回应消费者诉求；三是管理机制方面，政府采用官僚制，部门具有多元性，管理程序繁杂等，企业相对政府而言比较单一、程序简单。[②] 哈佛大学的 Allison 认为，公共管理与私营管理在不重要的地方可能是相似的，而在所有重要关键的地方都是不一样的。[③]

然而，在现代社会，公私分野早不如过去那么明显，美国在二战时期，航空工业产品的 92% 由政府购买，直至 1950 年代，海军飞行器需求才开始萎缩，航空企业减小生产规模，关闭生产线转产。但就航空工业而言，公共性基本改变了传统的市场模式。[④] 传统意义上的私营企业随着时代的变迁早就不存在了。从质上说，企业一定具有公共性，只是在量上多与少的问题。这也是 Barry Bozeman "所有组织都是公共的" 经典表达。公共性将政府与私人部门联结到一起，给政府与社会资本合作奠定了必要的基础。他将政府与私人部门进行了非常详细的对比：[⑤]

[①] 贾康. 贾康：PPP 模式 1+1+1>3 [N]. 2016—04—19 23：53 来源：太平洋建设 http：//www.hn.xinhuanet.com/2016—04/19/c_1118673958.htm

[②] Rainey, H. G. (2003). Understanding and managing public organization. Public Productivity & Management Review, 15 (4), 12—12.

[③] Bozeman, B., Perry, J. L. & Kraemer, K, L, (1983). Public management: public and private perspectives. Journal of Policy Analysis & Management, 2 (4).

[④] Bozeman, B. All organizations are public: bridging public and private organization theory. Jossey—Bass Inc, 1987: 10—12.

[⑤] Bozeman, B. All organizations are public: bridging public and private organization theory. Jossey—Bass Inc, 1987: 14—29.

表 2.1 政府与私人部门的区别

类别	官僚组织	私人部门
个人感受	官僚对组织认同度低、工作满意度低、对现有人事管理系统的奖优惩劣不抱有太多幻想。支持功绩制,但不支持现有人事评价程序的主观随意。	私人部门雇员组织认同度高、工作满意度高、对现有人事管理系统的奖优惩劣充满信心。
个人关注	关心公共责任和目标	个人报酬
工作权限	官僚还要说服议员和上级以证明他们的计划是有价值并可行的。官僚由于分工和利益的原因,决策权由中上层掌控。官僚组织的一线管理者只拥有有限的人事权。	决策管理和操作多在一线做出。
人事管理	官僚组织不必要的规则和章程代替了管理控制,限制了官僚的自主选择。《1883年彭德尔顿联邦文官法》后的文官制度开始注重官僚实绩、工作安全以及个人权益。	私人部门雇员享有一定的自主权,个人权益基本能够得到保障。业绩考核相对更公平。
工作压力	官僚受到外部监督决策的风险较大,影响工作节奏,很难做到深思熟虑。时间安排也和组织的政治周期相联系,给了官僚们追求快速绩效的压力。	私人部门雇员工作节奏受外界影响较小,压力也更小。
工作风险	官僚组织决定的目标比较广泛,也更重要,风险也相对较大。	私人部门决策相对简单,风险也相对较小。

通过表 2.1 的公私对比,我们发现官僚与私人部门雇员有很大不同,这会导致官僚组织与私人部门产出及产出方式的不同。官僚组织是目标多元且为公共利益服务的组织。盈利是企业存在的逻辑,效率是企业的生命。政府通常找不到简单有效的干预方式以保证企业为公共利益服务。同样的道理,市场在有限竞争等局限性下为政府提供了公共服务供给的理由,但是,政府往往是低效的生产者,由官僚之间互投赞成票以及公共政策被民意裹挟造成的供给低效或无效等问题,无一例外地在一点点蚕食公

共利益。显而易见，政府或市场作为公共服务供给的独立主体都是存在缺陷的。因此，政府在弘扬公共利益的前提下，在适当参考市场效率的同时，与社会资本展开合作、优势互补、资源整合、发展民生，已经成为历史发展的选择。虽然普遍认为PPP是有用可行的工具，但是应该对其持谨慎的态度，政府与社会资本能否真正合作或者说他们之间的利益冲突是否太大以至于无法克服？盈利是社会资本参与PPP的终极目标，却只是政府实现社会结果的一个手段。它虽然契合当前的时代要求，但必须予以承认，它仅仅是政府众多政策选择中的一个比较现实的选择。

PPP自身结构的多样性使得对其不能用单一框架进行分析。在这里我们提出一个基于目标分析的框架，无论是公共部门还是社会资本以能够成功地实现特定合作目标为特征挑选合作伙伴。这些类型包括：公共政策、公共服务供给、基础设施。我们之所以选择这些作为我们的组织原则，是因为在许多情况下，公私部门希望实现一个特定的目的才促成公私合作。不同类型或者不同组织形式的伙伴关系适合不同的情境，一个关键的战略问题是确定并选定一个合适的类型。因此下面的PPP理论分析框架与实践当中的PPP紧密相关，并促进政策构建与实践应用的分析。

公共政策型PPP。寻求设计、倡导、协调或监督各个领域的公共政策。伙伴关系结构可以从松散的、非正式的、问题导向的网状关系转变成为更正式的跨部门合作。类似的PPP能够专注于政策的操作层面，但是他们往往却深陷于政治当中。[①]该类型PPP的绩效指标融合诸多问题，在改善公共政策方面，其具体做法如下：伙伴间专业知识和经验的整合、政治上的考量比如公共利益与个体利益之间的协调、公共政策对特殊社会群体的回应性、在政府与民众之间构建共识、构建合作伙伴间的合法性、确定伙伴们将以何种权威的方式为谁提供服务。以上这些经常被实践证明，并被广泛地视为评估PPP政策的规范性原则，他们是公正、机会均等、回应性、民众参与和政务透明。

公共服务供给型PPP。社会资本以分散的方式在政府的主导下提供公共服务。政府保留融资和支付的责任，将外包服务提供给社会资本。要实现上述目标的真正

---

① Rhodes, R. A. W. (1990). Policy networks: a british perspective. Journal of Theoretical Politics, 2 (3), 293—317.

PPP 伙伴关系的构成要素经常存有较大争议，到底是该由政府提供还是社会资本提供。缔结伙伴关系的最普通机制是能反映伙伴间亲疏关系的某种形式合同，就是我们常说的公共服务外包合同。在一定程度上，PPP 运行中的政府承诺、公私责任共担以及联合规划无不进一步彰显了 PPP 伙伴关系的特征。它代表了一种将公共管理与私营管理观念的新融合，强调公共服务的使命，但又采用私人管理思想。它既与以往的公共组织决裂，又保留了公共组织明确的认同感和目标使命—合法性。提高服务质量与产出价值，但必须以实现公共服务供给使命为基础；在管理过程中反映使用者的愿望、诉求和利益，以使用者的诉求作为反馈回路，强调公民权。同时怀疑市场机制在公共服务中的作用，强调民众参与和公共责任等。

基础设施型 PPP。汇集各国政府和私营部门融资，建造并运行基础设施（如港口、高速公路、污水和废物处理设施、电信、发电等。[①] 由可以获得技术和资金的国内企业和跨国企业组成的混合制合资公司，包括各种类型的 BOT，贷款或信托基金。有关 PPP 合同的订立已经从传统的合约方式升级为基于长期信任和信守承诺的方式。该类型的 PPP 服务提供、性能指标和规范源于私有化、放松管制，是新公共管理的最典型代表：能够提升效率和质量的市场机制、注重物有所值、建立持续的公共基础设施运行和维护的能力、企业家精神、授权而非亲自提供服务、公共部门裁员、引入竞争机制、政府掌舵而非划桨、放松管制、对市场机制的依赖等等。[②]该类型 PPP 并非没有争议：争议的焦点围绕着是否真正需要将基础设施外包给私人合资公司、政府鼓吹 PPP 为纳税人节约成本和效率是否可信。

表 2.2 总结了伙伴合作框架。该表显示主要的组织结构和流程、性能指标以及相关的规范维度。该表显示，从非正式到法律约束力，可以通过各种财政安排构建合作的可操作性。通常假定正式协议将写入合同，然而，相互关系更容易捕捉到这些机制的设计过程和结果。

---

① Sansom, K. (2006). Government engagement with non-state providers of water and sanitation services. Public Administration and Development，26 (3)，207—217.

② Koppenjan, J. F. M. (2005). The formation of public-private partnerships: lessons from nine transport infrastructure projects in the netherlands. Public Administration，83 (1)，135—157.

表 2.2 基于目标的伙伴关系分类

PPP 目标	组织结构和过程	性能标准	规范性维度
公共政策	政府执政能力、民众诉求的回应	公共服务供给质量、民众的回应性、官民的共识构建、PPP 的合法性	公正、民众参与、透明度
公共服务供给	政府与社会资本合作提供公共服务	质量、效率、有效性、实现目标、受益人	问责制、商业价值和激励、使用权、回应性
基础设施	联合经营、建设运营移交、设计建造运营	质量、效率、现金价格、维护和可持续性	问责制、商业价值和激励、使用权、回应性

2.3.2 伙伴关系

政府与社会资本在很多方面都促进了治理所强调的管理方式。政府通过伙伴关系与社会资本建立联系，并使用社会资本惯用的方法实现公共目标。尽管 PPP 诞生于私有化时期，但依然可以将其视为一种缔结政府与社会资本众多组织的一种新方式，政府可以在没有能力独自处理问题时寻求社会资本的帮助。通过将公共服务供给成功与社会资本融资紧密地加以结合这一方式，实现社会资本的方法、技术和手段与政府的目标相匹配。社会资本应该看到，公共服务供给投资是安全可靠的，同时，政府可以使这些私人融资为己所用，并保证社会资本获得"非暴力但可持续"的收益，表面看起来政府与社会资本皆大欢喜。尽管如此，政府与社会资本的关系远非我们想象的那么简单：

第一，伙伴关系让公共服务供给面临复杂性。政府与社会资本关系被看做是合作协定。由于受到长期合同的制约，因此按常理来说政府与社会资本可以免受出其不意的政治干预，其关系协定依靠专业咨询机构来制定审核。伙伴的认成需要经过漫长的条件匹配、谈判、讨价还价、权衡取舍的过程，而在这个过程中，民众（或者具体点说，公共服务的使用者）不能参与。由于谈判仅限于合作伙伴们，缺乏必要的透明度，伙伴们的合同就像商业合同一样，以商业机密为由拒绝接受外界的审查。

第二，政府在伙伴关系中承担多重角色。政府既是政府与社会资本合作的倡导者，同时也是公共财政资金的监管者，很多时候还是参与者，而通常情况下，这三个角色是冲突的。政府在很多时候既当裁判员又当运动员，当前政府正处于多重利益冲突的中心，它同时承担着政策倡导者、经济建设主导者、公共财政资金的支付者和监管者、民众的代理人、政府与社会资本合作的主导者与运行者。政府同时承担这些角色，使得政府陷入利益的泥潭不可自拔。

第三，伙伴关系只是治理形式的一种。政府在什么样的情境下选择PPP还是其它治理模式，如传统科层制、外包等等，是仁者见仁智者见智的问题，没有一定之规。令人遗憾的是，在实践中政府对这些治理形式的选择和取舍往往缺乏固定的依据，不好评判度量官僚执政的深思熟虑与随意。PPP、政府购买、合同外包之间是替换选择的关系，政府会选择其一作为公共服务供给的方式。

第四，政府如何与社会资本展开合作。政府的目标是实现公共利益，社会资本的目标是盈利。虽然社会资本与政府或其它社会资本展开合作，但是他们显然没有承担公共责任、缺乏实现公共利益的理想和目标。政府与社会资本在这方面的差别也是实践中合作不好达成、伙伴关系不顺畅的原因之一。如果政府不能对社会资本进行有效的审查和监管，社会资本单纯的只是对投资收益感兴趣，那么最终的结果可能是PPP模式下的公共服务供给偏离公共价值。

第五，政府与社会资本合作是长期契约。PPP是一个极难界定并管理的组织模式，既要实现公共利益还要允许社会资本盈利，既要政策的稳定性做保障还要能适应随时变化的客观情况，既要维护伙伴关系还要能够迅速解决伙伴冲突问题，将政府与社会资本合作限定在当前的30年也是对政府执政能力的检验与挑战。即便政府与社会资本合作顺利，由于时间的跨度等原因，其产出和结果的评估也是相当困难。

第六，不同的群体渴望通过政治过程或交换过程得到不同的东西，政府与社会资本亦不例外，可以就公共服务的合作供给过程满足自己的利益需求。政府与社会资本博弈的本质就是各方都想实现个体利益最大化。社会资本想多盈利，政府想实现公共利益，所以，伙伴们经常有冲突，始终处于博弈状态。如果政策制定者能够根据需要制定出可以引导博弈各方均衡点移动的制度，那么这些天然的本能可以得到后天矫正；如果接受一个相比之下更合适的博弈策略选择，那么对个人的道德约束依赖就一定会少一些。应当强调的是，法律约束是道德约束的一种替代，也就是说如果博弈方能够在博弈过程中找到利于自己长期发展的均衡点，对法律约束的依赖就会减少。

与传统的政府购买相比，政府与社会资本合作包含着许多不同的责任与治理安排，而这些正是公共服务供给的优势之一。无论从伙伴间相互关联的经济激励、还是风险的共同分担无一不说明 PPP 比传统的政府采购更先进。然而，PPP 虽然先进，但是其融入复杂的治理体制还有很长的路要走。不客气地说，当前 PPP 模式下的公共服务供给已经在一定程度上削弱了政府的公共责任，PPP 伙伴关系的制度安排缺乏合法性。[①] 研究伙伴合作的意义在于引导 PPP 参与者，以制度引导替代或部分替代法律曾经扮演的角色，通过制度的有效性来累积它的合法性。

2.3.3 伙伴间博弈需要优化形成正和博弈

现有的博弈理论都是以理性经济人做假设，这使得我们在使用现有理论工具对经验研究结果进行解释方面遇到了前所未有的挑战。古典博弈论假设局中人是完全理性的，清楚自身的偏好排序，即使面对复杂的概率分布计算也毫无惧色，有无限的、迅速的计算能力。正是由于该假设的极端性，才能推导出有力的数学结果，并且，在绝大多数情况下，理论预测结果都可以符合实践。或者说，即使最初的实践行为不符合理论预测，但他们的行为也往往会随着时间的流逝而向理性经济人假设的经典预测靠近。不容忽视的是，在某些情况，即使人们的行为选择在经过调整、学习或者发展之后，仍与上述假设的数学推导不符。这再正常不过，不是每个人都能做到理性，个人偏好决定个人理性，而个人偏好千差万别。我们局外人认为的"不理性"也许恰恰正是局中人深思熟虑后的"理性"，而此"理性"是局中人做出的，与假设前提中局外人认为的"理性"不是一回事。我们知道，个人是自身福利的最佳判定者，"甲之

[①] Graeme Hodge. Public private partnerships and legitimacy. University of New South Wales Law Journal, 2007, 12 (3).

熊掌，乙之砒霜"，此"理性"不可能总是等同于彼"理性"。即便如此，我们仍然要说博弈论是解释强大的工具，但不是万能的工具。博弈论这种分析工具，既可以分析纯市场的经济行为，还可以广泛应用到政治决策的过程当中。

大多数博弈分析是建立在两个主要简化了的关于人性的假设：假定个人是理性的决策者和有纯粹的个人偏好。复杂的社会现象经常被这样简化，否则的话，社会现象立刻就会变成棘手的复杂数学模型。理性假设通常由两部分组成：首先，个人会清醒的认识个人偏好和他人偏好；第二，个人能够实现最大化偏好。[①] 伦理和道德在不同的文化中差异极大，对私人行动的约束效果更是不容易预测。并且，人的情感因素很复杂，从狭义的角度讲，他是个体追求效用最大化的理性人。我们知道"经济人"假设是极端假设，要把极端假设应用到具体问题当中，不同的博弈模型其自身都有一定的模型结构与理论假设的约束，这一点应该在一开始就予以承认。使用数学工具对于博弈方的决策规则进行"经济学"探讨，来论证人类行为决策与公共管理的主流有很大区别，而要完成实现公共利益、社会正义以及承担国家责任等公共管理学科使命更是感觉任重而道远。在此，必须小心翼翼的强调，对PPP合作伙伴行为分析过程只是初步性和探索性的尝试。由经验可知，假设前提不同，得出的结论就会不同。我们不能从极端的情况入手来探讨一般状态，只要假设的一般状态符合客观实际，就可以说，至少在这样一种情境下，假设是成立的。

博弈分析方法不能帮助解释复杂人类行为选择的所有方面，然而，在以PPP的模式提供公共服务，政府与社会资本不会掺杂更多的感性，会很理性的做出决策。均衡点是伙伴们各自都为自己的利益而相互竞争的结果，非常有可能不是他们的效用最优点，但一定是自己能够在这个群体里获得的最优点，这种均衡是建立在计算自己私利最大化的基础之上。伙伴们本意不是为公，但在群体互动的过程中，必须得考虑对手对自己的影响，对手能够拥有的效用达到什么数量时才能允许自己拥有期望的效用，为了自己实现效用最大化必须首先考虑别人的效用。也就是说，在充分考虑他人

---

① Camerer CF, & Fehr E. (2006). When does "economic man" dominate social behavior?. Science, 311 (5757), 47—52.

私利的基础上，在可能的范围内，实现自己的效用最大化，这个利他的过程就是为了利己。博弈均衡在微观上是以利己为出发点实现了宏观层面上的公共利益。

布坎南认为，政治交换就是普通博弈，政治交易者就如同博弈局中人一样，都是以个人效用最大化为出发点的，但他们的行为要受到诸多约束条件的制约，这些约束条件包括规则、信息、禀赋和可以预料到的他人决策。参加政治交换的个人会造成彼此间的相互依赖，参与人之间即便不存在强制，个人效用依然受制于他人的策略变化，于是，人们会将他人的策略纳入自己考虑范围内，并会关注他人的策略行为[①]。布坎南指出为完成某些共同目标的双人以上个人合作，"他们各有所长，并且每个人都能在相互交换中获得好处[②]。在普通的市场经济交易环境中，"个人是凭借各自的交易能力进入交易过程的[③]。尽管，人们的偏好和才能各有差异，但只要彼此认同并且认为对方可以为自己带来预期收益，就有从事交换或准备从事交换的动力。经济正义的双赢就是指交换双方各自对交换过程、交换结果，在价值评判意义上的个人主观感受。"交易者会认为交换只是在以下程度上增加了自身的效用，即：交换过程本身体现出正义的特征。如果交易不掺杂外界强制、欺骗，交易双方是自愿行为，我们就可以认为交易是正义的并且对双方都有利[④]。交易双方达到了这样一个结果：各自在自愿的情况下获得了自己想要的，提升了自身效用。价值往往由从事交易的个人偏好来体现[⑤]，每个人都是自身利益的最好裁断者。布坎南经济思想的核心判断是任何人的价值或目标都不会先验地比他人的目标或价值更优越，经济活动是由人的私利驱使的，每个人都在努力地为他自己所支配的资源找到最能增值的用途，"看不见的手[⑥]"

---

① [美]詹姆斯·M·布坎南. 财产与自由 [M]. 韩旭，译. 北京：中国社会科学出版社，2002：18—19.

② [美]詹姆斯·M·布坎南，戈登·塔洛克. 同意的计算—立宪民主的逻辑基础 [M]. 陈光金，译. 北京：中国社会科学出版社，2000.332.

③ [美]詹姆斯·M·布坎南. 经济学家应该做什么 [M]. 罗根基 & 雷家骕，译. 西南财经大学出版社，1988.3.

④ [美]詹姆斯·M·布坎南. 宪法秩序的经济学与伦理学 [M]. 罗豪才，译. 北京：商务印书馆，2008.78.

⑤ [美]詹姆斯·M·布坎南. 规则的理由 [M]. 冯克利，译. 北京：中国社会科学出版社，2004.58.

⑥ [英]亚当·斯密. 道德情操论 [M]. 蒋自强，译. 北京：商务印书馆，1998.230.

促进了整个社会利益。这样，布坎南在凸出强调人的天然理性经济的本性特质的同时，发现人们因为公平交换而获得好处，渐渐地促成了自然秩序。

博弈论对于理解PPP参与者行为至关重要，且与其它行为学科—从生物学和经济学到人类学和政治学—关系重大。然而，单靠博弈论并不能彻底解释PPP伙伴们的行为，应辅之以各门行为科学所遵从的关键概念。离开渊博的社会理论，博弈论不过是唬人的技巧，而离开博弈论，社会理论则只是一项残破的事业。

社会资本通过PPP投资公共服务，具有一些显而易见的相对优势，政府要利用私人部门的这些优势，探索新的能够自觉改进效率的政策供给，并借鉴更具市场回应性的私营部门管理模式。然而，就全局而言，PPP的核心意义在于最大化公共利益而实现"共享发展"。伙伴之间的公私差异、伙伴关系的难解之困与博弈、政府的实际控制管理能力、以及政府与社会资本签订的长期合同对合作的锁定等等，以上种种挑战被解决的程度极大地影响PPP融入善治的程度。公私伙伴合作看起来是如此复杂和难以理解，以至于PPP已经成为经济学家、律师、专业顾问和金融专家参与的多方博弈。

2.4 本章小结

虽然公共服务供给伴随着理论范式的转换不断地向前发展且有明显的改善，但我国现阶段公共服务供给依然存在供给无序、供给质量不高、供给范围不广、供给效率低下等问题，亟待改善。厘清PPP概念、回顾PPP在特定历史条件下的兴起、对比公私差别、分析伙伴博弈等，有助于我们对PPP有更感性深入的了解。PPP是有关公共服务供给的伟大创新，那么什么是公共服务，如何供给？

参考文献：

[1]蓝志勇.桐乡"三治"经验的现代意义[J].党政视野.2016(7):14-15.

[2]World bank.http://www.worldbank.org/en/topic/governance

[3]John, D. W., Kettl, D. F., Dyer, B., & Lovan, W. R. (1994). What will new governance mean for the federal government?.Public Administration Review,54(2),170-175.

[4]Gow, J. I., & Dufour, C. (2000). Is the new public management a paradigm? does it matter?.International Review of Administrative Sciences,66(4),573-597.

[5]Hill, C. J., & Lynn, L. E. (2005). Is hierarchical governance in decline? evidence from empirical research. Journal of Public Administration Research and Theory：J-PART, 15(2), 173-195.

[6]彭和平 翻 叶舟.国外公共行政理论精选[M].北京：中共中央党校出版社,1997.1.

[7][美] F·J·古德诺.政治与行政[M].王元译,北京：华夏出版社,1987.14.

[8][美] F·J·古德诺.政治与行政[M].王元译,北京：华夏出版社,1987.41.

[9][德]马克斯·韦伯.经济与社会下卷[M].北京：商务印书馆,1997.320.

[10][美]戴维·奥斯本.改革政府：企业精神如何改革着公营部门[M].上海：上海译文出版社,1996.6.

[11]Dunleavy, P. (1985). Bureaucrats, budgets and the growth of the state: reconstructing an instrumental model.British Journal of Political Science,15(3),299-328.

[12] Chandler, J. (1991). Public administration : a discipline in decline. Teaching pulic administration,9,39-45.

[13]张康之.超越官僚制：行政改革的方向[J].求索,2001(3):32-36.

[14]Hood, C.(1991). A public management for all seasons?.Public Administration,69(1), 3-19.

[15]Patrick Dunleavy, & Christopher Hood.(1994).From old public administration to new public management.Public Money & Management,14(3),9-16.

[16] Zhiyong Lan, & David H. Rosenbloom. (2008). Editorial：public administration in transition? Public Administration Review,68(4), 775-777.

[17]Meier, K. J.(1997).Bureaucracy and democracy: the case for more bureaucracy and less democracy.Public Administration Review,57(3),193-199.

[18]Kettl, D. F. (1997). The global revolution in public management：driving themes, missing links.Journal of Policy Analysis and Management,16(3),446-462.

[19]Richard Laughlin.(1991).Can the information systems for the nhs internal market work?.Public Money & Management,11(3),37-41.

[20]Abrahamson,E.(1991).Managerial Fads and Fashions:The Diffusion and Rejection of Innovations. The Academy of Management Review,16(3):586-612.

[21]Hood,C.(1995).the new public management in the 1990s:variations on a theme. Accounting ,Organizations and Society,20(2-3):93-109.

[22][美]赫尔伯特·西蒙.管理行为——管理组织决策的过程[M].杨砾等,译.北京:北京经济学院出版社,1988:44-51.

[23]Alford,J.,& Hughes,O.E.(2008).Public value pragmatism as the next phase of public management.The American Review of Public Administration,38(2),130-148.

[24]Kooiman,J.(1999).Social-political Governance:Overview,Reflection and Design.Public Management Review,1(1):67-92.

[25]E.H.Klijn& J.F.M.(2000).Koppenjan.Public management and policy networks.Public Management,2(2):135-158.

[26][美]麦克尔·巴泽雷.突破官僚制:政府管理的新愿景[M].孔宪遂等,译.北京:中国人民大学出版社,2002.2.

[27] Ouchi, W.(1980).Markets, Bureaucracies, and Clans[J].Administrative Science Quarterly,25(1):129-141.

[28][英]Stephen P.Osborne.新公共治理?——公共治理理论和实践方面的新观点[M].包国宪等,译.北京:科学出版社,2016.5-10.

[29] Brinkerhoff, D. W.,& Brinkerhoff, J. M.(2011).Public-private partnerships: perspectives on purposes, publicness, and good governance. Public Administration and Development,31(1),2-14.

[30] Hans Van Ham,& Joop Koppenjan.(2001).Building public-private partnerships: assessing and managing risks in port development.Public Management Review,3(4),593-616.

[31]Bovaird,T.(2006).Developing new forms of partnership with the 'market' in the procurement of public services.Public Administration,84(1),81-102.

[32]Denhardt,R.B.,& Denhardt,J.V.(2000).The new public service: serving rather than

steering.Public Administration Review,60(6),549-559.

[33]张成福.公共行政的管理主义:反思与批判[J].中国人民大学学报,2001(1):15-21.

[34]Zadek,S.(2001).Partnership alchemy.Perspectives on Corporate Citizenship,(16):199-214.

[35]Derick,W.B.,Jennifer,M.B.(2011).Public-private partnerships:perspectives on purposes,publicness,and good governance.Public Administration,31(12):2-14.

[36]Miller,C.(1999).Partners in regeneration:constructing a local regime for urban management?.Policy & Politics,volume 27(27),343-358.

[37]Huxham,C.(2010).Theorizing collaboration practice collaboration.Public Management Review,5(3),401-423.

[38][美]Stephen P.Osborne.新公共治理？——公共治理理论和实践方面的新观点[M].包国宪等译,北京:科学出版社,2016.124.

[39]Fenger,M.,& Klok,P.J.(2001).Interdependency,beliefs,and coalition behavior:a contribution to the advocacy coalition framework.Policy Sciences,34(2),157-170.

[40]Rainey,H.G.(2003).Understanding and managing public organization.Public Productivity & Management Review,15(4),12-12.

[41]贾康.贾康:PPP模式1+1+1＞3[N].2016-04-19 23:53 来源:太平洋建设 http://www.hn.xinhuanet.com/2016-04/19/c_1118673958.htm

[42]Rainey,H.G.,Backoff,R.W.,& Levine,C.H.(1976).Comparing public and private organizations.Public Administration Review,36(2),233-244.

[43]Bozeman,B.,Perry,J.L.,& Kraemer,K.L.(1983).Public management:public and private perspectives.Journal of Policy Analysis & Management,2(4).

[44]Bozeman,B.All organizations are public:bridging public and private organization theory.Jossey-Bass Inc,1987:10-12.

[45]Bozeman,B.All organizations are public:bridging public and private organization theory.Jossey-Bass Inc,1987:14-29.

[46]Rhodes,R.A.W.(1990).Policy networks:a british perspective.Journal of Theoretical Politics,2(3),293-317.

[47]Sansom,K.(2006).Government engagement with non-state providers of water and sanitation services.Public Administration and Development,26(3),207-217.

[48]Koppenjan,J.F.M.(2005).The formation of public-private partnerships: lessons from nine transport infrastructure projects in the netherlands.Public Administration,83(1),135-157.

[49]Hodge,G.(2007).Public private partnerships and legitimacy.University of New South Wales Law Journal,12(3).

[50]Camerer CF,& Fehr E.(2006).When does "economic man" dominate social behavior?.Science,311(5757),47-52.

[51][美]詹姆斯·M·布坎南.财产与自由[M].韩旭,译.北京:中国社会科学出版社,2002:18-19.

[52][美]詹姆斯·M·布坎南,戈登·塔洛克.同意的计算——立宪民主的逻辑基础[M].陈光金,译.北京:中国社会科学出版社,2000.332.

[53][美]詹姆斯·M·布坎南.经济学家应该做什么[M].罗根基&雷家端,译.西南财经大学出版社,1988.3.

[54][美]詹姆斯·M·布坎南.宪法秩序的经济学与伦理学[M].罗豪才,译.北京:商务印书馆,2008.78.

[55][美]詹姆斯·M·布坎南.规则的理由[M].冯克利,译.北京:中国社会科学出版社,2004.58.

[56][英]亚当·斯密.道德情操论[M].蒋自强,译.北京:商务印书馆,1998.230.

第 3 章

公共服务

当前公共服务外包、私有化等趋势对我国的公共服务供给产生极大影响，而这种影响在不断地侵蚀公共服务的公共性。这是由于受当前的管理主义思潮的影响，对公共服务供给的评判更注重经济结果，在方法上更倾向于直接拿来私营部门的管理方法。我们知道，经济学对于私营部门的管理是行之有效的，但运用到公共部门则完全是一种拙劣的构想。尽管公共部门可以借鉴私营部门的管理方法，但不能毫无保留地照搬，因为以效率至上为核心的管理主义在某些方面违背了公共服务的传统，不利于政府提供服务，它在某些方面是不民主的，甚至其理论依据也值得怀疑。因此，公共服务供给不能广泛地、不加辨别地采用私营部门的方法。它所包含的内容是指需要发展一种能够承担公共责任、弘扬公共利益、吸纳更多民众参与的供给新形式。

3.1 有关公共的概念

当前时代公共服务供给面临的最大挑战在于"公共精神"的忽视乃至衰微，具体表现在：公共服务供给的非公共倾向，幻想寻找既能适合私人管理，又能适应政府管理的普遍法则；公共价值的偏差，试图把效率视为公共服务供给的终极目标，而公共实践在于促进民主社会所应拥有的正义、公平、自由、秩序和公共利益等基本价值；公共服务供给的误区，外包、私有化成为追求私人利益的手段。因此，强调对公共服务供给的公共精神、公共性、公共目的、公共利益进行研究、反思，既有学术研究上的意义，也有重要的实践价值。公共性是公共服务供给的本质属性，是公共服务有别于私人服务的关键特征。想要弄懂公共服务供给理论，首先要厘清"公共"、"公共领域"、"公共性"、"公共利益"的概念。只有厘清这些概念，才能更好的把握政府责任、公共利益、政府绩效、回应性与民众诉求的平衡与发展等问题。

3.1.1 "公共"的概念

"公共"一词的古典含义有两个：一个来自希腊语"pubes"或者"maturity"，表示一个人在身体上、情感上或心智方面已经成熟。它所强调一个人从只关注自我发展到超越自我，理解并尊重他人的利益，懂得自己的个人行为对他人的影响。即一个人知晓自己与他人的关系；另一个来自希腊语"koinon"关心，暗含着人与人之间相互关系的重要性。成熟和超越自我似乎暗示着"公共"既可以指一件事情，比如公共决策，也可以用来指一种能力，比如合作共事。简言之，"公共"意味着一个人不仅能与他人和谐共处、合作共事，还能够为他人着想。希腊人把政治共同体（城邦）视为公共，所有的成年男子和自由民（公民）都可以参与这种政治共同体。政治共同体的目的在于设立广泛通行的、有利于公民最大利益的标准和惯例，并且自觉支持、宣传和实施这些标准。公民对城邦负有保持忠诚的义务，城邦也有保护和"关心"公民的责任，力求城邦（国家）与公民之间的权利与义务对等。当前"公共"一词保留了该词的一部分原有寓意，我们用来泛指社会中的所有人，而对他们不加以区分。"公共"有时也是"政治"和"政府"的同义语。

然而，近一个半世纪以来，功利主义哲学取代了希腊人的公共观，并且在一定程度上支配并影响了政治的思想和实践。对个人关注有余而忽视了集体努力，政府似乎为了满足个体私利而非公共利益，以结果或后果作为判定效用的标准，通过官僚化的、技术的或者科学可量化的方法来测定。这里已毫无公共可言，群体内共同利益是个体利益的简单叠加，已经没有公共利益可言，这是我们在制定公共政策中试图避免的。在20世纪30年代，公共行政开始偏离强调公民精神的轨道，转而关注管理问题，受到泰罗的科学管理运动的影响。到了20世纪60年代后期，公共行政在弗雷德里克森等人的新公共行政学派的倡导下又回过头关注公共问题，但是由于多元主义理论和公共选择理论在当时是显学，民众对公民精神不感兴趣，学者更是对其嗤之以鼻。到了20世纪80年代中期，民众参与成为民主行政的重要特征，在公共服务供给领域开始尝试民众参与。见多识广、充满活力的公民是有效政府管理的基础所在，与公共行政相辅相成。

工业化、后工业化社会呈现多元化态势，因此要想重建希腊城邦国家是根本不可能的。但是，如果人们认识到人类彼此是相互依赖的，那么重建公共领域就会成为一种可能。如果在人与人的交往中，我们有一种普遍的公共利益意识，那么至少在基本的人性层面我们相互之间会建立一种集体责任感，我们就会发现全人类实际上是一个共同体。由此我们看到对"公共"的解释远非"政府"那么狭隘，其内涵远比"政府"要丰富得多。可以这样理解，公共生活与政府相互依赖，政府只是公共生活的一种表现。此外，公共既是一种理论也是一种能力。它作为一种理念，公共意味着所有人为了公共的利益而在一起工作获取充分信息的能力。但是，如果我们把公共等同于政府，我们在事实上限制了民众参与公共事务的能力。

因此，公共的职责和责任意味着它能使民众制定一致同意的群体内共同制度，为了公共的利益，大家一起工作，实现设立的目标。公共责任既是公共管理者的责任，也是公司管理者的责任。公共管理者有责任构建组织与公共之间的良好关系，为了组织也为了公众，促进公共利益这一不断变化着的观念的发展。我们必须培育和保护这些互动的方式，尽可能地实现创造公共、了解公共的意愿，弘扬公共行政精神。公共责任不是集体的责任，而是我们每一个人的责任，无论是个体还是群体都不能逃避公共责任。[1]

---

[1] [美]乔治·弗雷德里克森. 公共行政的精神[M]. 张成福等，译. 北京：中国人民大学出版社，2003：18—47.

3.1.2 公共性

"公共性"是被广泛运用于哲学、政治学、法学、经济学、文学等领域的复杂的概念。就政治学角度而言,普遍认为"公共性"是衡量政府活动性质以及基本价值的分析工具,其具体表现为政府活动的中长期目标,政府决策对于公共利益的保障和弘扬、官僚的职业道德操守、公共责任的承担。公共服务供给作为不局限于政府行为的社会活动,其"公共性"应有更广泛的内涵。我们认为,仅就"公共"与"公共性"的起源看,二者的原初含义并不等同。

自从有人类社会,"公共"问题就相伴而生。"公共性"是随着国家的产生而形成的,并且在历史发展的不同阶段被赋予不同含义,它以公共权力为后盾的国家成为"公共性"的代表,但其实质却是少数人对多数人的统治工具,此时的"公共性"已经远离了"公共"的最初含义。恩格斯在论述国家起源时曾经指出,国家是社会发展到一定阶段的产物,社会陷入冲突不可自拔,需要一种凌驾于社会之上的力量来缓和这种冲突并将其限制在一定的"秩序"之内,从而调和各个阶级或者说利益集团的争斗。[①] 国家在这里充当不同阶级或群体的公共意志的代言人,它集中体现了协调双方的"公共性",但此时尚不能算公共利益,只能算是群体内的共同利益。

公共性既是公共领域的本质属性,也是公共领域的价值尺度,它贯穿于公共领域的所有角落。如果依据绝对公正的原则来判断,凡是能够照顾到公共利益的政体就可以算是正当或正宗的政体;而那些只照顾统治阶层利益的政体就不能算正当的政体或对正宗政体的偏离。[②] 所以,公共性要求公共领域必须恪守公共价值,秉持公共精神,维护并增进公共利益,这些是构成公共管理实践的合法性基础。[③] 然而,近些年的改革实践表明,由于过分强调工具理性与技术理性,公共性正不断地面临管理主义与自由主义的挑战与威胁,公权异化、官僚制的繁文缛节、官僚寻租、政

[①] 马克思,恩格斯.马克思恩格斯选集(第四卷)[M].北京:人民出版社,1972:166.
[②] [古希腊]亚里士多德.政治学[M].吴寿彭,译.北京:商务印书馆,1965:132.
[③] 蓝志勇.公共管理中的公共性问题[J].中国行政管理,2006,(07):38—40.

府失灵等现象不断涌现出来，公共危机频发。[①] 正是在这样的背景下，为了强调治理的公共性价值以增强其合法性，对于"公共性"的概念界定，重新成为公共服务供给的一个热点问题。

康德认为政治必须要求建立一种法律秩序。因此，这种政治哲学所建构的是一种从自然强制和道德政治当中共同形成的世界秩序。政治不能搞纯道德化，即政治不能被理解为成文法前提下合乎义务的行为。相反，政治行为必须关注民众的共同目标，亦即公众福利当中的集体意志，这些都应当由公共性加以保障。然而不容忽视的是，公共性必须在一种特殊的意义上充当政治和道德的中介。在公共性中，所有人的经验目的都应当在理性上达到统一，法律应当从道德中产生。最后从普通的道德判断前进到哲学的道德判断。[②]

黑格尔根据18世纪的理论范式把公共性的功能界定为统治的合理化，他认为有效不再通过权力，是通过判断和理由。现代世界的原则要求每一个人所应承认的东西，对他显示为某种有权得到承认的东西。他认为国家是自在自为的理性事物，是实体性意志的现实，它在被提升到普遍性的特殊自我意识中具有这种现实性，成为国家成员是单个人的最高义务，接受国家统治。[③]

由于康德在其历史哲学和法哲学当中对公共性原则作了详细的论述，所以，公共领域观念已经具有了成熟的理论形态。

3.1.3 公共领域

具有政治功能的公共领域概念在18世纪初于英国首次出现。我们通常认为，公共领域的成败始终都离不开普遍公开、开放、透明的原则。把某个群体或个体完全排除在外的公共领域不仅是不完整的，而且不能算是公共领域。原则上，一切人

[①] 张成福. 论公共行政的"公共精神"——兼对主流公共行政理论及其实践的反思[J]. 中国行政管理, 1995, (05): 15—17+20.

[②] [德] 康德. 康德著作全集（第四卷）纯粹理性批判（第一版）[M]. 李秋零主编. 北京: 中国人民大学出版社, 2005: 419.

[③] [德] 黑格尔. 法哲学原理[M]. 范扬, 译. 北京: 商务印书馆, 1961: 253.

都属于这一领域,所谓人就是指道德人格,指私人。这样一来,公共性作为法治国家的组织原则在某种程度上就具有了可信度。如果每一个人看上去都有机会成为"公民",那么只有公民才可以进入政治领域;而且不会因此而丧失其公共性原则。反之,只有有产者可以组成一个"公众",才能用立法手段来保护现存财产秩序的基础,只有他们的私人利益才会自动地汇聚成群体内的共同利益,那么此利益并非公共利益。但是,从他们当中可以产生出预见普遍利益的真正代表,因为他们不必在扮演公共角色时掩盖他们的私人存在。①

霍布斯深受宗教内战经验的影响,他在《利维坦》一书中构建了一个完全以贵族权威为基础,却根本不顾民众信念的国家。由于广大民众被排除在国家机器中的公共领域之外,因此,民众信念之间的冲突无法在政治上得到解决,甚至被彻底排除在政治领域之外。②

卢梭在《社会契约论》里指出自然秩序是超越迄今为止一切社会的法则而非民众社会内部所固有的法则。自然状态堕落的结果是不平等和不自由。在自然状态下,人类是充满人性的自然人,是自然与社会的分裂把每个个体撕裂成自然人与社会人。自我异化源于文明的进步,弥合这种裂痕的灵丹妙药唯有社会契约,为了通过普遍意志使人类享有权利和义务,个人须将其人格、财产连同一切权利交托给共同体,即公共领域。社会契约需要个体绝对服从,即自然人彻底变成社会人,进入社会状态。③

康德支持自由主义的观点,他确信随着市民社会的私有化过程,具有政治功能的公共领域的社会前提会自行形成,甚至于已经十分成熟。由于这种社会结构作为自然秩序看起来使人一目了然,因此从历史哲学的角度,康德假定法律秩序是自然

---

① [德]哈贝马斯. 公共领域的结构转型 [M]. 曹卫东等,译. 上海:学林出版社,1999:96.
② [英]托马斯·霍布斯. 利维坦 [M]. 黎思复等,译. 北京:商务印书馆,1985:195—200.
③ [法]卢梭. 社会契约论 [M]. 何兆武,译. 北京:商务印书馆,2005:25—26.

强制的结果，这样一来，他也就能够把政治变成一个道德问题。[①] 他认为私域和公共领域之间存在着特殊关系。他认为公共领域当中所形成的一切经验意识的同一性和先验意识的抽象同一性是一致的。面对公共领域，一切政治行为都立足法律并被民众认为具有普遍性和合理性。在"绝对公正秩序"的状态下，自然法则的统治被法律法则的统治所取代—政治完全可以转化成道德。

哈贝马斯的公共领域是一个特定的历史范畴，指由具批判性的个人所组成的以民众为主体的资产阶级公共领域。在这里组成民众的每个个体可以自由集合、表达，通过对共同利益展开讨论以形成公众舆论。并且和公权机关直接相抗衡。[②] 他为公共领域介于国家和社会之间的紧张地带划清边界并获得明确的政治功能，这种分界使公共领域和私人领域区别开来。公共领域只限于公共权力机关，私人领域同样包含着真正意义上的公共领域，因为它是由私人组成的公共领域。所以，对于私人所有的天地，我们可以区分出私人领域和公共领域。私人领域包括狭义上的市民社会，亦即商品交换和社会劳动领域，家庭以及其中的私生活。政治公共领域是从文学公共领域中产生出来的，它以公众舆论为媒介对国家和社会的需求加以调节。[③]

3.1.4　公共利益

公共利益从来都不是新兴概念，它甚至早于"公共"与"公共领域"，远在氏族社会的原始时代，就有公共利益的概念，当时的"公共利益"指氏族成员之间的共同利益。在古希腊和古罗马，公共利益的范围得到进一步扩大，已经扩展到城邦和贵族集团。近代先哲又陆续强调公共利益的概念，洛克的"共同体"、亚当斯密的"共同体下的市场经济"等，都是当代民主社会实现公共利益的社会基础。社会契约论认为，在有国家之前，人类处于自然状态下，每个人都有运用上天赋予其价

---

① [德] 康德. 康德著作全集（第四卷）纯粹理性批判（第一版）[M]. 李秋零主编. 北京：中国人民大学出版社，2005：400—413.
② [德] 哈贝马斯. 公共领域的结构转型 [M]. 曹卫东等，译. 上海：学林出版社，1999：2.
③ [德] 哈贝马斯. 公共领域的结构转型 [M]. 曹卫东等，译. 上海：学林出版社，1999：34—35.

值和趋利避害的权利。然而，每个个体在运用上天给予的权利去实现自我价值的时候，人与人之间就产生了矛盾和冲突。这种冲突损害了每个个体的利益，而唯有理性才是解决冲突的办法，通过协商把天赋人权的一部分让渡出来交由共同体，使之成为一种"公共意志"，由国家来维护和实现这种"公共意志"。在这里，共同利益演变成为"公共利益"。也做"共同善"（the common good）和"公共福利"（public welfare），即个体的、特殊的、局部的利益应当服从大范围的、一般的、整体的利益。公共理性是公民所共同拥有的共同价值，公共利益只有最大限度地体现公共理性，从本质上说才能表达其真实内涵。

康德曾就普鲁士知识阶层中流行的"怎样才能形成启蒙运动"的话题，对"理性的公共领域应用"与"理性的私域应用"进行了鲜明的对比分析。他把个人理性的公共领域运用作为"启蒙运动"的条件，认为自由是启蒙运动的基石，而在公共领域运用自己的理性是最无害的自由之意。[①] 康德关于理性公共领域运用的自由不是通常意义上的无序自由，而是受到法律和制度的限制和规范。他认为公民可以对现有赋税制度发表不同意见甚至是完全相反的意见都是被允许的，然而直接抗税就要受到惩罚，因为前者没有违背公民义务而后者显然违背了公民义务。康德对"理性的公共领域应用"与"理性的私域应用"作进一步的辨析发现，启蒙运动的最大障碍是极权主义、专制政治、教会制度对民众的普遍约束，尤以对言论自由权的完全剥夺为甚。

罗尔斯关于公共理性的认识承继于康德。他认为应该用自由民主社会公民的"共同合理性"解释"公共理性"。他认为公共理性是民主国家赖以生存的基础和基本特征；公民理性是那些享有平等的公民身份的人所具有的理性。他们的理性目标是公共善，这正是正义观念对社会基本制度结构的要求所在，也是这些制度一直服务的目标和价值所在。[②] 他的关于公共理性的概念从本质上说是一个民主国家可以

---

① [德]康德．历史理性批判文集[M]．何兆武译，北京：商务印书馆，2005：25.
② [美]约翰·罗尔斯．政治自由主义[M]．万俊人，译．上海：译林出版社，2000：225—226.

用来规避可能出现的种种政治困境的思想理论工具和良药，使多元价值趋向的民主社会的公民求同存异，因而这种公共理性在制定和修正法律时相互发挥强制性的权力。① 他认为公共理性是通过政治正义观念来表达，是一种自由主义的观念。②

哈贝马斯对政治的理解属于程序主义的民主概念，即"话语政治"他认为政治是整个社会化进程的构成要素，是基于一种道德生活关系的反思，是媒介，是团结。③ 在民主程序下通过商谈，以理性地方式来约束人的行为规范。在多元文化社会里，隐藏着种种利益和价值取向，因此在利益的调和以及分配的过程中，妥协、让步、讨价还价、权衡就变得极为必要，以求不同利益取向的个体、小群体、乃至整个社会才有可能达成某种共识。这种妥协依靠的是权力中立，而且不掺杂任何策略性行为。为确保这种妥协的公平性，还要看前提和程序，哈贝马斯就此构建了"交往前提"和"民主程序"两个核心概念。他力图重构古典理性法理论，从而提出对社会现代性的道德与实践的一种独特的自我理解。④

康德、罗尔斯和哈贝马斯对公共理性的认识有助于我们揭示公共利益的本质。从理想主义角度看，公共利益是公共理性的还原；而从现实主义角度看，公共利益是公共理性与多元利益对抗后的平衡。现阶段，弘扬公共利益已成为社会治理的第一要旨。公共利益可以简单地理解为让最广大的老百姓得实惠、满意且可持续。实现公共利益是公共服务供给的核心目标。群体中的每一个个体利益都应该受到关注，仅就此而言，公共选择学派将公共利益视为私人利益的简单叠加遭到广泛批判不足为奇。卢梭在《社会契约论》一书中鲜明地指出，"公意"不能等同于"众意"，社会的"公共利益"不是群体内的"共同利益"。判断一个政府的合法性，最为根本的一点是看其统治的立场是否是为了保障并弘扬公共利益。

---

① [美] 约翰·罗尔斯. 政治自由主义 [M]. 万俊人，译. 上海：译林出版社，2000：227.
② [美] 约翰·罗尔斯. 政治自由主义 [M]. 万俊人，译. 上海：译林出版社，2000：226.
③ [德] 哈贝马斯. 哈贝马斯精粹 [M]. 曹卫东等，译. 南京：南京大学出版社，2004：235—249.
④ [德] 哈贝马斯. 在事实与规范之间—关于法律和民主法制国的商谈理论 [M]. 童世骏，译. 北京：三联书店，2003：4.

3.1.5 小结

厘清"公共"、"公共领域"、"公共性"、"公共利益"的概念有助于我们更好的理解公共事务，理解公共服务供给。即便政府非常努力地为民众提供公共服务，依然会有一些广受诟病的社会问题顽固地存在，仅仅要求政府提效、增加公共服务供给的数量和质量并不能很好的解决此类问题。在准确把握"公共"、"公共领域"、"公共性"、"公共利益"这些概念的基础之上，对公共服务供给合意度的评判使得我们应该更多地关注公共服务供给本身所赋予的公共性内涵，并从其内涵出发，去思考构建公共服务供给的相关制度，只有这样才不会背离公共服务供给的公共性本质。

3.2 公共服务供给实践

公共服务供给的公共属性决定其由政府供给，然而为了突破供给掣肘，当前公共服务供给实践尝试在市场化、社会化的道路上有所作为，政府通过有效制度安排引进社会资本参与公共服务供给，以实现公正、高效的公共服务供给体系。其中，市场化与社会化都是公共服务供给的变革方向，二者不是孤立的，必要的时候也可以将市场化与社会化结合起来，利用政府与市场这两个有力工具，探索出一条更优的公共服务供给模式。

3.2.1 公共服务

基本公共服务指一定阶段内公共服务应覆盖的最小范围和边界。它需要建立在一定社会共识基础之上而趋向于"均等化"。基于一国经济社会的发展阶段和总体水平，不论民众的种族、收入和社会层级差距如何，原则上都应公平、普遍地享受这种基本"托底"的公共服务。这种"均等化"的内在要求，不是相关公共资金支持下人均数额指标的趋于均等化，必然、也必须是使用价值形态的教育、医疗等服务供给数量与质量的趋于均等化（当然只能渐进追求）。公共服务是政府弥补市场失灵，实现社会正义的重要途径。非竞争性的公共服务，排他不可取，会导致消费不足；然而如果没有排他，又会衍生供给不足。过去我们已知一些非排他性的公共服务供给无法通过价格体系分配，因而竞争性市场不能带来帕累托改进所要求的公共服务。如果公共服务不能用价格进行分配，那么政府责无旁贷，只能由政府提供。公共服务具有公共产品的特性：非排他性和非竞争性。由于财政支付能力有限，又在公共服务中区分出基本公共服务，指政府在市场失灵之时通过税收、担保、补贴等方式确保民众都能享有的，与公民基本权利和基本需求相关的公共服务。基本公共服务的覆盖范围取决于可用于再分配的财政收入、市场发育程度、社会资本的成熟状况、公共部门的交易费用等诸多因素。它是政府的基本责任，是民众的基本权利，是政府通过制度安排和作用机制，为国民提供经济福利的生活保障和社会稳定系统。尽管市场失灵提供了政府干预的理由，但市场失灵本身并没有提供政府垄断公共服务供给的依据。此外，市场也不是效率的代名词，市场只有在具有竞争性的时候才是有效率的。公共利益具有多维性，不仅仅是最有效、最大收益最小成本、还包括社会价值、全民福祉。

我们判断一项服务是不是公共服务，不是看该服务的提供是否由公共政策决定或者是由政府通过公共财政开支。同理，基本公共服务的"公共性"属性也不是由它的提供方式—私人提供还是公共开支—决定，而是由该服务的使用者是一个人还是多个人决定的。在一个时间段内，只能为一个使用者提供服务的是私人服务，能够同时为多个人服务的才是公共服务。我国现阶段基本公共服务覆盖：政府为实现公共利益，通过提供财政保障（一般性转移支付和专项转移支付）和完善财政体制确保民众能够得到公共服务。就转移支付而言，其实质是政府间对公共服务供给的责任划分。公共服务包含内容较多，基本公共服务主要分三类：一是保障人类基本生存权的公共服务，包括就业服务、基本养老、基本住房保障；二是满足基本发展权需要的公共服务，包括义务教育和文化服务；三是满足基本健康需要的公共服务，包括公共卫生、基本医疗保障。基本公共服务的特点：首先是基础性，指那些对人的生存发展有着前提条件意义、人所必需的公共服务；其次是广泛性，是指那些会影响到全社会每一个家庭和个人的公共服务。[①] 公共服务体系中有两个基本参与者：(1) 公共服务的使用者，他们是直接使用公共服务的个人；(2) 公共服务的提供者，直接向使用者提供服务；(3) 公共服务的管理者，指派提供者为使用者提供公共服务。

服务指按照他人意愿为他人工作，公共服务即按照民众意愿为民众服务，满足民众需求，实现公共利益。公共服务不同于私人服务，它至少要满足公共利益和财富再分配的需求：

第一，公共利益。公共利益是法律所追求的基本目标，是典型的不确定法律概念。它不是个人利益的简单叠加，不同于群体内的共同利益，更有别于个体利益。公共利益优先于个体私利。公共服务供给就是要所有人都能享受到国家经济发展的共同成果，要所有人都受益、得实惠。

第二，财富再分配。公共服务供给不同于个人购买私人服务，是纳税人缴纳税款，国家统筹公共服务供给，属于社会财富再分配的范畴，是税收之外的另一种财富再分配形式。公共服务供给其实质是高收入的群体为低收入群体买单公共服务，实现社会财富向着低收入群体流动。其终极目标要实现公共利益。

3.2.2 公共服务供给现状

当前我国的公共服务供给跟过去比有较大程度的提高，但是跟经济发展状况相比，不尽如人意的地方还有很多，总体来说，公共服务供给还停留在一个比较低的水平，不能很好地体现其公共性的天然属性。其存在的问题主要有以下几个方面：

1. 财政体制的"公共性"缺失。现代政府履行管理和服务职责需要相应的财政支持，公共财政对于公共行政的意义在于：一是政府根据基本职能仅限于提供公共产品和服务的定位，不得将财政资金用于非公共性使用范围和目的之支出。对民众所必需公共服务事项，财政应当给予充足的保障。二是政府根据履行的公共职责，提供与民众需求相适应的公共服务，其范围、数量与规模水平要与社会经济发展状

[①] 贾康，孙洁．公私合作伙伴机制：新型城镇化投融资的模式创新[J]．中共中央党校学报，2014（2）：64—71．

况相适应，并确立税收和公债的合理规模及比例。三是财政支出必须严格遵循政府代议制程序的表决、执行、控制和监督，即严格遵循政府预算和决算制度，实现公共收支程序的法制化以及实现过程与结果的公开化。四是政府根据分级治理体系，即根据层级制政府事权的合理划分，构建不同层级政府的自主决策、自主负责、财权与事权相匹配的财政收支平衡体系。五是建立规范的中央对地方层级制的财政转移支付制度。六是对于难以界定地理归属的公共事项，而需要不同地域政府、不同层级政府部门协作行动时，应通过协商的方式确定财政分担方式或补偿方式。然而，令人遗憾的是，上述六个方面的制度建设目前看尚属空白，直接导致公共服务供给难如人意。

2. 公共资源投入不足产出效率低下。公共资源投入到生产领域的份额较大，这就在一定程度上挤占了投入到公共服务领域的公共资金，而供给低效导致本不富裕的公共服务供给资金带来了相对更少的公共服务供给，意味着民众不能同等地分享经济发展带来的物质成果。此外，从公共服务供给资金的收支来看，以税收方式筹资导致供给不足，而以政府债务方式导致代际负担不公，这种传统的筹资方式都值得商榷。从支出上看，财政拨付往往无序，地方政府间人为"创造必需"的竞争现象又可能加大区域差异和不平等，上下级政府之间不可避免的拨付博弈往往会导致信息传递不畅，上级政府对下级政府的了解往往发生偏差。最终的结果是公共服务供给地域差异、城乡差异明显，两极分化严重。

3. 关注效率有余而公共性不足。政府产出的非市场性不但削弱了来自社会的竞争，更削弱了政府自身主动提高效率的内生动力；产出不容易量化度量，在世界范围内目前还没有成熟的评价体系，难以界定公共服务供给的质量与数量是否与当地民众的实际诉求相匹配，这是政府垄断供给无法脱逃的窠臼；官僚制的繁文缛节、文牍主义，官僚天生缺乏追求效率、效益、效能的动机，作为理性经济人，他们追求个人效用最大化。这些因素不可避免地造成政府规模不当扩大的同时公共服务供给低效。尽管政府独家供给崇尚效率，但效率依然不尽如人愿，却极大地忽视公共服务的公共性本质，公共利益、公共责任等公共价值内涵鲜有提及，公共服务供给从本质上说已经偏离了善治的轨道无法自拔。

4. 官僚制无法超越的体制弊端。官僚互投赞成票、民意裹挟公共政策是政府议事程序的不当结果,就传统公共服务供给的帕累托最优分析来看,集体决策模式下的公共服务供给会不可避免的造成对公共性的扭曲,使公共利益受损,官僚寻租腐败多发,导致供给陷入低效或无效。政府很难做到自发积极的开拓公共服务供给事业,缺乏主动意识。做与不做、做多做少没有一定之规,公共服务供给与政绩考核不挂钩,很难激发政府供给的热情。目前,公共服务供给尚处于混沌状态,并不算言过其实。其中,问责机制缺失,供给不合意、供给失败不需要承担责任。奖励机制的缺失是公共服务供给难以突破体制弊端的核心要素,再好的政策也要人来执行,当前不仅仅是公共服务供给制度的问题,更是官僚激励机制的问题。

5. 社会资本参与不足。当前我国的公共服务供给要么是政府供给,要么是国企供给,社会资本参与严重不足。究其原因在于政府把持分配公共资源,社会资本即便参与到公共服务供给当中,也时刻离不开政府的支持与配合,也可以理解成社会资本参与公共服务供给要受制于政府。其中,民众的支持与参与、公共政策的延续性、主管官员任职的稳定性、投资风险收益分担的固定性、合作分歧下的评估仲裁机制、官员渎职的问责机制等问题都是社会资本参与公共服务供给需要特别关注与权衡的问题。就现有制度来看,很难激发社会资本参与其中的兴趣,大多尚处于观望之中,就是我们常说的"政热企冷"。

尽管供给现状不尽如人意,政府依然希望在市场化、社会化改革的道路上有所作为。

3.2.3 公共服务供给的市场化

政府是传统公共服务供给的唯一提供者,为了适应治理变革的需要,政府正积极地致力于探索尝试利用市场机制将公共服务市场化,将市场竞争机制引入其中,实现公共资源的最佳配置和公共服务的有效供给。市场化意味着政府不再是一家独大,它既可以是公共服务的提供者,也可以是管理者。政府与市场是两种不同的工具,不分好坏对错,哪种工具适合就用哪种工具。就公共服务的属性来看,即使提供方式可以引用市场机制,管理者还是要由政府来承担。管理者决定供给方式、供给价格、供给谁、供给质量、供给数量等等,这些无法全部交由市场。政府可以用公共资金支付市场化的公共服务,不是每一次都要自己亲力亲为,作为管理者—公共利益的代理人,政府需要承担国家责任。公共服务的市场机制供给主要有以下几种模式:

第一,竞争选择。竞争旨在打破垄断性的公共资源配置,迫使政府作为提供者参与竞争,给使用者以自由选择公共服务的权利,保证公共服务以最有效的方式提供,使公共资金的使用效率最优。

第二,公私合伙。政府不再是公共服务提供者的单一身份,它既可以作为管理者通过与社会资本签订契约将公共服务外包出去,确定服务的质量、数量和价格,也可以作为提供者向使用者提供公共服务。

第三,民营化。即私有化,指通过市场力量,将原先由政府控制或拥有的资源交由社会资本承包或出售给社会资本,以提高生产力,进而将公共服务供给盘活。我国公共服务的民营化方兴未艾。

第四,使用者付费。该模式将价格机制引入到公共服务领域,它能够克服免费公共服务供给所导致的资源扭曲配置,避免由于无偿提供公共服务造成的社会不公,价格机制引导公共服务供给良好运行,最重要的是政府可以在无财政压力的情况下提供公共服务。

第五,政府采购。政府在财政制度监督下,按照法定的方式和程序,直接向市场购买某类公共服务。政府采购可以在保证公共服务质量的前提下,以最具性价比的价格供给公共服务。

第六,政府参股。政府在社会资本投资的公共服务供给中,以一定的比例参股提供资金支持,帮扶那些初始投入较大而近期不会有太多产出的行业。同时,政府必须为社会资本投资营造良好的政策环境,确保公共服务的公共性属性。

市场虽好,然而市场机制受限于古典经济学的几个假设前提,它设想了这样一种制度:其内在法则给个人提供了一个可靠的基础,个人据此可以按照效用最大化行事。在不必征得他人同意的情况下,每个人都可以为自己筹划。商品生产即便处于无政府状态,却可以保证有条不紊,乱中有序。因此,市场机制的第一个前提是一个经济前提,即保障自由竞争。第二个前提则是所有商品(产品以及生产产品的劳动力)按照它们本身固有的"价值"进行交换,而"价值"则由生产它的必要劳动量来衡量。若要实现此条件,那么意味着每个商品供应者都自己生产他的商品,或者说每个劳动者都有生产商品的必要劳动资料,所以第二个前提也可以算是一种社会学前提,即小商品生产者的社会模式。第一个前提与第二个前提紧密相连,因为关于价格独立的经济前提包含关于绝对平均地分配生产手段占有权的社会学前提。第三个前提是一个理论前提,即萨伊定律的雏形,由老穆勒最先提出来,指在生产者、产品和资本完全自由流动的条件下,供求关系总是均衡的。这就意味着劳动力资源会得到充分利用,任何生产能力都不会被闲置,社会制度在原则上是没有危机的,并保持高度的平衡,在任何时候都会与生产力的发展水平相适应。[①] 我们知道,真正的自由竞争市场只存在于教科书中,所以在使用市场机制的时候要尽量创造自由竞争条件。

3.2.4 公共服务供给的社会化

公共服务的社会化指传统上由政府承担的公共职能转移给非政府组织,包括非盈利社会组织和社会资本,以社会自治和半自治形式向民众(公共服务使用者)提供公共服务。政府通过对非政府组织的协调和管理,实现公共服务供给的社会化,实现不增加财政资金的情况下改善公共服务供给,回应民众诉求。公共服务供给的社会化在一定程度上能够缓解由来已久的公共服务供需矛盾。此外,政府不再是传统公共服务的唯一提供者和管理者,社会力量参与其中,会替代或部分替代政府的传统职能,将政府从日常的繁文缛节中解救出来,专注于社会力量无法替代参与的公共职能。

无数实践表明,社会力量在公共服务供给方面比传统的政府独家供给具有得天

---

① [德]哈贝马斯. 公共领域的结构转型[M]. 曹卫东等,译. 上海:学林出版社,1999:95—96.

独厚的优势。这并不必然意味着市场比政府更好，政府与市场各有优势，劣势也不容忽视，既有市场失灵也有政府失灵，把适合市场运作的交给市场，把适合政府运作的交给政府，如果需要政府与市场的配合而二者能够很好的配合，二者既不缺位也不越位，那么公共服务就能够实现有效供给。在我国，公共服务供给的社会化依赖于社会力量的发展和壮大，如何发挥公共政策对社会力量的哺育、支持和引导，是当前在实践中拓展公共服务供给方式需要慎重思考的关键点。公共服务的社会机制供给主要有以下几种模式：

第一，社区治理。社区是百姓居住的地方，是充分调动民众参与公共服务供给的最坚实阵地。大力发展社区建设，以社区为单位提供公共服务，相较于传统的地方政府供给更有针对性和匹配性。由于层级制治理链条的缩减，社区政府可以花更少的钱提供更多更好更接地气的公共服务。

第二，家庭。无数家庭组成当今社会，家庭以及家庭成员在做好自身分内事务的同时，从某种程度上说也算是提供公共服务。抚幼、养老、教育、医疗、住房等等这些私事，如果私人家庭能够解决或者能够部分解决，政府再辅以一定的帮扶，就某种意义而言，可以减少政府的公共服务投入。

第三，志愿者志愿组织。作为一支新兴的社会力量，志愿组织正在发挥前所未有的治理功能，志愿者从事公益服务，提供大量的社会服务。志愿组织没有政府的繁文缛节，没有企业的盈利诉求，尽管受到公共政策的制约，但他依然是政府主导公共服务供给的有益补充。

公共服务供给的社会化探索尝试充分体现了民众参与公共治理的积极意识，社会组织参与公共服务供给的优势在于相较于公共部门而言，更优越的内部治理结构和非营利性的本性。然而，利弊如同硬币的两个面，如果缺乏必要的监督监管，社会组织可能逐渐会发生蜕变，变成一个追逐私利的组织，并且日益官僚化，这是我们要试图避免的，这也是社会组织参与公共服务最最不容忽视的关键环节。因此，禁止或者在一定程度上限制社会组织的商业牟利行为是保持其公益性的一种方式，值得深入思考。休斯虽然赞同公共服务可以不再由政府直接提供，而转向由政府作为公众代理人向社会资本招标，遵循市场化原则，但是也指出政府如此变革带来的问题：首先，公共领域的公共性天然属性使得某些运用于私营部门的经济学理论很难移植到政府中去。"公共服务的消费者决不仅仅是'消费者'（使用者），他们还是公民，这对交易而言具有特殊意义。公共服务中的提供者——消费者（使用者）交易模式显然比其他在市场上与顾客面对面交流的方式更为复杂。有些公民一方面会要求政府提供更多的服务，另一方面又埋怨税收太高，一直以来这都是一个悖论"[①] 其次，政府的工作指标难以量化测量，导致公共服务供给很少为自己确立明确而有限的目标，以及完成目标的方式方法。公共领域与私域的本质差别使得政府对私营企业的借鉴以及这种借鉴最终导致的成功具有极大的局限性。休斯主张有选择的经验移植才是明智和有效的。再次，公共服务供给的变革内容包括了行政的"政治化"。他认为，传统的文官制要求官僚政治立场中立的理念已经变得不合时宜，在美国，公开的政治任命带来的整体利益已经在一定程度上将文官终身制秒杀。[②] 最后，新公共管理注重结果而非手段的责任机制可能会产生责任、伦理甚至腐败等问题，最常见的是在外包过程中出现的腐败，这一点在中国已经很严重。然而，即便是私营部门依然不能完全排除欺诈、腐败、内线交易等问题。

3.2.5 小结

无论何时何地，民众希望少缴税的同时获得更多的公共服务，然而在以传统方式供给公共服务的时代这是不可调和的矛盾。对民众诉求有效回应，使得缩减政府规模（对应少缴税）增加公共服务成为当前中国行政改革的趋势所向。民众对少缴税持肯定态度，而对减少公共服务似乎很难接受，他们需要数量更多质量更好的公共服务供给，却希望政府花费更少，因为他们始终认为政府已经变得过于低效臃肿了。这使政府陷入了两难境地：如何在令民众满意的同时，减少他们喜欢的公共服

---

① ［澳］欧文·E·休斯．公共管理导论［M］．张成福等，译．北京：中国人民大学出版社，2001：85．
② ［澳］欧文·E·休斯．公共管理导论［M］．张成福等，译．北京：中国人民大学出版社，2001：89．

务？应对这个两难境地的核心即公共服务供给市场化、社会化。然而，实践证明公共服务供给的市场化、社会化并非是解决这一两难问题的良策，它给治理带来了最为根本性的难题，即公共服务供给的市场化、社会化并不能同时将治理责任随同服务一起转移出去，政府通常要保留管制角色以确保公共服务的质量和安全。这又衍生一个新问题，政府保留管制角色与当前的行政审批精简之间的冲突。与此同时，市场化、社会化带来了根本性的跨边界挑战——什么是公共的以及什么是私有的。此外，市场化、社会化也使各种管理难题交织在一起，使得公共服务供给实践远没有理论设想那样简单。既然政府参与供给制造了如此多的管理麻烦，我们假设没有政府参与的社会自发供给公共服务会怎样呢？

3.3 自然状态下的公共服务自发供给

有学者认为，目前社会资本正在广泛的政策领域中进行着大量的治理实践，社会完全可以由社会资本自我组织进行治理。这种治理理念及其在现实中的应用，以北欧最为卓著，但该治理理念并不是在所有政治体系内皆可行。[①] 现在我们来讨论政府的本质及其作用。政府是什么？社会是否需要一个对民众实施百分百掌控的政府？公共服务的政府独家供给是有效形式吗？我们知道，公共产品供给离不开政府，政府供给可以有效避免"囚徒困境"和"搭便车"，政府完全退出供给由社会自发供给公共服务会衍生更多的新问题。在这里我们暂时假设在政府不参与供给时，社会是如何自发供给公共服务的。在讨论社会供给之前，首先来看下经典政府理论是如何看待个体之间的合作。

3.3.1 政府本质

人类历史证明市场在创造社会财富方面具有无与伦比的优势，它是最基本、最有效的制度安排。但是，市场机制不是放之四海而皆准的理论，它只适用于实现规

---

① Milward, H. B., & Provan, G. K. (2003). Managing the hollow state-collaboration and contracting. Public Management Review, 5 (10), 1—18.

则平等和机会平等下的社会公平，对实现结果平等下的社会公平则不管用，这个时候市场机制就要让位于官僚机制，即政府。作为公共服务的最重要提供者—现代政府，其权力的性质属于公共权力，其使命是满足社会公共需要、回应民众诉求、弘扬公共利益；其主要职责是管理公共事务，提供公共产品和服务；其行为必须处于责任状态并承担相应的政治、行政、法律与道德等方面的公共责任；其运行应当遵循公开、公平、公正等公共价值和公共精神；其管理与服务过程应当体现民众参与和社会监督，有效配置公共资源并建立公共财政体制。有关政府的本质问题，霍布斯与洛克都是从人性本原出发来证明其立场，却得到了两种截然不同的观点。

霍布斯认为政府对人民具有绝对的权力，这是因为人在自然状态下，或者说在丛林社会里，人类具有野蛮的天性会伤害到别人，人类为了满足自身永无止境的欲望而争夺权力，导致无休无止的争斗。他的"第一自然法"认为人人都有大自然所赋予的理性与平等权利。为束缚人类的这种天性，避免无政府状态，人们只有遵照"第二自然法"，放弃一些权利和自由，创造公民社会或国家，即"利维坦"。[①] 他认为可以利用"利维坦"（霍布斯的"利维坦"暗指追求自身利益最大化的政府）加以控制。任何人，天性都贪婪、懒惰，都试图寻求能够凌驾于他人之上的权力，人人处于随时侵犯他人或被他人侵犯的状态。人类之间的和平共处并非出自内心的善良和道德，而是为了摆脱这种毫无安全可言的丛林状态，这种和平状态由利维坦来维护。利维坦对人民拥有垄断的权力，其权力是永久世袭的，并且拥有社会的全部财产。因为利维坦的权力是无可争辩的，所以不存在合法性问题，也不存在权力寻租问题。如果人们想生活在一个安全文明的社会里就要向利维坦缴械投降。霍布斯认为人类的自然状态是混乱的，而进入共同体状态才是有秩序的。尽管利维坦（独裁）不好，但是它可以把人类从无序的自然状态解救出来，过上文明有序的生活，即个人权威服从政府权威。霍布斯致力于用权力解释道德和公正，提出为统治阶级权力辩护的社会契约论。

洛克反对霍布斯的有关自然状态下的争斗，他认为"人性善"，人们在自然状

---

① ［英］霍布斯. 利维坦［M］. 北京：商务印书馆，1985. 197.

态下拥有自然权利的同时，并不会对他人构成伤害，个人平等自由，人与人的关系处于和平阳光的普照之下，每个人都不受他人的强制命令，包括霍布斯的利维坦，政府应该对人民负责。[①] 理智使人类了解自然状态是文明的，人类通过理智思考会懂得尊重他人的生命财产，其观点与孔子和康德的"己所不欲，勿施于人"有异曲同工之妙：人类如果不懂得尊重他人的生命财产，反过来，自己的生命财产也得不到尊重。因而洛克认为，无政府状态是非效率状态，有点类似于囚徒困境。洛克认为人类天生的自由权利可以取代任何政府权威，政府是人民创造的，主权在民。如果人民不同意，政府不具备统治的合法性。洛克希望人类摆脱压迫，获得自由，即政府权威要服从个人权威。在洛克看来，人们之所以会放弃权利，进入政治共同体状态，是为了保障人们的生命权、自由权和财产权。因而，人们在建立国家时，不能像霍布斯的利维坦那样主张放弃一切权利。

霍布斯反对"君权神授"，他认为国家是根据社会契约而不是根据神意创造的，人民通过委托代理关系把权力托付给国家，表达了少数服从多数的原则，即人们要服从他人权威。建立国家、确定权力是出于人民的理性以及对和平幸福生活的向往。霍布斯错误地将伦理思想建立在人类利己本性上，为拥有绝对权力的专制制度进行粉饰辩护，是其局限性所在。洛克强调"天赋人权"，其观点来源于理性人假设，而实际上，人类无法做到理性，人类理性既是有限的也是渐进的，这是洛克观点的硬伤。下面我们试图分析无政府状态下的公共服务自愿合作供给。

3.3.2　无政府状态下公共服务的自愿合作供给

社会自愿提供公共产品和服务，其特征指不需要每个人都做贡献，公共产品和服务就可以有效率的提供。一旦有人提供了该公共产品和服务，其他人就不必再对其进行支付。那么，谁自愿提供公共产品和服务使每个人都受益呢？当个体从公共产品和服务中获得的收益不同，并且每个人都知道他人也会从中获得收益，那么收益最高的人最有动力提供公共产品和服务。通过自愿行为，收益最大或成本最低的

[①] ［英］洛克. 政府论（下篇）［M］. 叶启芳，瞿菊农，译. 北京：商务印书馆，1982.3—5.

人可获得最大化收益，此时，尽管自愿提供者的提供动机不是利他的，但是从利己的角度出发，他有提供的动机。然而这只是个体的想当然，人人都会这么想，都希望由他人提供而自己坐享其成，没有人知道别人会不会提供，因为对于每一个个体来说，最好的收益就是"搭便车"，结果就是无人提供。

这是由于在无政府状态下，囚徒困境不可避免，这是个体理性导致群体非理性的经典案例。在公共产品供给自愿融资方面，也会发生囚徒困境问题。这是因为许多外部性问题都具有公共产品和服务的属性，比如自愿的收入再分配，所以在解决外部性问题时同样也会有囚徒困境问题。因此，囚徒困境条件下的自愿合作，将会解决公共产品、社会公正、外部性、公共利益、混乱无序等政治偏离问题。[①]

我们知道，囚徒困境下的合作承诺不值得信赖，因为当个体面对囚徒困境的时候，选择合作不是利益最大化行为。个体通常会承诺合作，然后在具体操作过程中，不进行合作，从而实现个体利益最大化。如果，人们确实承诺合作并能真正合作，那么，在囚徒困境下才可以实现合作，这在现实中是很难发生的。在没有外力干预之时，囚徒困境下很难实现可信的合作。这个时候，为了合作可信，可以引入一种机制，奖励合作惩罚不合作，使合作成为个体的利益最大化选择，这个时候，合作的承诺才值得信赖。在没有政府干预的情况下，由各个合作个体自愿建立共同制度，共同遵守以期实现囚徒困境下的合作。大家以押金的形式背书承诺可信（押金的数额要大于违背承诺所能获得的最大利益），将押金交给独立第三方，如果个体不恪守承诺，将按照共同制度规定扣减押金。此时，个体的真正合作成为理性行为。

如果囚徒困境反复发生，那么个体会逐渐发现不合作会损失更多，不是最大化利益的行为。然而，没有办法保证合作伙伴一定是合作的，如果合作伙伴不合作而自己采取合作的方式会损失最大，这个肯定是每个个体都会事先权衡的。但是，如果满足以下条件：（1）个体的类似往来在未来会无限重复。（2）每个人重视将来，

---

① [以] 阿耶·L. 希尔曼. 公共财政与公共政策 [M]. 王国华，译. 北京：中国社会科学出版社，2006.548.

良好声誉意味着未来的更多合作、更大收益。(3) 交往中每个人的身份不变,声誉为众人所熟知,即熟人社会里个人声誉一直跟随自己。随着囚徒困境下的不合作反复发生,个体经过仔细斟酌,会意识到如果大家能够真正合作,合作就是个体的理性行为。理性个体将不会选择"搭便车",而会选择合作。在这种情况下,个体获得了恪守承诺的声誉,而局外人也会知道他具有合作的声誉,每个个体都具备相应的合作声誉。声誉决定了个体在市场的受欢迎程度,即合作空间。良好声誉带来的合作机会使得每个个体开始注重声誉,那么声誉就可以引导个体恪守合作承诺。这样就会出现彼此自愿合作的结果,囚徒困境得以解决。然而,第三个条件很难满足,所以在事实上,通过个体自愿行为解决囚徒困境问题很难实现,需要第三方外力干预。这是由于独立的纳什行为假设个体在他人既定的决策下进行决策。在纳什行为条件下,个体决策不会影响其他个体的决策,纳什行为是囚徒困境中纳什均衡的基础。当个体支付公共产品和服务的时候,补贴他人是不可避免的,个体支付越多越会造成他人更多的公共产品和服务的开支,因为个体支付会增加他人可供消费的公共产品的数量与质量。如果,在没有外力下他人也会相应地支付公共产品和服务,那么这种补贴和成本分摊就会持续下去,直至达到有效的林达尔一致均衡。这是一种理想状态,在实践中很难实现,即便不能实现林达尔结果,只要个体具有他人也会支付公共产品和服务的信念,以及他人行为对这一信念的不断强化,自愿合作会越来越多。现在的问题是如何保证自愿行为实现林达尔均衡。声誉可以在一定程度上解决此问题,但声誉变量本身是脆弱的,只能应用于熟人社会,超越俗人社会,合作更依赖崇尚善良合作的社会规范。

3.3.3 社会规范下公共产品和服务的自愿合作供给

首先需要厘清一个基本事实,个体自愿提供公共产品和服务是为了实现自身利益,而不是为了其它利益的有意为之。是利己主义行为,而非利他主义使然。社会规范和个人价值观会引导人们提供公共产品与服务,在利己的同时顺便利他,即利他是高阶的利己。社会规范可以框定个体行为,并且使自愿提供公共产品和服务的个体体会到个人收益提高,或者不提供公共产品与服务的时候,个体收益下降。社会规范可以通过荣辱感和社会良知等方式强化个体价值导向，减少"搭便车"行为。

在一个社会中，如果文化和规范能够引导人们努力承担责任，这样的社会更有可能存在个体自愿提供公共产品与服务。也可以这样理解，激发个体持续良性合作的前提是每个个体确信他人会根据我们对公共产品与服务支付情况来调整自己的支付。即如果我们增加支付，他人也会相应地增加支付，我们不会因个人支付的增多而遭遇"搭便车"行为的困扰。这种心理预期不是天然具有的，但会实实在在地影响个体行为，这种预期是社会行为规范的一部分。社会行为规范如果是善意的、合作的，则个体的这种预期能够得以实现。如果社会行为规范是欺骗的、掠夺的，则个体的预期不会实现，个体就不会再有此类的心理预期。社会规范可以引导个体行为，当社会规范是善意合作的，合作就会顺畅稳定而持续。这样一来，就可以不必依靠个人声誉同样能够产生合作结果。社会规范扩大了合作范围，合作可以不必限定在熟人之间。

然而社会规范只限定在其具有影响力的区域内才能发挥其引导个体行为的作用。如果个体从崇尚善良合作的区域转入崇尚欺骗掠夺的区域，那么他合作的预期很难维持，个体会"入乡随俗"，按照当地的社会规范以欺骗掠夺的方式行事，反之反是。如果，同时转入的个体比较多，那么对转入地的社会规范就会形成一定的影响，导致社会规范的割裂、无序、混乱。设想一下，当个体积极的支付公共产品与服务，而他人不愿增加支付以"搭便车"的方式坐享其成，那么崇尚善意合作的个体在被欺骗愚弄以后，马上也会加入这个行列，人与人之间很难开展合作，或者说市场中的经济行为成本增加，因为"信任合作"作为一种公共产品已经不复存在。

在一个独立社会中，当欺骗掠夺成为其社会规范，即便有人愿意与他人善意合作，而这种合作也很难维持。只有在一个能够以惩戒维护承诺或者声誉有效的小范围熟人社会里，才能发生善意合作，久而久之就会形成一个崇尚以诚信的子社会，这样一来社会就有所分化，这种分化会进一步导致更多相互彼此信任的群体诞生。

我们会发现，崇尚信任的群体由于个体与个体之间能够展开合作而变得越来越富有，而崇尚欺骗掠夺的群体由于个体之间展开合作的成本很大或者合作无法达成导致该群体越来越贫穷。而群体成员不借助外力就能够达到善意合作在现实中是很难的，尽管合作会为每个人带来好处。当群体内缺乏诚实守信的合作记录，则个体之间很难建立起信任，尽管霍布斯的理论是在为拥有绝对权力的专制制度进行辩护，但是非常遗憾的是，霍布斯可能在这类情境下是对的。存在即合理，理论没有好坏对错，只要能够解释实践即可。

政府权力的功能，就在于把利益争斗控制在既有的社会秩序允许的范围之内，平衡好各方利益。但政府不是万能的，托克维尔150多年前有言："一个中央政府，不管它如何精明强干，也不能明察秋毫，不能依靠自己去了解一个大国生活的一切细节。它办不到这一点，因为这样的工作超过了人力之所及。当它要独力创造那么多发条并使它们发动的时候，其结果不是很不完美，就是徒劳无益地消耗自己的精力。"①托克维尔在这里肯定了国家治理不可替代的同时，道出了国家治理并非无所不能的本质，并强调社会自治是国家治理不可或缺的补充。也可以这样理解，在国家治理的同时，也需要社会力量参与合作。而当前社会远比托克维尔所处的时代更加复杂、多元，不仅需要社会自治力量协助政府进行社会治理，而且需要政府与社会自治力量推进创新式的合作进行治理。②国家从不指望任性的、随意的公共服务供给，正因其随意、任性，而且又因为官僚可能依据主观见解履行其职责，工作随意懈怠并受私利驱动。较为极端的情况是有些官僚仅仅为了生计才担任职务，缺乏必要的责任感。③

3.3.4 小结

个体之间的信任决定了合作利益的实现，信任是政府的一种替代，霍布斯需要

---

① [法]托克维尔.论美国的民主（上卷）[M].董果良,译.北京：商务印书馆,1997.100—101.
② 张康之.走向合作治理的历史进程[J].湖南社会科学,2006(04)：31—36.
③ [德]黑格尔.法哲学原理[M].范扬,译.北京：商务印书馆,1961.312.

更多的政府管制，而洛克强调更少的政府管制。无论多或者少，政府管制必不可少，这也是公共服务在传统上由政府供给的原因。即公共产品要想有效率的生产，就必须由政府补助或者政府提供。当政府提供公共产品和服务时，不仅在一定程度上排除了人们相互观望"搭便车"的行为，同时也减少了公共产品个人供给的不确定性。我们知道，在人与人之间或者群体与群体之间如果存在利益冲突，或者说当一个人企图将另一个人置于自己的绝对权力之下，就进入了战争状态。为了避免陷入战争状态，人类就要进入共同体状态，如果出现争议可以诉请解决。[①] "自然状态"是理想的但不可持续的状态，而唯有具备公共权威的共同体状态才能将人类从无序的战争状态解救出来。必须予以承认只有政府才能在人与人之间或群体与群体之间发挥协调作用，这也是利用政府来解救市场失灵的最朴素道理。然而令人遗憾的是，政府也会失灵，政府在解救市场失灵的同时自己也容易陷入失灵。我们知道，国家、政府诞生于市民社会的基础之上，如果离开市民社会则很难完成其肩负的使命。而政府干预却瓦解了市民社会，削弱了市场能力。为此，政府必须学会以平等的态度和市民社会共事。此外，各种形式的治理危机呼之欲出，政府陷入失灵的境地，比如权商勾结导致的公权力腐败、行政高成本低效率、公共资源分配不均、政府入不敷出以及不公平的市场竞争等问题。正是在这种背景下，一些社会自治力量应运而生。而目前看，社会自治力量显然无法独自承担协调的功能，说到底还是需要依靠政府。

3.4 本章小结

公共服务供给是政府回应民众诉求的最好诠释，也是民众评判政府的依据之一。从当代西方国家治理变革来看，关注政府的公共服务供给能力已经成为不可逆转的趋势。现阶段我国正处于经济高速生长期与社会转型期，与此同时，公共需求呈爆发式增长，尤其是随着民众收入水平的不断提高，由市场需求带动的公共服务

---

① [英]亚当·斯密. 道德情操论[M]. 蒋自强等，译. 北京：商务印书馆，1997：230.

需求被全面释放出来，其中义务教育、公共医疗、基础设施、最低生活保障等公共服务供给已经成为我国快速实现城镇化的基本保障。公共服务供给的提效升级是党和政府关注民生的具体体现，是全面建设小康社会的关键所在。

我们知道，公共服务属于现代公法的概念范畴，指公共部门通过公权介入或公共资源投入，满足民众特定需要的公共活动，具有公共性、外部性、信息不对称性、自然垄断性等特征。一直以来，我国政府掌握公共资源的配给权力，是公共服务的唯一供给者，资金以中央和各级地方政府财政支出为主要来源。公共服务的天然属性决定其易于导致市场失灵，这也是政府干预的最重要原因。由政府供给公共服务的优势在于：

1. 公共服务供给是在市场条件下政府弥补市场失灵、履行政府基本职能的公共活动。

2. 政府供给公共服务可以避免私人自愿供给导致的"搭便车"、"囚徒困境"等问题，这也是现代自由市场经济国家机器的一项根本职能。

3. 政府供给公共服务较私人供给而言，具有更多的确定性等优点，不必依赖个人信誉以及社会规范，而这两个因素在很多时候是不可控的。

从实践来看，政府供给不可缺，而政府独家供给不可行。那么传统上政府独家供给是如何偏离善治轨道呢？

参考文献：

[1] [美]乔治·弗雷德里克森.公共行政的精神[M].张成福等,译.北京：中国人民大学出版社,2003:18-47.

[2] 马克思,恩格斯.马克思恩格斯选集(第四卷)[M].北京:人民出版社,1972:166.

[3] [古希腊]亚里士多德.政治学[M].吴寿彭,译.北京:商务印书馆,1965:132.

[4] 蓝志勇.公共管理中的公共性问题[J].中国行政管理,2006,(07):38-40.

[5] 张成福.论公共行政的"公共精神"——兼对主流公共行政理论及其实践的反思[J].中国行政管理,1995,(05):15-17+20.

[6][德]康德.康德著作全集(第四卷)纯粹理性批判(第一版)[M].李秋零主编.北京:中国人民大学出版社,2005:419.

[7][德]黑格尔.法哲学原理[M].范扬,译.北京:商务印书馆,1961:253.

[8][德]哈贝马斯.公共领域的结构转型[M].曹卫东等,译.上海:学林出版社,1999:96.

[9][英]托马斯·霍布斯.利维坦[M].黎思复等,译.北京:商务印书馆,1985:195-200.

[10][法]卢梭.社会契约论[M].何兆武,译.北京:商务印书馆,2005:25-26.

[11][德]康德.康德著作全集(第四卷)纯粹理性批判(第一版)[M].李秋零主编.北京:中国人民大学出版社,2005:400-413.

[12][德]哈贝马斯.公共领域的结构转型[M].曹卫东等,译.上海:学林出版社,1999:2.

[13][德]哈贝马斯.公共领域的结构转型[M].曹卫东等,译.上海:学林出版社,1999:34-35.

[14][德]康德.历史理性批判文集[M].何兆武译,北京:商务印书馆,2005:25.

[15][美]约翰·罗尔斯.政治自由主义[M].万俊人,译.上海:译林出版社,2000:225-226.

[16][美]约翰·罗尔斯.政治自由主义[M].万俊人,译.上海:译林出版社,2000:227.

[17][美]约翰·罗尔斯.政治自由主义[M].万俊人,译.上海:译林出版社,2000:226.

[18][德]哈贝马斯.哈贝马斯精粹[M].曹卫东等,译.南京:南京大学出版社,2004:235-249.

[19][德]哈贝马斯.在事实与规范之间——关于法律和民主法制国的商谈理论[M].童世骏译.北京:三联书店,2003:4.

[20]贾康,孙洁.公私合作伙伴机制:新型城镇化投融资的模式创新[J].中共中央党校学报,2014(2):64-71.

[21][德]哈贝马斯.公共领域的结构转型[M].曹卫东等,译.上海:学林出版社,1999:95-96.

[22][澳]欧文·E·休斯.公共管理导论[M].张成福等,译.北京:中国人民大学出版社,2001:85.

[23][澳]欧文·E·休斯.公共管理导论[M].张成福等,译.北京:中国人民大学出版社,2001:89.

[24]Milward, H. B., & Provan, G. K. (2003). Managing the hollow state-collaboration and contracting. Public Management Review, 5(10), 1-18.

[25][英]霍布斯.利维坦[M].北京:商务印书馆,1985.197.

[26][英]洛克.政府论(下篇)[M].叶启芳,瞿菊农,译.北京:商务印书馆,1982.3-5.

[27][以]阿耶·L.希尔曼.公共财政与公共政策[M].王国华,译.北京:中国社会科学出版社,2006.548.

[28][法]托克维尔.论美国的民主(上卷)[M].董果良,译.北京:商务印书馆,1997.100-101.

[29]张康之.走向合作治理的历史进程[J].湖南社会科学,2006(04):31-36.

[30][德]黑格尔.法哲学原理[M].范扬,译.北京:商务印书馆,1961.312.

[31][英]亚当·斯密.道德情操论[M].蒋自强等,译.北京:商务印书馆,1997:230.

第 4 章

传统公共服务供给机制的掣肘

公共产品与服务存在和运行于一个政治环境，其供给失败指的是公共部门不能为民众提供合意的服务，它往往与公共利益、公共服务的数量质量、民众的诉求、政府的公共性本质属性、融资支付模式、政府规模与声望、政治程序有关。上一章在介绍当前公共服务供给实践的同时，简要描述了公共服务的社会自发供给，指出公共产品与服务应该由政府供给，至少是政府主导供给。然而实践证明，政府供给也存在很多不甚理想的地方，其供给不合意也未必是一个原因造成的。有鉴于此，从融资、管理、治理的视角分析公共服务供给，避免我们以管中窥豹的方式来思考该问题，也许，解决一系列问题比解决单一问题更有效。传统的公共服务供给按税收、政府债方式筹资、融资，按财政拨付方式支付，造成供给低效、不公正、无序，形成融资掣肘；而政府最优规模下的公共服务供给不足，外部性不能内化等问题形成管理掣肘；由官僚互投赞成票造成公共服务供给过剩，以及民意裹挟公共政策造成公共服务供给低效，形成治理掣肘。本章从融资、管理、治理三个角度建模分析传统公共服务供给掣肘形成的原因，并以此为本文研究的逻辑起点，以重视和满足民众的公共利益、实现社会正义、承担国家责任为出发点，探索能够更有效、更公正、更有序、更具回应性的公共服务供给，实现地方治理模式变革。

4.1 融资掣肘

传统上,我国政府在公共服务供给方面一直都居于主导者地位,然而,不尽如人意的种种问题不容忽视:一是以税收方式筹资支付基本公共服务往往资金紧张,继而导致供给不足,而以政府债务方式融资支付基本公共服务往往导致代际负担不公。二是财政拨付往往无序,从纵向上说,上级政府与下级政府之间权责不清晰,信息不对称,上级政府很难了解下级政府的真实需求;从横向上说,我国幅员辽阔,区域间差异较大,地方政府间人为"创造必需"的竞争现象又可能加大区域差异和不平等,地域间的基本公共服务很难走向均等化。从中央到地方,政府"心有余而力不足"的矛盾长期存在,我国在 2010 年进入中等收入阶段后,民众的公共服务需求更进一步被激活,要求充足、公平、均等的公共服务供给的社会压力趋于升级,必须在供给机制上寻求另辟蹊径的创新。现阶段,高税费负担下的"企业出走"、政府债的居高不下、地方财政的可持续状态恶化等等问题,无不敦促政府拓宽传统筹资、融资渠道。随着政府公共职能的进一步扩张,公共服务供给客观上更加多元,财政支出随之增长,加之增税空间几近于无,使得政府债务压力与风险问题凸显。截至 2015 年末,我国地方政府债务余额已达 16 万亿元。[①] 在未来的一段时期内,如果单纯依靠财政资金供给公共服务,那么其供给能力的不足显而易见,公共服务供给不如人意的地方更是难以得到有效改善。社会的不断发展对国家治理已提出更高要求,催生了公共服务的多元需求,从"托底"事项入手重视和满足民众的诉求,是公共服务更具回应性的有效表达。

4.1.1 政府融资

公共服务供给,是社会治理的重要组成部分,其体现的是国家责任、社会正义的底线保障,需要持续稳定的资金做为支撑。如果地方财政收入高且负债低,那么

[①] 引自 2015 全国人大地方债调研报告。

可用于公共服务的资金就较充裕，公共服务的供给数量和质量一般会有所提高。然而当前，地方政府债务高企，如果地方政府想要以财政预算内收入—传统的税收方式寻求破解之道，那么会不可避免地受到地方经济增长速度（决定税收增长）和税收立法权限的制约，很难有所作为，必须从财政预算外收入以及政府债等方式寻求缓解财政压力的方法。

我们知道，地方政府财政预算外收入主要依靠土地出让金、行政事业性收费等。近年来，随着中央对行政事业性收费的管理越来越规范，出台了一系列预算外资金管理的改革办法，如收支两条线、国库统一支付等制度，试图将行政事业性收费分期分批地纳入预算内从而便于更规范的管理。所以行政事业性收费在预算外收入中的比重不断下降，相比之下，土地出让金更凸显其作为地方政府财政预算外收入的重要性。土地出让金俗称土地财政，与之相关的收费大体分为三类：一是财政部门收费，如土地使用费以及土地租金。二是土地部门收费，如耕地开垦费、业务费、登报费、管理费、房屋拆迁费、收回国有土地补偿费、折抵指标费、新增建设用地的有偿使用费。三是其他部门收费，如房产、水利、农业、交通、邮电、人防、林业、文物等部门，收费涵盖土地从征用到出让的全过程。土地财政数额巨大且透明度低，更为重要的是土地资源的稀缺性使得土地财政具有不可持续性，并助长地方政府不负责任的短视行为。尽管土地财政饱受民众诟病的现象由来已久，但似乎又是政府的"不得已而为之"。这种饮鸩止渴式的依赖土地批租筹资已经使得部分地方政府呈现"难以为继"的疲态，财政风险一触即发。

地方政府为了突破财政资金瓶颈和法律障碍，各地相继建立一系列专业投融资平台公司，利用这些单位法人来承接银行资金或信托资金。当前，各级地方政府基本都建立了这样一类建设单位，作为项目业主，在政府支持下完成项目的投融建营工作。该类融资平台贷款名曰公司贷款，其本质还是地方政府隐性负债，所以，地方政府的偿付风险无时不在，这是因为平台公司缺少一般企业的主营业务收入和充足的固定资产，往往以政府划拨土地、股权作为资产。这样一来，在融资中不得不依靠政府信誉进行担保，政府高负债率是不可避免的结果。据了解，贵阳当前的政府负债率达到900%以上，政府的偿付风险极大，政府债成为银行潜在的不良资产。此外，地方政府往往不是依赖一家平台公司获得信贷，这就形成"多头融资、多头授信"的格局，使得银行的债务管理比较困难。反过来，这会进一步制约政府融资的稳定性，政府债似乎也无法有效解决地方政府财政压力。尽管政府压力重重、步履维艰，社会的不断发展却并没有因此停止对国家治理提出更高要求，这在一定程度上催生多元的公共服务需求，而公共服务更具回应性的最好表达是重视和满足民众的诉求和偏好。以上种种现实因素倒逼我国地方政府治理模式转变，公共服务供给体系与制度机制亟待改革。

由以上分析我们看到，政府以土地财政和政府债的方式融资弊端很多。现在将土地财政这种政府收入形式一般化为税收，分析地方政府以传统方式融资支付基本公共服务会造成怎样的成本收益变动。

4.1.2 以传统方式融资支付基本公共服务导致供给低效

理论上，如果必要公共品的市场价格体系运作成本极高而不可行，那么，由政府税收筹资来提供该项服务就可以作为替代选择。林达尔税收机制原理指出，如果政府可以得到实施林达尔税收机制所需的个人收益信息，那么基本公共服务供给和支付可以由林达尔税收机制完美解决。但在现实世界中，没有哪个地方能采用这种税收，[1] 因为政府根本无法完全解决个人收益信息问题。

4.1.2.1 税收筹资

我们在考虑以税收（广义为税费）方式为基本公共服务供给筹资的时候，假定公共服务是非拥挤性的，不产生拥挤效应。当公共服务面对拥挤效应时，比如高峰期的公路，那么施加于税收（税费）的作用，就不只是用来筹资以支付基本公共服务供给，而是还可以用来限制公共服务的过度使用、降低使用程度。这里借助直角

---

[1] [美] 戈登·图洛克. 收入再分配的经济学 [M]. 范飞等, 译. 上海: 上海人民出版社, 2008.42.

坐标系的图形,只讨论税收作为基本公共服务供给筹资手段的作用。

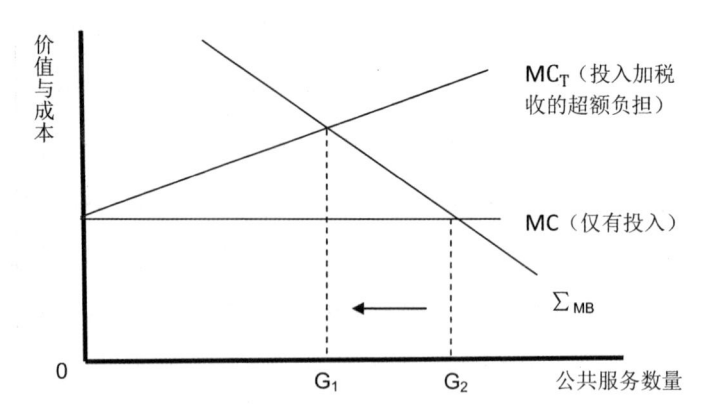

图 4.1 以税收方式筹资支付公共服务供给

基本公共服务供给数量是政府善治无法回避的一个基本问题,以传统的税收方式筹资支付基本公共服务供给,其供给数量是否受到影响?图 4.1 描述了税收的超额负担是如何影响基本公共服务供给数量的公共支出。ΣMB 为个人基本公共服务边际收益总和,MC 为用于基本公共服务供给的投入物边际成本。当图 4.1 的基本公共服务供给数量为 G_2 时 $\Sigma MB=MC$ 的效率条件要求,对基本公共服务进行公共支付时不能有税收的超额负担损失,人们要像市场交易一样对公共服务供给自愿支付,而不是通过强制性税收对公共服务供给进行支付。MC_T 是包括税收超额负担后的基本公共服务投入边际成本,$MC_T>MC$。如果政府通过成本—收益分析的方法计算出 ΣMB,位于 $\Sigma MB=MC_T$ 的有效公共服务供给数量 G_1 就能确定下来。税收超额负担使得以税收方式筹资支付的基本公共服务供给数量低于自愿支付的基本公共服务供给数量。

此外,图 4.1 还表明如下关系:

1、以传统的税收方式筹资支付基本公共服务供给,如果想要增加基本公共服务供给数量,那么只能增加税收收入。而增加税收收入要提高税率。

2、增加每一单位的税收收入都会导致税收超额负担上升。随着由税收支付的基本公共服务供给数量的上升,MC_T 会随之增加。

3、如果想要更多的基本公共服务供给,就要有更多的税收作为支付,就会导致更高的税率，MC 与 MC_T 之间的差额就会扩大。

4、以传统的税收方式筹资有效支付基本公共服务供给是由 $\Sigma MB = MC_T$ 决定的，落在 G_1 点上。

5、在没有税收超额负担的特殊情况下，MC 与 MC_T 重合，基本公共服务的供给数量 G_1 与 G_2 也重合。当有税收超额负担时，MC 与 MC_T 的差额就会产生，其结果就是以传统的税收方式筹资有效支付的基本公共服务供给数量，少于多元融资下的供给数量。① 这个结论与斯蒂格利茨的结论一致，他认为，当所有人的边际替代率之和等于边际转换率时，纯公共物品的供给是有效率的，而扭曲性征税会造成基本公共服务供给低效。②

4.1.2.2 政府债融资

现在假设完全由政府自筹资金，那么除了税收筹资就是政府借债筹资。政府债由政府用未来的税收或重新借债偿还，无论是税收还是政府债说到底都是由纳税人负担，只不过偿还的期限可以延后。从此意义上说，政府债实际上是一种让纳税人延期支付的税收和延期超额负担。这样一来，就把当前的税收和超额负担转移给未来的纳税人。而未来的纳税人无法参与当前的政府决策，无法表达意愿。

尽管未来的人被动地承担前人债务看上去有失公允，但其实只要能够保证未来的人可以从过去的基本公共服务开支获得相应的收益，那么前人通过政府债务为基本公共服务供给融资就是公平的。简而言之，只要付出与收益相对应，债务融资与税收筹资就是等价的。比如，政府通过借债形式提供基本公共服务，比如一个净化水厂，政府以公债融资建成，并用下一代人的税收偿还前一代人留下的政府债本息，将该净化水厂的成本分摊到未来的受益者。如果政府债务的还款年限比较短，由同一个人支付当前的税收或者将来用于政府偿还债务的税收，那么税收或者政府债就没有区别；如果政府债务的还款年限比较长，那么政府债的偿还就会转移到下

---

① ［以］阿耶·L. 希尔曼. 公共财政与公共政策［M］. 王国华，译. 北京：中国社会科学出版社，2006.116—124.
② ［美］约瑟夫·E·斯蒂格利茨. 公共部门经济学［M］. 郭庆旺等，译. 北京：中国人民大学出版社，2012.120—126.

一代或更往后的代际，这便衍生一个问题—代际再分配公平。如果该净化水厂的实际受益期与当初计划的受益期不符，会导致代际之间的收入再分配情况相应变化。如果实际受益期长于当初计划的受益期，那么就会存在未来代际不必付出成本就可以使用该自来水厂提供的清洁水，享受"前人栽树后人乘凉"的益处；如果实际受益期短于当初计划的受益期，那么就会存在未来代际享受该自来水厂提供的清洁水时还要额外承担前人建设净化水厂的递延成本。

此例中代际之间再分配公正问题是由前人为建设该净化水厂而发行政府债的还款年限和贴现率、该净化水厂受益期等因素所决定的。但以上分析还只是一个静态考察，在实际运行当中经济社会是向前发展的，如果经济保持增长，规模会不断扩大，后代人会比前代人生活得更好，应有足够的能力比前代人承担更多的债务成本。这也是当前很多地方政府通过以较少的税收、较多的债务来支持基本公共服务供给的依据。问题是前人很难准确预测后代人所处社会的经济发展程度，也就无法准确推测后人的债务承担能力。即便未来的人有能力比前人承担更多的债务成本，但是如果收益与所承担的成本不匹配，那么对未来的人来说依然是不公平的。

李嘉图等价（Ricardian Equivalence Proposition）被用来解释父母与子女的财富传递行为，使得通过税收或政府债券为基本公共服务供给的资金支持之间成为等价关系。也就是说，父母可以弥补自己后代将来需要承担的政府债务，其隐含的前提假设是父母拥有可留给孩子的足够物质财富。[①] 然而这个隐含假设过于极端，不能够普遍适用，所以说李嘉图等价并不能完美解决这个问题。在某种程度上说，李嘉图等价是前人补偿后人的一种理想，可能成为政府过度发行债务的借口，在纳税人与政府结成的"委托—代理"关系中，政府可以藉此违背纳税人意愿，利用人们无法区分税收与政府债务的财政错觉，增加政府债务，让未来的纳税人（当前纳税人的子孙）承担巨额债务以及还本付息的巨大压力。未来政府会面对无法回避的政治难题，即如何筹集足够的税收偿还前任政府遗留下来的巨额债务。简言之，以政府

---

① Buchanan, J. M. (1976). Barro on the ricardian equivalence theorem. Journal of Political Economy, 84 (2), 337—342.

债融资提供基本公共服务，也往往会导致代际再分配不公和未来可能的危机式风险。①

但从传统视角上看以税收筹资或政府债融资支付基本公共服务供给，毕竟是政府的职能和责任，能够避免囚徒困境和搭便车问题，尽管其效果不如理论上假设的林达尔税收机制有效，在现实中仍具有可操作性，只是税收筹资导致的供给数量收缩以及政府债融资有可能引发代际不公等问题，决策者应该努力避免。然而，若从创新视角上看，引入多元融资方式支付基本公共服务供给，既能有效避免囚徒困境和搭便车问题，又能减少供给低效和代际不公，是非常值得探索的基本公共服务供给模式创新。民众对传统基本公共服务供给单一主体——政府的绩效日益不满，而对比私营部门的效率优势，基本公共服务供给主体多元化成为改革的诉求，比如以PPP模式引进社会资本参与基本公共服务供给体系的项目建设。目前，PPP已成为中国政府化解地方融资平台债务风险的现实选择。更为重要和带有长远意义的是，引入PPP模式将在一定程度上改善基本公共服务供给低效的问题，不仅使其更有序更可预期，还可通过政府、企业、专业机构之间风险分担、利益共享的机制带来"1+1+1＞3"的绩效提升效应。②

4.1.3 政府之间争夺财政拨付造成公共服务供给无序

在政府资金支付方面，可首先作个现象观察：2008年奥运会前后，我国很多地方社区健身器材出现在大街小巷，受到民众喜爱。而现在，真正还能正常发挥健身作用的器材已经所剩无几；很多已经废弃，鲜有维修，有些在等待统一的专项维修或更新；但还有一种比较特殊的情况，一些健身器材处于繁华地段，当毁损到有碍观瞻的程度就会很快替换掉。大多数器材在一次性安置后鲜有后续维护更谈不上替换，我们也许会认为资金是最大问题。是政府没有钱吗？令人困惑的是，繁华地段很多看起来很新的步道板、景观却年年更换。为什么会是这样呢？最为根本的理由

---

① [以]阿耶·L.希尔曼.公共财政与公共政策[M].王国华，译.北京：中国社会科学出版社，2006.128—133.

② 贾康，苏京春.供给侧改革—新供给简明读本[M].北京：中信出版集团，2016.101.

是：对于社区来说，如果及时维护健身器材，那么费用一般会由社区全额承担；如果推迟一段时间，由于健身器材需求更迫切了，就一定会有别的什么部门（上层物业、上级政府）支付成本。因此，拖延是明智之举。而对于繁华地段那些似乎不太重要并且还很好的步道板或景观来说，情况正好相反。这样分配公共资金，符合官员预算最大化的行为动机。

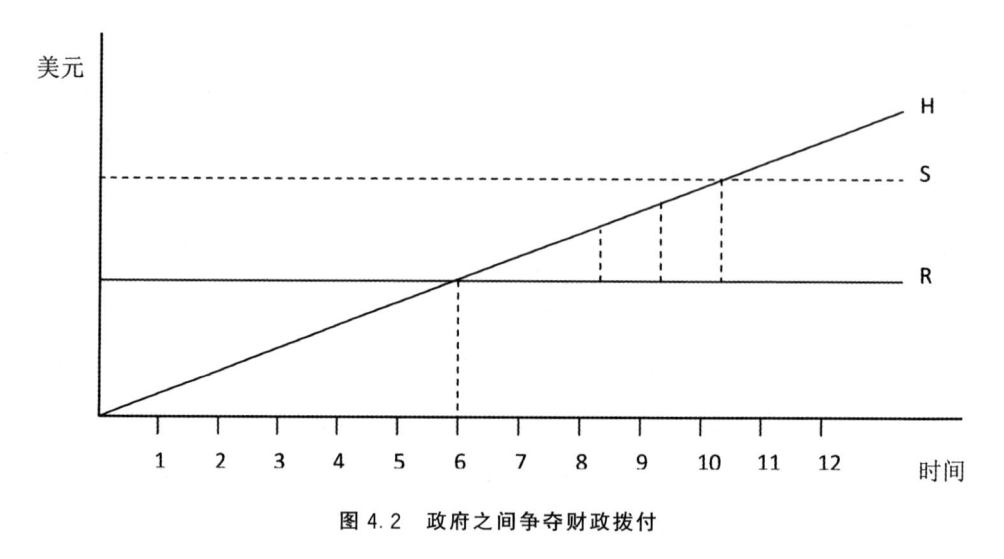

图 4.2　政府之间争夺财政拨付

让我们以学术分析解读这一观察，如图 4.2 所示，横轴表示时间，表示由某个任意点开始的年份；纵轴表示金额，可体现成本或收益。为简便起见，假设：a 某些健身器材在第一年安装好，在以后的任何一年重新安装的成本用 R 线表示；b 这些器材实际维护的有形成本不会受到器材自身毁损状况的影响；c 这些器材最终还是会得到维护的。由假设可知，某年的维护成本是没等到来年而放弃的那笔钱的利息。也可以这样说，如果重置健身器材的成本是 10 万元，而当前的利率是 10%（这两个数的取值完全是为了计算方便，便于分析），那么今年进行维护而不是等到明年，社区就要支付 1 万元的利息。如果社区打算推迟几年再维护，以复利计算，是不是很可观呢？

H 线表示的是让这些器材得不到维护的状况再延续一年所造成的社会成本，由于财政资金按年拨付，这使维修器材被分成了以一年为周期的几个不连续的期间。

H线不断向斜上方发展。在健身器材投建初期可能由于其缺乏维护带病作业，使用户体验不是那么完美，但是毕竟还能使用，随着时间的推移，用户体验越来越差。假定社区的融资渠道单一，只能靠上级政府拨付，且社区能够充分代表辖区内居民利益，那么如图4.2所示，社区将在第六年底替换已毁损的健身器材，第六年是H与R的交点，是非修不可的时间点。从这一点考虑，每等待一年，替换已毁损的健身器材的成本会上升，超过维护成本。当然，在"社区能够充分代表辖区内居民利益"的假设下，社区比任何更高层级的政府部门都能更好地掌握当地百姓的偏好。在一般情况下，上级政府都会有一个健身器材维护计划，且款项不能及时满足维护的实际需要，这样一来，上级政府会有一些政治上的考量，会把钱用在最急需维护的器材上。如果上级政府可以在第六年内完成这些器材的维护，一切都好。然而，这只是小概率事件。我们通常碰到的情况可上升为假定：维护资金经常不足。

现在从资金不足开始分析。由于社区认为上级政府很难恰好在第六年承担健身器材的所有维护费用，因为也许其它社区的健身器材更加破烂不堪，社区必须做出权衡——如果它完全依赖上级政府资金，那么维护大概会耽搁多长时间。假定上级政府的维护资金还有一定数量可用，上级政府可能会看到，当一年后继续使用这笔资金的成本是在S线而不是R线时，所有的健身器材都能得到维护。在这样的情况下，社区就会预期它辖下的健身器材将在第九年得到维修。这意味着在等待上级政府行动的三年时间里，健身器材会进一步毁损，图4.2显示社区花在这额外三年等待上的成本，大致与它现在就自己集资维护的成本是一样的。因此，如果社区认为上级政府的维护标准高于S线，也就是说，拖延不止三年，社区就会选择在第六年底自己维护，如果社区认为拖延会少于三年，它就会依赖上级政府维护。从社区的角度看，这是利益最大化的决定。但是，这只是想当然的理想状态，更可能的情况是：由于信息不对称，上级政府做出错误估计是不可避免的；或许可支配的维护资金不足，在第六年后的三年中器材已经毁损到不能用的程度，器材才能得到维护；或许上级政府资金非常有限，它会维护其它社区更亟待维护的器材，而依然轮不到本社区的器材。上述的三种情况皆有可能发生，社区在第九年还得重新进行权衡——

它因没有维护而已经出现的成本,如果再拖一两年,上级政府是否真会拿出资金来维护本社区的健身器材。如图 4.2 所示,如果从第九年再拖一年,对于社区还是可以承受的;但是如果从第九年起还要再拖延的时间超过一年,那么社区最好还是自己维护。如果是这种情况,即使社区在第十年自己维护健身器材,就效用来看,也不如在第六年的时候就自己维护健身器材。此外,如果社区在第九年可以确保再耽搁一年健身器材也不会毁损到上级政府来维护的程度,那么社区就会自己承担维护责任,因期待上级政府出资维护却落空而导致的三年未维护造成的损失,无疑是社区的净损失。对于社区来说,数年的耽搁显然是为获得上级政府资金的努力而付出的成本,这种为获得一笔转移支付而做出的尝试,毫无疑问,也是有成本的。当上级政府对社区的支付是以"帮助"为动机时,转移支付的根本问题就无法回避了。在这种情况下,社区被迫为获得转移支付而竞争,这并不是一个合意的结果。尤其值得关注的是,假如由上级政府提供的维护资金只是拉低了 S 线,低到足以使社区通过推迟维护获利,那么社区本身就已经从收到这笔转移支付获益了。各个社区为了获得这类来自上级政府的支付,其竞争的结果是健身器材维护的普遍推迟,那么上级政府提供支付的最终效果实际上伤害的是使用这些健身器材的民众。

尽管上级政府资金充裕的情况并不常见,然而我们为了全面分析,在分析完资金不足之后,再从资金充裕的角度进行分析。第一种情况,假设来自上级政府的资金足够充裕,完全能够满足每个社区的公共服务供给的需求,各个社区不必竞争资金。如果上级政府提供的资金数量正好能够把 S 线降到 R 线,那么社区会得到上级政府的资金支持,这样看起来比较完美。然而,这种情况在实践当中的操作性差,因为不同社区的健身器材的毁损程度是不一样的,因此对维护的需求也是千差万别的,各个社区对资金的需求很难达到一致。上级政府对辖区内提供同等水平的服务显然是低效率的。第二种情况,假设上级政府的资金多到足以完全承担社区开支仍然有余,使 S 线降低到 H 线与 4 的交点。在这种情况下,假定忽略税收等成本,社区会每四年重新购置一批新的健身器材,这样做显然会比每六年重新购置新的健身器材要好。然而,换一种思路,如果上级政府把每四年购置新健身器材的全部费用一次性给到社区，而社区依然每六年购置新健身器材，那么社区的状况一定会更好。正像以前讨论的维护不足一样，过度维护也会导致浪费。[①]

我们知道，征税的合法性在于税款"取之于民，用之于民"，而在这里，无论上级的财政资金是否充足，纳税人均没有得到更好的基本公共服务，这不能不使政策制定者反思以传统财政全额方式支付基本公共服务所造成的结果，所以改革势在必行。

通过以上分析可看到，无论上级政府的资金是否充裕，各方博弈的结果均毫无悬念地指向福利损失，博弈造成的基本公共服务供给低效不能不说是制度的遗憾。然而，我们一直假定，上级政府在决定优先把资金分配给哪个社区的时候，只看该社区对某种公共服务的"必需"程度有多大。这样一来，就会鼓励社区主动创造"必需"，由此造成低水平的社区满意度。此外，上级政府想要帮助社区解决健身器材维护不足的初衷，却恰恰鼓励了社区创造这种不足，因为只有健身器材最亟待维护的社区才能优先得到上级政府的资金支持，这在一定程度上导致了各个社区之间"创造必需"的竞争。打个未必恰当的比喻，这有点像乞丐为了获得更多的同情和援助而把自己弄残废的情形。个体行为合意并不必然意味着整体上的合意。在这里，既不是要谴责官员，也不是要谴责社区管理，从效用的角度分析，这恰恰是官员的理性选择。然而，个人或个体的理性却导致群体的非理性，这才是机制与政策的失败所在。

由于社区对上级政府资金支持无法准确预期，以及各个社区间"创造必需"的竞争，使得社区活动缺乏灵活性、自主性，很难实现帕累托最优，治理效率低。当前我国地方政府债务节节攀升，使得用于基本公共服务供给的资金越来越紧张，可想而知社区之间竞争资金会较之以往更为激烈，传统单一渠道融资造成的基本公共服务供给低效，更无法避免。提高财政资金的分配效率，积极扩宽基本公共服务融资渠道，成为国家治理面临的挑战性必然命题。

[①] 这部分的分析框架借鉴了戈登·塔洛克的《公共选择—戈登·塔洛克论文集》—《争夺援助》城市道路维护的分析框架。

4.1.4 小结

一直以来，我们把 GDP 增长作为经济发展的主要目标，作为统治合法性的最主要来源，却忽视了由于经济的长期高速增长引发的诸多社会矛盾。当前，以传统方式融资支付基本公共服务导致供给低效、政府之间争夺财政拨付造成公共服务供给无序等问题在某种程度上对社会矛盾起到了推波助澜的作用，基本公共服务传统融资拨付掣肘倒逼供给方式的革新。中国政府的政策议程、政策设计已经无法回避公共服务供给方面的捉襟见肘、有所加大的结构矛盾压力等社会问题。纵观国际环境，近 20 年，很多国家都陷入了仅仅依赖政府资源难以满足日益增长的基本公共服务需求的困境，与中国类似的贫富差距、老龄化、失业率等问题同样困扰着西方发达国家，因而政府与社会资本合作作为新治理实践，合乎逻辑地受到广泛关注，如何引导社会资本参与 PPP，成为很多国家面临的共同课题。PPP 可以缓解地方财政压力，是一个最直观、容易激发地方决策官员主动参与积极性的融资模式创新。然而缓解财政支出压力固然值得看重，而解决基本公共服务供给低效、公平、均等问题的管理与治理模式创新，更具建设性和深刻性。

4.2 管理掣肘

管理主义的效率导向往往以牺牲公共性为代价将效率置于优先和至高无上的地位，这在企业行为中尚能被接受，然而在公共服务供给领域的相关事务中，其公共性的优先级要高于效率。当前，政府规模、外部性内化、对民众诉求的回应、公共服务供给优化等问题成为治理的新挑战，无视公共性的效率导向已经成为公共服务供给的掣肘。PPP 作为制度供给的伟大创新是迎接这些挑战的有效工具，它能够在效率导向的政府最优规模下，弥补公共服务供给不足，内化政府既往不能有效内化的外部性，辅助政府回应民众诉求。现阶段，PPP 的融资功能使其备受学界的瞩目以及地方政府改革实践的欢迎，然而如何发挥其管理功效是本文试图深入思考的关键所在。

4.2.1 最优政府规模

经济的外部性,尤其是负外部性,往往导致个人对资源的利用非常无效。政府是应对这一问题的一种方法,而且经常是最方便的方法。这种方法同时也指出政府的最优规模,即政府可以将经济活动的外部性进行内化。政府将外部性进行内化的能力决定其自身规模,而政府规模可以改变公共服务供给的效率。政府规模和外部性是影响效率的关键变量,不容小觑。

4.2.1.1 政府职能与政府最优规模的关系

由政府提供多种公共服务,各个服务之间不可避免地会产生相互影响的外部性,比如消防和抢救就会给良好的交通秩序制造麻烦。一个部门对另一个部门的外部效应,应该由其它部门来处理,而这些部门还需要通过补贴或优惠政策等使这些外部性得到内化。政府既要正常运转还要解决外部性的问题,那么政府应该由多少部门组成呢?如图4.3,图4.3横轴表示政府职能的分散程度,从左至右指政府的职能合并,越来越集中,这个过程是连续的,纵轴表示成本。曲线 C 指当政府规模发生改变时,民众的成本变化,曲线左侧指政府职能分散,一项公共服务由很多部门同时协调供给,民众面临的使用成本极高,随着政府的职能合并,公共服务供给得到协调改善,民众的使用成本下降。然而,随着政府职能的不断合并,公共服务供给几近垄断,民众的成本开始随着政府职能的进一步合并而上升。任何一个现代政府,都是由多个职能部门组成,部门既不能太多,也不能太少。比如说我们当前的大部制改革,要精简以及合并部门,然而,再合并也不能合并成一个部门也是这个道理。曲线 E 是在以非最优方式分类组合政府部门时产生的成本,从左向右,政府的职能以最优的方式不断集中。曲线 E 自左向右单调下降,并最终达到零点,此时已经穷尽经济的所有可能性,政府规模最优。政府在图4.3当中可以用 $C+E$ 来表示。曲线 $C+E$ 的极值点是政府最优规模,它将总是处于曲线 C 的极值点右侧。

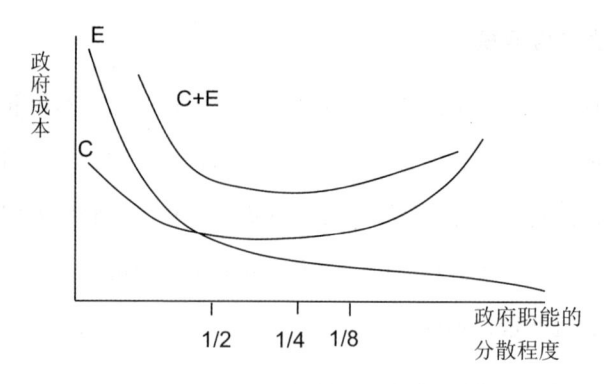

图 4.3　政府成本与职能部门数量的关系

如果想政府高效，就要掌握好政府的规模，部门划分既不能太零碎也不能太集中。许多人想当然地认为一个高度集权的政府才是最有效率的政府，更精确地说中央集权的政府是最有秩序的政府。[①] 然而，最有效的政府不是看起来最有秩序的政府，也不是最有效率的政府，而是使民众使用公共服务的成本最低的政府，最优规模政府应是最负责任的政府，他能将政府的大部分外部性进行内化。

4.2.1.2　政府最优规模分析

如图 4.4，横轴代表政府规模，纵轴代表公共服务供给的成本。外部成本曲线（EC）表示无法内化的外部性持续存在所带来的成本，该曲线向右倾斜下降。如果我们将内化 80% 的外部性设定为政府目标，那么最优的政府规模是 S_A。然而，如果我们将效率设为政府的目标，那么我们就会选择成本（OC）最小的政府规模，那么此时是 S_B。这两条成本线经几何加总得到 TC 线，那么 S_C 点是政府的最优规模，此时的政府最优规模小于其能够将所有外部性内化所需的规模，效率与外部性内化成为政府规模需要同时思考的一对冲突因素。

---

① Tullock, G. (1969). Federalism: problems of scale. Public Choice, 6 (1), 19—29.

图 4.4　政府最优规模

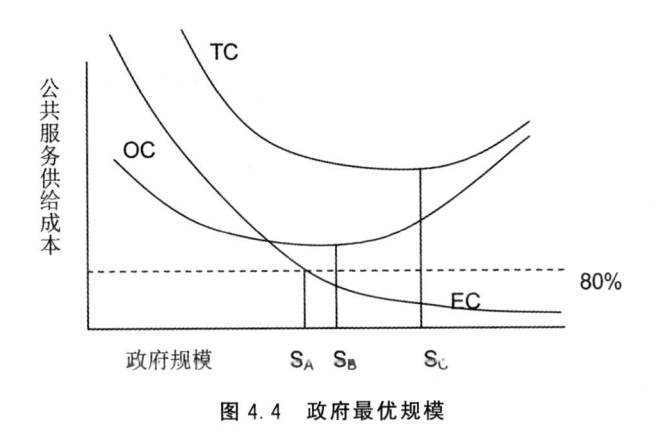

我们知道，政府的规模越小，民众能够对政府施加的影响就会越大，意味着政府可以更适合民众的偏好。[①] 如果政府根据多数原则进行决策，那么群体中占大多数成员的偏好 A 政策优于 Ā。因为 A 是群体中多数人的偏好，如果政府执行 A 政策，那么政府可以取悦群体中的大多数。政府规模越小，民众对不同意的政府供给承担的成本越少。政府规模越大，可供选择的公共服务供给种类和数量越多，民众的满意度越高，或者说效用越大。

综上所述，政府最优规模涉及到效率与外部性内化、民众偏好与效用之间的权衡取舍，如何实现公共责任是政府决定其规模的关键所在。由于政府最优规模的评判维度彼此冲突，需要根据客观实践进行权衡取舍，所以不存在理想中的政府最优规模。我们只能尽量兼顾政府与民众的有效沟通、时刻关注并有效回应民众的偏好和效用等诉求、公共部门的设立既要考虑协调独立还要考虑彼此将外部性内化以便高效地处理公共事务。即便政府规模影响效率，但是政府的公共性本质决定政府要高效但不能唯效率，政府规模能适应公共责任、公共目标和公共组织的基本特征即可，这使得我们必须在供给机制上寻求另辟蹊径的创新，在传统公共服务供给优化方面有所建树，以弥补效率导向的政府最优规模下公共服务供给不足以及无法全部内化外部性等问题。我们知道，公共服务供给是政府的责任所在，公共性是其天然

[①] Pennock, & Roland, J. (2010). Federal and unitary government-disharmony and frustration. Behavioral Science, 4（2），147—157.

属性，制度是效率的决定性因素[①]，既可以引发效率的增长还可以抑制效率，就如同硬币的两个面，如何扬长避短并实现公共服务供给优化成为政府善治的不二选择。

4.2.2 传统公共服务供给优化

基本公共服务的最优化供给是否存在以及如何优化？为了回答这个问题，我们假设经济中只有两种服务，公共服务和私人服务。为简化起见，以 X 代表公共服务的数量，以 1 单位货币来代表每单位公共服务的成本，所以 X 同时代表公共服务的数量和价格。以 y_i 代表个人 i 拥有的私人服务数量，p 代表公共服务。为了更简化起见，我们在此假设每个人的效用以他获得的私人服务与公共服务的总和来决定，以 u_i 代表个人的效用总和，即：

$$u_i = v_i + y_i$$

v_i 是连续函数，$\dfrac{\Delta v_i}{\Delta x}$ 是 i 在公共服务 p 点的边际效用，意味着可获得的公共服务是 p，指在消费私人服务既定的情况下，每增加消费一单位公共服务所带来的效用增加。假设个人 i 原有的全部资产被分配给公共服务和私人服务且没有借款，用 w_i 来表示。在这个简化的模型里，相应的分配必须满足以下的可行性条件：

$$X + \sum_i y_i = \sum_i w_i$$

个人 i 的全部资产都分配给了公共服务和私人服务，如何配置个人资产才是公共服务的最优数量呢？萨缪尔森最优条件的推导告诉我们：

$$v'_1(x) + v'_2(x) + v'_3(x) + \cdots + v'_n(x) > 1$$

即 $v_i(x)$ 关于 x 推导的总和是严格大于 1 的，意味着 x 的供给水平对于个人总和的边际是大于 1 的。[②] 如果对于所有个人，私人服务的数量都超过在 x 点的公

[①] [美] 道格拉斯·诺思. 制度、制度变迁与经济绩效 [M]. 刘守英，译. 上海：三联书店，1994：8.

[②] Samuelson, P. A. (1954). The pure theory of public expenditure. Review of Economics & Statistics, XXXVI (4), 387—389.

共产品的边际效用,即 $y_i > v'_i(x)$。则公共服务供给的边际效用总和超过1单位的数量太少,不能把此时的公共服务供给视为最优。如果降低每个人的私人服务 $v'_i(x)$,于是对于每个人 i 来说,私人服务消费为:

$$\overline{y}_1 = y_i - v'_i(x)$$

这样一来,降低的私人产品消费为:

$$v'_1(x) + v'_2(x) + v'_3(x) + \cdots + v'_n(x) = 1 + \Delta \quad (\Delta > 0),$$

此式表明不等式的左侧大于1单位的量。

现在降低总和1个单位,从私人服务转移到公共服务供给上,当前公共服务的数量是:x 增加每个 i 的公共产品,带来边际效用的增加用 $v'_i(x)$ 表示。于是,当消费数量是 $(\overline{x}, \overline{y}_i, \cdots, \overline{y}_n)$ 时,每个 i 在 $(x, y_1, \cdots, y_n)$ 增加的效用差不多,但是我们还有缩减后的私人服务 Δ 留下来,可以继续在个人之间分配。从严格意义来说,这样的情况是好于他们在 $(x, y_1, \cdots, y_n)$ 时的效用的。如果:

$$v'_1(x) + v'_2(x) + v'_3(x) + \cdots + v'_n(x) > 1$$

那么此时不是帕累托最优,因为可以通过减少私人服务增加公共服务的再分配方式来提高效用,同时不损害他人。如果:

$$v'_1(x) + v'_2(x) + v'_3(x) + \cdots + v'_n(x) < 1$$

公共服务数量就不是帕累托最优。此时,增加私人服务消费数量,至少可以改善一些人的效用而不损害其他人。于是,我们可以得出这样的结论,即帕累托最优分配的必要条件是:

$$v'_1(x) + v'_2(x) + v'_3(x) + \cdots + v'_n(x) = 1$$

在萨缪尔森最优条件分配中公共服务总和的个人边际效用为1单位。萨缪尔森最优条件和最大公共服务的总净效用是一致的。效用总和减去购买公共服务的成本即公共服务的总净效用:

$$v'_1(x) + v'_2(x) + v'_3(x) + \cdots + v'_n(x) - x = \sum_i v_i(x) - x$$

为了找到表达式的最大值,我们将其关于 x 的第一推导假设为0,然后求解 x,得 $\sum_i v'_i(x) = 1$,这同帕累托公共产品的最优条件是一致的,所以可以看出萨缪尔森条件对于最优公共服务供给数量是充分且必要的。理论上能够得到最优公共产品供给，那么在实践当中又如何呢？公共服务供给远没有达到最优水平。我们来假设个人 i 以理性的方式购买公共服务，即个人 i 试图最大化为：

$$u_i = v_i(x) + y_i$$

满足预算约束 $x + y_i = w_i$，替换 y_i，最大化，

$$u_i = v_i(x) - x + w_i$$

现在 w_i 是连续的，函数的极值是 $v_i(x) - x$。因为 $v_i(x)$ 被认为是凹形向上的，即额外的每单位公共服务带来的回报是边际递减的。当 $v_i(x)$ 切线斜度距离等于 $y = x$ 的斜率时，也就是 $v_i(x)$ 和 $y = x$ 之间的垂直距离，此时距离最大：

$$v'_i(x) = 1$$

$\hat{x_i}$ 是个人 i 效用最大化时的公共服务数量，此时假设理性人 i 要购买此数量的公共服务，这样一来 x 可以被其它人消费。我们知道，在一个典型的大型组织中，个体成员的地位与完全竞争市场中企业的地位，或一国内纳税人的地位相似：他个人的努力不会对他所在的组织产生显著的影响，而且无论他是否为这个组织贡献过力量，他都能够享受其他人带来的好处。[①] 由此假设现在有个人 j，

使得 $v'_j(x) < 1$

如果个人要购买额外 1 单位的公共服务就会降低他总体的效用，那么个人就不会有购买额外 1 单位公共服务的动机，从个人效用角度考虑，他宁愿做 i 的免费乘车者。个人 k 则会有 $v'_k(\hat{x}) > 1$，这部分人会放弃 1 单位的私人服务去购买公共服务，从而得益。这些人会一直购买额外的公共服务，这种购买额外公共服务的行为只有达到了 x 数量，才会停止。此时，

至少有一个人 i，有 $v'_k(x) = 1$；

对于所有的成员 j，$v'_j(x) \leqslant 1$。

在实践中，$v'_1(x) + v'_2(x) + v'_3(x) + \cdots + v'_n(x) > 1$。换句话说，边

---

① ［美］曼瑟尔·奥尔森. 集体行动的逻辑 [M]. 陈郁，译. 上海：上海人民出版社/格致出版社/上海三联书店，1995.13—14.

际效用总和超过 1 就意味着购买的公共服务数量不是最优的。在一个小群体中，只能提供低于最优数量的公共服务的倾向。离最优数量越远，规模"大"的群体成员占总额的份额就越小。因为在其他条件相同时，群体中个体数量越多，群体成员占总额的份额就越小，所以群体中的个体数量越大，离最优数量就越远。显然，成员数目多的群体的效率一般要低于成员数目少的群体。[1] 在实践当中，规模"大"的群体成员的最优公共服务数量大于规模"小"的群体成员。于是，一旦规模"大"的群体成员达到了最优数量，在购买额外数量的公共服务就会降低规模"小"的群体成员的效用。可以看到，如果没有外部调整，公共服务的供给数量是不可能达到最优的。[2]

然而，即使有外部调整，公共服务供给也未必就能保证最优。这是由于协调者如果决定分配公共服务的数量和成本，个人向协调者发送有关个人公共服务的效用函数时，如果人们认为将按照自己申报的效用对公共服务进行支付，可以想到，人们会低报自己的效用。当然，也可以不根据个人申报的公共服务效用情况，而是通过一般税收支付公共服务，要求人们公布某项公共服务的个人效用，此时人们更愿意高报自己的个人效用，因为人们希望获得更多公共服务的同时可以承担相对较少的税收份额。人们收入越低，税收负担越轻，越希望更多的公共服务。当个人效用不与其支付挂钩时，将会导致对公共服务效用的浮夸和公共服务的超量供给。通过一般税收导致的公共服务超量供给，与通过林达尔机制自愿支付导致的公共服务供给不足形成了鲜明的对比。[3] 如果群体中的每个人都如此行事，那么其结果就是公共服务供给的次优选择。克拉克税（Clarke tax）解决了人们使用公共服务瞒报效用

---

[1] [美] 曼瑟尔·奥尔森. 集体行动的逻辑 [M]. 陈郁，译. 上海：上海人民出版社/格致出版社/上海三联书店，1995.25.

[2] [芬] 汉努·努尔密. 政治经济学模型 [M]. 赵钟宜等，译. 上海：上海人民出版社/格致出版社，2010.179—182.

[3] [以] 阿耶·L. 希尔曼. 公共财政与公共政策：政府的责任与局限 [M]. 王国华，译. 北京市：中国社会科学出版社，2006.100—101.

的信息不对称问题，当面对克拉克税时，人们有动机说出他们真实的效用。[①]

现在根据甲、乙、丙三人的效用申报来评估两项公共服务，如表 4.1。政府并不知道公共服务为甲、乙、丙带来的收益和损失。为了每个人能够真实的申报个人效用以便做出公共服务决策，政府对程序设定如下规则：

1. 如果某人申报的效用改变了关于公共服务是否提供的决策，则这个人要缴税。

2. 个人缴税的数量等于公共服务供给决策的变化导致其他人损失的总和。

3. 税收收入不用于支付该项公共服务，也不以任何方式在该项公共服务所涉及到的人员当中分配税收收入。

表 4.1：两个工程的克拉克税收例子

	甲	乙	丙
公共服务 A	90	60	40
公共服务 B	60	60	50
克拉克税	税收＝10	税收＝20	税收＝0

如果甲不参与效用评估，公共服务 B 将被选中（因为如果没有甲的参与，公共服务 A 的总效用是 100，公共服务 B 的总效用是 110）。如果甲如实申报，公共服务 A 将被选中（此时公共服务 A 的总效用是 190，公共服务 B 的总效用是 170）。由于甲的参与改变了最终决定，根据规则，甲应该支付相当于因决策改变而给乙丙造成的总损失的克拉克税，数量为 30（公共投资由 B 工程转向 A 工程，乙获得 0 单位的效用，丙损失了 10 单位的效用）。同理，乙和丙的参与也可能会改变他人的效用。克拉克税制使得每个人的最优策略是申报真实的个人效用，通过真实的申报而获得有效率的纳什均衡。

[①] Tideman, T. N., & Tullock, G. (1976). "a new and superior method for making social choices.". Journal of Political Economy, 84 (6), 1145—1159.

克拉克税要求群体当中的每个人申报他们在不同供给数量上的效用函数，政府对不同数量 x 加以区分并解出 x：$\sum_i u'_i(x) = 1$，这是萨缪尔森的关于公共服务供给的最优条件，是最大化公共服务时个人的净效用总和。用 $\bar{x}$ 表示满足最优条件的 x，如果人们申报的信息都是真实的，那么公共服务的总净效用就在此点被最大化。个人 i 的克拉克税 T_i：

$$T_i = \bar{x} - \sum_{j \neq i} m_j$$

此时，m_j 表示个人 J 申报的效用值，i 的克拉克税就是所有其他人的申报信息的函数，由以上分析可知，T_i 不依赖于 i 的个人信息。

以公共服务 A、B 为甲、乙、丙带来的效用举例来说，$u_甲 = 150$，$u_乙 = 120$，$u_丙 = 90$，$T_1 = 10$，$T_2 = 20$，$T_3 = 0$。假设甲的效用是 150，而他只申报 130，其余的人也是这样做，甲的克拉克税还是 10，但是公共服务提供的价值 $\bar{x}$ 变了，不再是甲的最优真实价值了。而甲支付了和最优公共服务一样的税，但是此时公共服务的数量对甲来说已经不是最优了。

尽管克拉克税能够起到引导人们真实申报个人从公共服务供给当中获得的效用，但是迄今为止还没有哪个政府在确定公共支出时使用克拉克税，这是由于：克拉克税需要计算群体中每个人从公共服务中获得的效用，几乎没有实践的可操作性；即使克拉克税能够得以实施，公平问题依然难以解决。[1]

由以上分析可知，政府在提供公共服务的时候很难实现供给最优，承担公共责任而非单纯的公共服务供给优化是政府的核心要旨。由于外部性是伴随着公共服务的供给、使用过程发生的，个人和群体的相互影响往往会导致次优结果，所以政府干预必不可少。就政府的定义而言，政府的职责是基于公共利益的目标通过法律和公共政策参与协调政治和经济行为。然而政府在纠正市场失灵的时候自身也会患上失灵，实际上政府行为本身就是外部性的主要来源。在公共选择中，公共服务供给中存在着政府与公务人员的角色冲突，以及公共性、政府责任的偏离，导致公共服

---

[1] [以] 阿耶·L. 希尔曼. 公共财政与公共政策：政府的责任与局限 [M]. 王国华，译. 北京市：中国社会科学出版社，2006. 103—104.

务供给低效或无效,进而导致社会福利的流失,使公共服务的社会投入与其社会收益不相符,产生外部性;而在公共服务的使用过程中,由于"搭便车"等问题的普遍存在,导致社会成本(收益)与个人成本(收益)不相配,即公共资源被无效或低效利用,并妨碍他人的福利,产生外部性。所以说,公共服务供给未必要探索优化路径,政府应该更多地致力于消除或内化外部性以避免由此进一步衍生的更多外部性。而当前新公共管理所倡导的效率至上在一定程度上削弱了政府这一核心功能,公共服务供给在管理主义倡导下的效率至上原则违背其公共性的核心议题。公共服务供给优化是政府以传统方式独家提供公共服务无法完成的使命。

4.2.3 公共服务供给的效率与公共性议题

效率是管理的核心议题,不论对"效率"做什么样的概念界定,效率研究都不能回避"为了谁的效率"这一问题:私人效率还是公共效率?企业效率还是政府效率?主体不同,其效率的体现方式和效率的成因必然有巨大差别,所以说效率研究应当体现和适应这些差别。公共服务供给的效率研究充分体现了研究对象的特性,适应公共责任、公共目标和公共组织的基本特征。当前政府低效主要表现在:产出的非市场性不但削弱了来自政府以外的竞争,更削弱了政府自身主动提高效率的内生动力;产出不容易量化度量,在世界范围内目前还没有成熟的评价体系;官僚制的繁文缛节,官僚天生缺乏追求效率、效益、效能的动机,作为理性经济人,他们追求个人效用最大化。这些因素不可避免地造成政府规模不当扩大,公共服务供给低效,亟待改进,然而改进即意味着与公共性发生冲突。公共服务供给的公共性本质为其带来了多元目标,而多元目标又意味着目标间的选择和权衡。由于效率与公共服务供给的其他价值及目标之间存在替代或竞争关系,所以不同情境下的效率合理定位会成为凸显公共服务供给公共性的标志之一。当前由公共服务供给效率引发的公共性危机不容小觑:

1. 公共服务供给的公共性天然属性必然带来效率与公平的权衡取舍。经济学家们普遍认为,虽然市场机制倡导公平,但仍无法单纯靠市场机制保证公平。这是因为,市场机制所做的,正是人们要它做的——把资源交由出价最高的人手中。所以说，有效率的市场机制可能会产生极大的不公平。然而，不是市场的过错造成收入分配不公平。"看不见的手可以引导我们到达生产可能性边缘的外围极限，但是，它并不一定是以可以接受的方式来分配这些产品。"① 也可以这样理解，市场机制的优势在于效率，效率以外的价值要靠其他机制来弥补，而政府正是弥补市场缺陷的机制之一。政府不同于私营部门，效率不是政府所追求的唯一目的，政府还有很多其他目标。② 政府是公平的依靠，追求公平是政府的天职，传统管理学中的效率优先并不完全适合于政府，所以毫无疑问，也不适合以政府为主导的公共服务供给。

2. 公共服务供给的公共性天然属性也会带来效率与民主之间的权衡取舍。公共服务供给如果单纯追求效率，那么在某种程度上会与政府的其他价值发生冲突，即效率与民主之间的潜在冲突。民主往往会导致表面上的低效，但并不能因此牺牲必要的民主议程，因为民主是政府的核心价值之一。以前我们经常会将政府低效归结为机构臃肿、公务人员的官僚作风浓郁以及程序上的繁文缛节。其实，这些只是我们对官僚的刻板印象，官僚日常所要履行的职责常常彼此矛盾，还要接受来自民众对于官僚组织的竞争预期，公众既要求低成本又要高质量，官僚既要保证内部信息安全又要对媒体公开。最难解决的矛盾是，民众期望官僚既要保持执政的灵活性又要保证法律的严肃性。这些都是我们所谓的繁文缛节，恰恰也是公共性的必要保障，但必须予以承认，在执行的过程中确实存在走样的现象。Barry Bozeman 将繁文缛节定义为"这是一些规则，人们必须遵循这些规则并且承担规则所规定的责任和义务，但这些规则的事实却并未达到当初规则制定时候的最初目的。"政府之所以相较于私人组织有更多的繁文缛节在于政府更多地受到来自外部力量的监督压力，比如说权力实施程序、审计等等。所有的这些监督都源自于我们的法律、权力制衡机制以及社会的核心价值。③

---

① [美] 保罗·萨缪尔森，威廉·诺德豪斯. 经济学 [M]. 萧琛等，译. 北京：中国发展出版社，1991.83—84.
② [美] 帕特里夏·英格拉姆. 公共管理体制改革的模式 [A]. 国家行政学院国际交流合作部编译. 西方国家行政改革述评 [C]. 北京：国家行政学院出版社，1998.62—63.
③ [美] 查尔斯·T·葛德塞尔. 为官僚制正名——一场公共行政的辩论 [M]. 张怡，译. 上海：复旦大学出版社，2007.96—104.

3. 公共服务供给的公共性天然属性因效率至上而遭受重创，其合法性在一定程度上逐步被蚕食。管理主义的基本价值在于经济、效率与效能，这一运动注重业绩评估和效率，用市场或准市场的方法再造政府运行，目标导向、顾客导向、限期合同、节约开支、物质奖励以及较之以往更大的管理自由度等方法来强化政府工作的竞争性。管理主义只强调工具理性而忽略其公共属性的价值内涵，是对公共价值的背离。公共服务供给在本质上说以民主框架为基石，是多元价值冲突的一个均衡，它追求社会公正、公民权利，强调公共利益、国家责任以及公众参与等多元价值。公共服务供给效率至上的管理主义视角会在一定程度上忽视公共服务供给的根本价值和目的，这与以市场的方式提供商品还有什么区别？管理主义已然沦为执行与管理的工具，无法捍卫公共利益、社会公正以及公众参与等民主价值的责任。公共服务供给在工具理性下的种种行为，将使公共服务供给与社会价值渐行渐远，只重高收益低成本从而忽视其肩负的国家责任。以管理主义为导向的公共服务供给与以政治价值为导向的国家责任之间存在不可调和的冲突，即自治与问责、个人愿景与公民参与、私密性与公开性、风险分担与公共物品监护之间的冲突等等。[①] 公共服务供给的正当性或合法性必须奠基于其足以承担肩负的公共责任、实现公共利益的价值前提。

公共服务供给的公共性属性对传统管理的效率优先提出了挑战。效率与公平、民主之间的潜在冲突意味着多元价值之间的权衡取舍，要求效率在公共服务供给当中的合理定位。值得强调的是，效率之于公共服务供给的合理定位不能陷于刻板，公共服务供给之于政府与私人部门、政治体制与市场机制，谁更合适呢？尽管效率并非政府的第一价值目标，在实践当中也表现欠佳，我们依然要探索公共服务供给创新以实现其效率优化。

4.2.4 小结

在管理学中，效率被至于优先和至高无上的地位。这对于处于市场竞争环境只

---

① Bellone, C. J., & Goerl, G. F. (1992). Reconciling public entrepreneurship and democracy. Public Administration Review, 52 (2), 130—134.

能被动地接受市场定价的企业来说,高效率意味着高收益低成本。而对于政府来说就没那么简单,其公共性的本质决定目标的多元性,且多元目标之间有时候还互相冲突。由于效率与其它目标之间存在竞争和替代关系,对于公共服务供给而言,多元视角的透视是必要和必须的,所以效率的合理定位极为复杂。然而,效率为公共服务供给的理论与实践提供了一种视角。如果追求有效政府,那么政府一定会有一部分外部性不能内化,那些不能内化的外部性使得政府在保持最优规模的前提下引入社会资本进行公共服务供给加以解决,这在其他发达经济体已经进行得如火如荼。然而,效率至上是否应该成为政府将社会资本引入公共服务供给的理由,还是一个值得进一步探讨的问题。当前治理理论强调在公共事业管理上构建一种通过多方参与、协同解决的方式去维护现有社会基本秩序的管理机制,其中蕴含了有限政府、责任政府、法治政府、公共参与以及民主、社会正义等理念。这种新兴的管理机制是维护公共服务供给公共属性、实现公共利益的充分条件,是当前社会治理实现善治的必由之路,PPP 正是这种管理机制创新的代表。

4.3 治理掣肘

传统公共服务供给低效的问题由来已久并广受诟病。从治理的视角看,这是因为涉及公共支出的项目要通过特定的政治过程,这关系到众多的官僚和官僚组织。官僚们有着不同的偏好、目标和信念。最终能够获得通过的基本公共服务项目也许不是所有项目当中最被迫切需求的,但一定是官僚们各自看法的妥协,是经过妥协让步磋商的结果。通过的项目至少在一定程度上能够回应对该项目具有偏好的官僚诉求。尽管通过的项目在实际当中可能既不经济也无效率,这是因为官僚对项目具有强烈偏好并不代表项目是真正为民众迫切需要的,比如官僚之间互投赞成票。此外,特定的基本公共服务项目可能对特定人群有重要的分配结果。如果一个群体由于某种诉求被恰当地组织起来,他会不惜一切办法努力推动政治过程采纳对他有利的项目,比如民意裹挟公共政策。官僚是政治程序的主导者,而官僚不是天使,不难想象，官僚的行为并非总是指向公共利益。马克斯·韦伯作为理性官僚制理论的奠基人曾毫不讳言地指出，逐利是人的天然本性的一个方面，受私利驱动是人类行为动机的不变法则。[①] 唐斯承认官僚的行为动机是受私利驱动，哪怕官僚行为是在促进全社会福利最大化也不例外，官僚组织和官僚自身之间的互动决定了公共部门产出。

4.3.1 官僚与政治程序

官僚有私利取向，也有道德正义的本性。在此必须予以承认，关于道德和公平的价值观念确实影响许多非经济行为（比如政治、宗教、家庭行为）。指出道德的好处确实为人类自愿遵守道德的行为提供了一种非自利的原因。但这种机制只有在人类感受到这些好处并受这些好处引导而采取行动时才起作用。无意识的道德很难维持，当看到自己的同伴在合作中没有恪尽职守，个人的无意识道德动机就会很容易被摧毁瓦解。在很多情境下，人类很难消除对他人没有认真履行职责的疑虑。对他人的动机和表现，人类可以通过强制来确认，但这绝不是成熟完备的解决方案。在多数情况下，善行在一定程度上都是由制裁和动机激发出来的，其中的道德成分难以辨识。

社会行为的本质可以理解为个人有目标的行为。然而，大多数现有关于官僚的研究要么将官僚视为天使，要么将官僚视为追求个人利益最大化的计算器。这种错误假设不可避免地导致前者的结论认为官僚的行为符合公共利益，后者的结论认为官僚的行为违背公共利益。学界对于官僚的行为研究不应该基于非黑即白的二元论。我们应该承认，官僚既不会是天使，也不会是计算器，官僚是活生生的有血有肉的人，他会结合自己的处境权衡个人得失，也会在个人生活得到基本保障的前提下，适当考虑自己肩上的社会使命。官僚都会有一点点儿利己倾向，但这并不意味着他们从不考虑他人的利益。应该予以承认，官僚不是或者说至少不完全只是受个人私利驱动的理性人，他会从事有目标的行为，还会从事包括诸如社会福利、公共

---

① [德] 马克斯·韦伯. 新教伦理与资本主义精神 [M]. 于晓, 译. 上海：三联书店，1987.7—8.

利益等等完全与个人利益无关的行为。

在实践当中，官僚组织对官僚主动提高工作绩效的行为鲜有激励，很多激励指向更政治化的目标，所以，官僚不会因为工作绩效的显著提高或者对民众诉求的更高回应而获得额外的薪酬奖励。但是，他们依然很享受配置公共资源的权力，这也是他们会努力最大化官僚组织规模的原始动力。官僚组织增加中央集权旨在提高效率，但是却往往因此降低了效率，这是因为官僚有了更大的空间，可以通过牺牲效率和公共利益来实现个人效用的最大化，这就引发了委托—代理行为，即官僚违背官僚组织的意愿行事。委托—代理问题是现代公司治理的逻辑起点，但该问题不是企业的专属。罗伯特·克里特加德认为委托—代理问题广泛地存在于腐败高发的官僚组织内部。[①] 在大型组织当中，尤其是官僚组织，委托—代理问题从来就没有被真正解决过，尽管奖优惩劣作为一种激励机制能够解决代理问题，但是官僚组织很难对官僚的高绩效表现予以相应的补偿，所以官僚组织内部的委托—代理问题似乎更难解决。

尼斯坎南的官僚追求个人效用最大化理论能够解释官僚的那些看起来不符合公共利益的行为选择，此外，虽然激励对官僚的作用有限，但是激励依然是不可忽视的解释因素。尽管官僚的薪酬在短期内也许与他们的实际工作绩效无关，但是从长期来看，他们的晋升至少部分取决于他们既往的能被观察到的绩效。在我国，将GDP作为官僚绩效考核的量化指标，所以说GDP导向的政绩观使得官僚天然地具有拉高GDP的冲动[②]，项目的大干快上已经蔚然成风。然而，除了个人政绩，官僚还有一个更紧要的问题—政治风险规避。因为一旦潜在的政治风险被触发，再多的政绩都是零。为了规避政治风险，官僚遵循特定的政治程序行事，以确保他的所有行为都是经过其它官僚评估的，即集体决策，从而降低自己的政治风险。尽管集体决策会在一定程度上降低官僚对某一具体项目的贡献，但是官僚必须在政治风险与

[①] [英]罗伯特·克里特加德. 控制腐败 [M]. 杨光斌，译. 北京：中央编译出版社，1998. 51.

[②] 周黎安. 中国地方官员的晋升锦标赛模式研究 [J]. 经济研究, 2007 (07), 36—50.

个人功绩之间做出权衡取舍，官僚似乎更愿意进行这样的取舍。集体负责意味着个人不必负责，所以，繁琐的审批和集体决策是项目获得通过的必由之路。①

官僚组织的特定政治程序不可避免地会产生繁文缛节，却依然通行，这是因为：一是官僚并没有对自己的工作承担成本，而是社会以通过税收供养更多官僚的方式来承担，此外，跟官僚机构打交道的民众也承担了一部分由官僚拖沓、延误所造成的成本。二是政治程序规定每个事由除了主管官僚以外，其它官僚也要参与决策。该规定也有其积极的一面，如果我们一定要说这是官僚规避政治风险、追寻个人效用最大化未免有失偏颇，它自然地遵循着官僚与所配置的公共资源之间的受托关系。作为普遍接受的规则，一个人在花他人钱的时候应当比花自己的钱更谨小慎微，官僚掌握公共资源配置权力，官僚理应更谨慎。而更谨小慎微意味着必须遵循特定的政治程序，这样一来，可以保证公共资源的配置不是因为官僚的一己私利、不是一时兴起的不负责任、更不是为了寻租腐败。因为要经过集体决策，所以就没有任何一个官僚有权签订一个离谱价格的合同。集体决策看起来似乎既可以帮助官僚规避政治风险，还可以得到同僚的普遍认同，是一个看起来非常理想的政治决策模式。然而，这是基于以下三种无法实现的假设得出的结论：一是官僚的个人私利取向总是指向公共利益，官僚是为公共利益服务的天使。二是每个官僚关于待决策项目所掌握的资料和信息与主管该项目的官僚一致，也就是说同僚的决策是基于信息对称下的理性选择。三是每个官僚都能够独立公正地进行项目投票表决，不存在选票交易、民意裹挟等因素。

我们知道，这在实践当中几乎是不可能的。官僚有自己的私利取向，对他人的工作也不可能做到全面了解，其最大的行为可能就是在GDP导向的政绩观下，支持有利于增强其自身利益的政策和他所提倡的项目，反对那些损害或不能增进其自身利益的政策或项目。② 为了方便自己支持的政策落实或自己管辖的项目落地而跟

---

① [美]约瑟夫·E·斯蒂格利茨.公共部门经济学[M].郭庆旺，译.北京：中国人民大学出版社，2012.170—173.

② [美]安东尼·唐斯.官僚制内幕[M].郭小聪等，译.北京：中国人民大学出版社，2006.82.

其它官僚进行选票交易以求共赢。也可以在被民意裹挟的时候为了顺应形势而违心地做一些不符合公共利益的事情。

由以上分析我们看到,官僚组织的特定政治程序——集体决策使得其既不经济也没效率,那么,官僚以集体决策的方式供给基本公共服务会造成怎样的成本收益变动呢?

4.3.2 传统公共服务供给的成本收益分析

政府以传统的方式提供基本公共服务,不可避免地会发生官僚之间互投赞成票造成项目捆绑从而导致供给过度,也可以发生民意裹挟公共政策造成被动供给从而导致供给低效甚至无效。在此将以官僚之间互投赞成票与民意裹挟公共政策为例建模分析政府以传统的方式提供基本公共服务的成本收益变动情况。

4.3.2.1 只由三个官僚组成的决策层简化模型

假设将政府决策层的需求加以简化,按需求偏好强度将其粗略地分为三个人:官僚 A、官僚 B、官僚 C。官僚 A 代表对公共服务供给的需求大,如图 4.5,用直线 A 表示;官僚 B 代表对公共服务供给的需求适中,用直线 B 表示;官僚 C 代表对公共服务供给的需求为 0,用横轴表示。我们将这三类需求相加可以得出决策层的需求之和,能够得到直线 $A+B$,显然,该直线也包括了官僚 C 的需求。纵轴表示以人民币计价的成本,横轴表示基本公共服务的项目数量。我们将基本公共服务的成本用每单位人民币进行衡量,那么直线 CC 表示每单位数量基本公共服务的供给成本。社会的最优选择在 O 点,它是公共服务供给的总需求与总成本的交点,是剔除成本后的社会净收益最大化点。

我们知道,传统的公共服务供给由政府独自提供,由税收来负担。为了简化分析,我们假设官僚 A、官僚 B 和官僚 C 都支付等量税收,也就是说每个官僚为自己偏好项目获得通过需要支付总成本的 $\frac{1}{3}$,用直线 TT 来表示。在这样的安排下,官僚 C 宁愿政府不提供任何基本公共服务,官僚 B 只想要政府提供 O_B 数量的基本公共服务,而官僚 A 想要政府提供 O_A 数量的基本公共服务。折中一下的话,政府将提供O_B数量的基本公共服务,但这对于整个社会来说并不是一个最理想的选择,而是权衡各方偏好强度的折中之举。这种情况由于极其简化,并不会真在实践中发生,我们分析它只是为了描述未经扭曲的自然状态下的情况应该是什么样,这对简化分析并快速得出结论有一定的帮助。

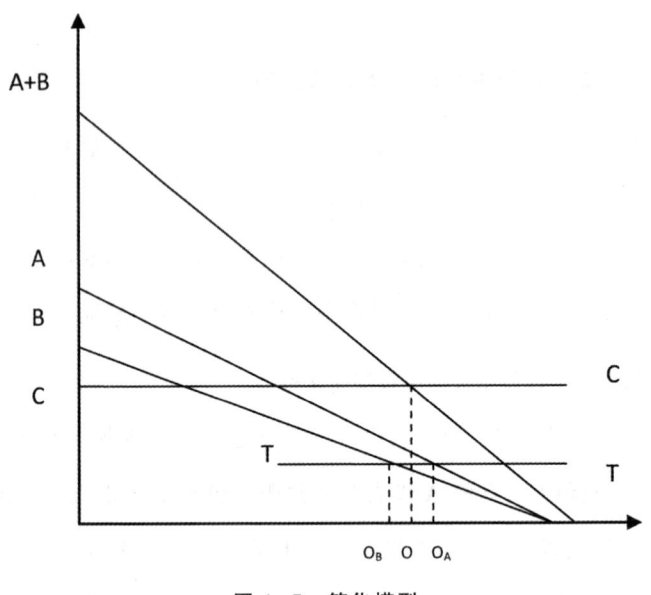

图 4.5 简化模型

4.3.2.2 官僚之间互投赞成票造成公共服务供给过剩

我们现在进行一般的假设,官僚 A、官僚 B 和官僚 C 只是决策层的三个官僚,而在这个决策层里还有其它官僚,如图 4.6,我们把官僚 A 与官僚 B 视为一个集团 D,我们将集团 D 称为公共服务供给的高需求者,直线 AA 表示他们对基本公共服务的需求,每单位服务的社会成本仍用直线 CC 来表示。从整个社会的角度来看,最优选择是 O 点。然而,这个社会中的数量很大的包括官僚 C 在内的很多人对政府提供的这些基本公共服务根本不感兴趣却要为此而支付庞大的税收。同样为了简化分析,我们假设税收 T 在市民中平均分配。

图 4.6 互投赞成票

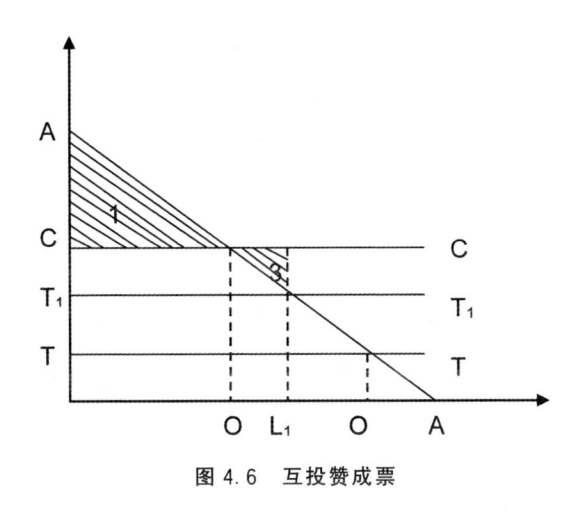

如图 4.6 所示,高需求曲线 AA 与其成本曲线 TT 的交点决定最优选择是 O_A。然而在实践当中,最优选择并不是这样想当然发生的,因为不是所有的高需求者所需求的项目都可以落地。从功利主义角度分析,如果没有此需求的人的数量远远多于高需求群体,其结果就是不提供这些基本公共服务。这似乎与官僚的政绩导向发生了分歧,官僚要政绩,而政绩是由 GDP 奠定的,所以说,一些非必要的公共服务供给也会在 GDP 导向的政绩观下以官僚之间互投赞成票捆绑项目的方式催生出来。然而,对于 A 是低需求的项目往往对于官僚 B、官僚 C 或者其他官僚却成了高需求项目,决策层为了经济的大干快上拉高 GDP,将某个官僚的高需求项目与其它官僚的高需求项目进行打包捆绑搭配,从而解决每个官僚的低需求项目不能上马的问题。这个时候,成本曲线会发生移动,不再是原来的总成本直线 CC,而是比直线 TT 稍高一些,介于直线 CC 与直线 TT 之间,即直线 T_1T_1。如图 4.6 可知,此时的公共服务供给总量是 L_1,比社会的最优选择 O 要高出一些。需要说明的是,过度供给造成的社会成本由阴影 3 来表示,民众从最初提供的服务中得到的收益用阴影 1 来表示。过度供给造成的社会成本——阴影 3 与民众从最初提供的服务中得到的收益阴影 1 是由直线 CC 与直线 T_1T_1 决定的,所以,这两个三角形的大小比例关系可以是任意一种搭配,而在本例中,是笔者人为画出来的阴影 3 小于阴影 1 的面积,仅仅是表达笔者希望过度供给造成的社会成本小于民众从最初提供的服务中得

到的收益,而实际情况并非常常如此,过度供给造成的社会成本大于等于民众从最初提供的服务中得到的收益的情况也是存在的。

我们可以看到项目捆绑后的新成本收益分配。对于某个项目来说,高需求群体增加的收益在数量上等于由纵轴、直线T_1T_1与直线AA所围成的三角形面积。那些低需求群体的利益可以在被捆绑的其他项目中得到补偿,而在此项目中他们也可以妥协同意。值得注意的是,那些没有进入此类交易的群体,将会为这个捆绑项目集支付一定的成本,在数量上等于纵轴、直线L_1、直线T_1以及直线CC所围成的矩形面积。从严格意义上说,既然政府的决策层里每个群体都是互投赞成票交易的利益获得者,同时也是其它交易的利益损失者,则总产出的净效应就会大大减小,此外,由于不太严格的对称性,社会中会存在大量的转移支付。也可以这样理解,如果决策层的每个官僚的选择仅仅是为了符合其个体理性,那么其结果就是群体的非理性,会给社会造成福利损失。在这里不是要呼吁杜绝官僚之间互投赞成票造成的项目捆绑行为,因为互投赞成票并不必然意味着公共服务供给失败,它也可以使政府提供令人满意的基本公共服务,比如图4.5所示的收益与成本关系,收益大于成本。但是,值得思考的是,收益并不总是大于成本,当收益小于成本,社会发生转移支付的时候,由政府提供公共服务明显不如由非政府组织提供。[①] 如果说由政府提供基本公共服务存在官僚之间互投赞成票的可能性,那么引入社会力量参与治理是否可以缓解或者说改善公共服务供给过剩的现状呢?

4.3.2.3 民意裹挟公共政策造成公共服务供给低效

民意裹挟公共政策也许是政府提供公共服务效率最低的一种形式,虽然对某些固定群体来说确实能增加其社会收益。但是,令人遗憾的是,社会收益远远低于其成本。现在,让我们看一个新近发生的民意裹挟公共政策的案例,2016年5月24日新京报以《悬崖上的村庄》为题,报道四川省凉山彝族自治州昭觉县支尔莫乡阿土勒尔村,15个孩子走崖壁,爬藤梯,大约用了2个小时,到达位于"悬崖村"的

---

① [美]戈登·图洛克. 收入再分配的经济学[M]. 范飞等,译. 上海:上海人民出版社,2008.41—44.

家，该村 72 户人家，通向外界需要顺着悬崖断断续续攀爬 17 条藤梯，此事一经报道引起广泛关注。报道当晚，凉山彝族自治州州委书记林书成表示：先施工一条钢筋结构梯道，解决群众出行安全问题，接下来马上组织论证彻底解决方案，钢筋天梯造价在几百万上下。而中央在"一方水土养不活一方人"的地域实行异地扶贫搬迁政策，"悬崖村"符合该政策"距城镇和交通干道较远、基础设施和公共服务设施难以延伸的地方"的规定，可以享受异地扶贫搬迁政策。单就本例来说，以移民搬迁的方式解决悬崖村问题，才是标本兼治的解决之道，孩子们及他们的后代不必再回悬崖村。

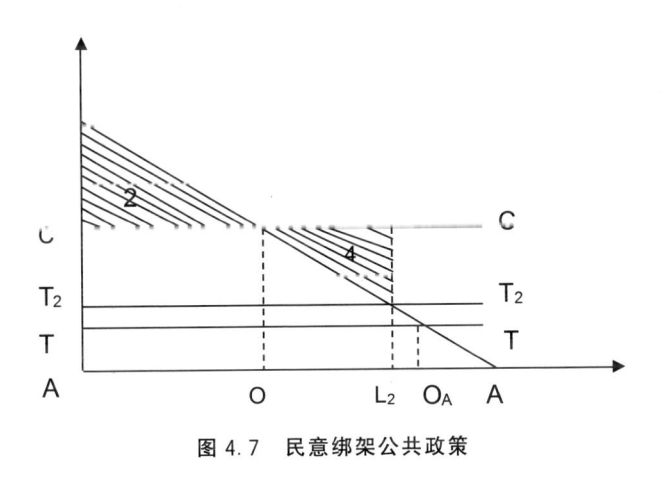

图 4.7 民意绑架公共政策

此例的成本收益变动如图 4.7 所示，成本线发生移动，肯定也不再是原来的总成本直线 CC，因为民意绑架不需要官僚之间的讨价还价、收买、谈判、妥协、让步，所以其成本会低于官僚之间互投赞成票的成本直线 T_1T_1，民意裹挟公共政策的成本直线 T_2T_2 介于直线 CC 与直线 T_1T_1 之间。如图 4.7 可知，此时的公共服务供给总量是 L_2，比社会的最优选择 O 要高出一些。需要说明的是，过度供给造成的社会成本由阴影 4 来表示，民众从最初提供的服务中得到的收益用阴影 2 来表示。过度供给造成的社会成本—阴影 4 与民众从最初提供的服务中得到的收益—阴影 2 是由直线 CC 与直线 T_2T_2 决定的。将图 4.7 与图 4.6 进行比较，我们发现，1＝2，4＞3，也就是说民意绑架舆论造成的成本要高于官僚之间互投赞成票。可以这样理解，民意绑架比官僚之间互投赞成票造成的社会福利损失还大，当然，对其取舍也可以参照官僚互投赞成票的取舍方法。

毫无疑问，民意裹挟公共政策造成行政效率极其低下，对于这72户悬崖村居民来说该项目一定能带来生活上的改善，但是这些改善无疑比它耗费的总成本要小很多。我们应该把这个项目看成是一种转移支付吗？如果该项目算是一种转移支付，而资金是用来修建钢筋天梯的，并没有转移给任何人，资金在修建钢筋天梯的过程中耗尽了。钢筋天梯减少了回家的危险度，是这72户人家的收益所在，而他们得到的这个收益仅仅是其它纳税人支付几百万总成本中极其微不足道的一部分。如果把悬崖村钢筋天梯称作由其余的纳税人对该村的一种转移支付，或者说这个项目是民意裹挟公共政策的一个效率极低的产物。那么，与官僚之间互投赞成票造成的项目捆绑相比，它以其它纳税人的福利大幅度降低为代价，稍微改善了悬崖村72户人家的福利。经济上的不合意并没有阻止这类项目的落地完成，这是由于这72户人家希望钢筋天梯能够修建，因为他们希望得到特定的、有限的收益，接受转移支付的欲望是他们的行为动机。在悬崖村钢筋天梯这一事件中，由政府提供公共服务，遭到民意裹挟，在经济上无疑是极其低效的。令人遗憾的是，在政治上也不合意，这72户人家有了钢筋天梯以后，要世代留在悬崖村，显然不符合改善民生的政治诉求。如果说由政府提供公共服务存在被民意裹挟的可能性，那么引入社会力量参与治理是否可以缓解或者说改善公共服务供给低效的现状呢？

由以上分析可知，政府独自以传统的方式提供公共服务，无论是官僚之间互投赞成票造成公共服务供给过剩，还是民意裹挟公共政策造成公共服务供给低效，都不是善治的积极表现。我们知道，帕累托效率未必总是指向公共利益最大化，但是厘清传统公共服务供给决策过程与帕累托效率之间的关系，有助于我们理解官僚之间互投赞成票的产生机理以及对效率的影响，所以对其分析还是必要的。

4.3.3 传统公共服务供给决策过程与帕累托效率分析

布坎南与塔洛克在《同意的计算—立宪民主的逻辑基础》中反复提到"一致同意"（unaminity），该规则指每个人都同意的集体决策规则，如果个人意愿用投票来表达，即全票赞成。布坎南与塔洛克的公共物品理论的逻辑起点是：一致同意规则下的自愿交易。其中在私人物品方面，自愿交易发展出竞争性市场制度，而在公共物品方面，自愿交易发展出一致同意规则下的集体决策制度。公共服务供给具有"不可分性"，其决策过程是集体参与的过程。有关主流经济学的公共物品理论建基于帕累托效率的基础之上，而一致同意规则下的集体决策恰恰与帕累托效率规则下的决策有异曲同工之妙。这是因为，布坎南与塔洛克的一致同意规则的前提假设是任何人的外部成本为零，即没有人受到来自他人的强制。也可以这样理解，任何偏离一致同意的决策，都将导致至少一个人要承受来自他人的强制，即外部成本，此时外部成本不再为零。而帕累托效率指任何偏离帕累托效率的决策，都将导致至少一个人的状况变得更差。如果说帕累托效率是竞争性私人物品的效率标准，那么一致同意无疑是公共物品集体决策的效率标准。布坎南在其《宪政经济学》中曾指出："如果我们把帕累托的分类法换成维克塞尔的语言，则我们可以说，如果存在着真正的困境，那么从理论上说肯定能够进行某种得到共同体全体成员同意的变革。提议对现行规则进行变革，至少从理论上有可能得到'一致同意'"。① 这段话正是我们此前分析过的帕累托效率与一致同意规则的等价关系。"只有采用全体一致原则，集体决策才会产生必然是帕累托最优的改变"。②

我们知道政府的集体决策项目在数量上是离散的，所讨论的项目只有"同意"和"不同意"这两种情况，如果尝试把"不同意"的项目变成"同意"，就会涉及选票交易，也就是互投赞成票。然而，官僚之间以互投赞成票捆绑项目的形式进行选票交易，使得原本离散型的项目决策具有了某种类似于在数量上连续可变的特征，意味着原本僵化的"同意"和"不同意"式的投票决策能够以互投赞成票的方式进行调整。

---

① ［美］詹姆斯·M·布坎南. 宪政经济学［M］. 冯克利等，译. 北京：中国社会科学出版社，2004.154—155.
② ［美］詹姆斯·M·布坎南，戈登·塔洛克. 同意的计算—立宪民主的逻辑基础［M］. 陈光金，译. 北京：中国社会科学出版社，2000.207.

4.3.3.1 一致同意

首先，我们只讨论由三个官僚组成的决策层简化模型来分析一致同意规则，假设官僚A主管市政道路，官僚B主管森林防火，官僚C主管城市环保，待通过的政府项目分别为：市政道路、森林防火、城市环保。显然，官僚A、官僚B、官僚C对以上三个项目持有不同偏好且偏好强度不同，其偏好组合如表4.2所示，

表4.2 官僚A、官僚B、官僚C对项目的偏好

	市政道路	森林防火	城市环保
官僚 A	100	50	0
官僚 B	0	100	50
官僚 C	50	0	100

如果市政道路、森林防火、城市环保在数量上具有某些连续可变的特征，那么结合政府的集体决策项目可以预见，官僚A、官僚B、官僚C将根据以上三种公共物品的数量通过互投赞成票的交易方式进行调整，交易的结果可能是60单位市政道路、60单位森林防火、60单位城市环保，也可能是80单位市政道路、70单位森林防火、75单位城市环保等情况，具体交易结果取决于官僚A、官僚B、官僚C对以上三种公共物品的偏好、偏好强度、三方的谈判能力、来自上级的财政支持、来自民众诉求的迫切程度等等。

现假设官僚A、官僚B、官僚C就这三项进行投票表决，A提出"100单位市政道路、50单位森林防火、0单位城市环保"的项目，如果官僚B与官僚C要么"同意"，要么"不同意"，那么官僚A、官僚B、官僚C无法就以上三种公共物品的数量进行调整。如果使用"一致同意"的决策规则，官僚B与官僚C拒绝，那么该项目就无法通过。可以想见，如果官僚A主管的公共服务不能通过，那么官僚B与官僚C主管的公共服务能够通过的可能性也不会太大，因为官僚A可能不会配合通过。也可以这样理解，存在这样一种可能，即官僚A、官僚B、官僚C主管的相关

公共服务均不能落地,这对三人来说显然是最差的一种决策结果。因此,官僚B与官僚C的理性选择是"同意",并在随后官僚B提出"0单位市政道路、100单位森林防火、50单位城市环保",以及官僚C提出"50单位市政道路、0单位森林防火、100单位城市环保"的项目时,官僚A也将选择"同意",以此作为对官僚B与官僚C接受自己项目的某种"政治回报"。布坎南与塔洛克在《同意的计算——立宪民主的逻辑基础》是这样解释互投赞成票的,"对于任何个别的投票者来说,所有可能的项目都可以按照他的兴趣强度来排列。如果他在某个其偏好很弱的领域接受一种与其愿望相反的决定,以便在一个感觉更为强烈的领域换得他所喜欢的决定,那么他的福利就能得到改进。因此,投票人之间的种种通过讨价还价而达成的协议能够使各方共同受益。"① 毫无疑问,官僚之间的互投赞成票从根本上说是对自身福利的有效改进。显然,官僚A、官僚B、官僚C的提案最终都将在数量上进行调整,而调整的结果一定是三方共同认可的——一个稳定的均衡。

4.3.3.2 简单多数

其次,我们来讨论更一般情况分析简单多数规则,官僚A、官僚B和官僚C只是决策层的三个官僚,而在这个决策层里还有其它官僚。即除了官僚A、官僚B和官僚C,还存在官僚D、官僚E、官僚F等等。我们也可以将除官僚A、官僚B、官僚C之外的所有官僚作为一个官僚群体Z来考虑,Z的偏好为25单位市政道路、35单位森林防火、45单位城市环保。如果采取简单多数规则,那么官僚A、官僚B和官僚C为了形成多数联盟,会以互投赞成票的方式以推动自己偏好的项目得到通过。引入官僚群体Z参与其中的情况,甚至"100单位市政道路、100单位森林防火、100单位城市环保"的项目也有通过的可能,因为在这种情况下,官僚群体Z将被迫分担一部分公共物品成本。由此可见,官僚A、官僚B、官僚C以互投赞成票的方式使得项目获得通过概率大大提高。我们看到,无论是使用一致同意规则,还是使用简单多数(基于各方参与人其

---

① [美]詹姆斯·M·布坎南,戈登·塔洛克.同意的计算——立宪民主的逻辑基础[M].陈光金,译.北京:中国社会科学出版社,2000.160—161.

有偏好上的对称性的前提）规则下，都实现了帕累托效率的结果。在当前的政府实践当中，项目往往是以"一揽子"公共物品集的形式出现，开一次会议鲜有只讨论一件事的情况，所以很少会有"一事一议"的形式。"一揽子"公共物品集的决策过程，使得"互投赞成票"有了赖以生存的土壤，导致公共服务供给过度。这是由于现代官僚型治理，是当代治理体系的一种普遍形式。它按照一定的法理契约，建立起一套韦伯式的官僚科层结构，通过去人性化、统一思想、层级制结构、制度化管理、组织分工、数据文牍、对公共资源的掌控、将官僚意志转化为国家治理实践。但大型的官僚体制并非完美无缺，在缺乏有效监管的情况下，官僚也会异化，偶尔也会把自己的意志而不是国家或民众的意志体现到工作当中，简单多数规则尽管实现了帕累托最优，但依然是公共物品更倾向于供给过度。

4.3.3.3 民意裹挟

最后，我们简单讨论下官僚的决策行为不是出于主观偏好以及偏好强度的情况，比如上文提到的民意裹挟公共政策。随着网络的兴起，舆论传媒发挥了前所未有的传播能力，目前很多由民意裹挟公共政策的政府项目能够得到迅速通过，往往源于媒体掐头去尾、断章取义式的报道，导致公共服务供给低效，尽管决策效率是前所未有的高效。然而，以这样的方式形成的决策高效虽然符合一致同意规则，这个一致同意却不是主观上的一致同意，而是遭受民意裹挟后的一致同意，所以，这样的一致同意虽然在形式上符合帕累托效率却依然难改其内容上的低效甚至无效。修建钢筋天梯并不是官僚 A、官僚 B 和官僚 C 的分管领域，所以对于该项目根本谈不上偏好或者偏好强度。然而，经过媒体大肆报道，从讲政治的角度考虑，每个官僚都懂得大势不可逆，不但要修，而且要修好。所以，即使内心并不支持修建，但表现出来的支持程度往往不会低于自己分管领域的项目，且中间并不需要妥协让步、讨价还价，很快就会达成共识，无论使用一致同意规则还是使用简单多数规则都会高效通过本不该通过的项目，具备帕累托效率的特征。

综上所述，无论政府项目决策过程使用一致同意规则，还是使用简单多数规则（基于官僚们具有偏好以及偏好强度上的对称性的前提），只要存在官僚之间互投赞成票的决策方式以及民意裹挟公共政策的现象，均可以实现帕累托效率。然而令人遗憾的是，实现帕累托效率的同时伴随着公共服务供给过度和低效，以帕累托最优的表象掩盖了其对公共利益的偏离，民主社会中的集体决策问题似乎没有完美解。尽管许多官僚按照自己理解的方式自认为在服务于公共利益，但这并不等同于：他们仅受个人私利动机的驱动，或者他们天然地就具有公共服务的精神。在现实中，这两个状态恰好是坐标的两个极，他们最大的可能是处于两极之间的某一点。如果有一个合适的制度安排，那么，他们的私人动机将引导他们按照他们自己确信的公共利益行事，即便这些动机跟其它官僚的动机相似，即部分地源于个人利益。因此，公共利益是否真正被弘扬，主要取决于那些为实现公共利益的社会制度的设计和运行效率，也就是说不该对官僚或者说对人有过高的不切实际的期望。社会本身不能确保，仅仅指派一些人服务于公共利益，而这些人就恰恰愿意提供服务。①

4.3.4 小结

从本节官僚互投赞成票、民意裹挟公共政策、以及传统公共服务供给的帕累托最优分析来看，官僚组织难以克服对官僚激励不足的客观事实，使得集体决策模式下的公共服务供给会不可避免地造成对公共性的扭曲、公共利益受损，官僚寻租腐败，导致供给陷入低效或无效。在现有官僚集体决策的行政模式下想优化完善公共服务供给，我们发现制度瓶颈无法超越，所以说，打破政府垄断公共服务供给势在必行。PPP 源于政府再造运动，新公共管理理论是其理论支撑，1970 年代后期，美国卡特政府期间，将政府与社会资本合作（PPP）的概念首次落实到实践中。部分地利用盈利性或非盈利性社会资本来提供公共服务，无论政府或者政治制度是否因此而发生改变，PPP 都是值得推广的。社会资本参与提供公共服务的主要价值在于可以削弱传统上由政府独家提供所造成

---

① [美] 安东尼·唐斯. 官僚制内幕 [M]. 郭小聪等, 译. 北京：中国人民大学出版社，2006.92.

的垄断权力，以及由政府特定政治程序通过的项目所造成的供给低效和无效。管理主义的核心思想从根本上说，是政治人物所信仰的意识形态，由于大众对官僚制的繁文缛节已经失去耐心，而效率至上的管理主义恰逢其时，成为社会愿意接受的观点，因此在实践当中予以广泛推广。

4.4 本章小结

传统公共服务供给面临的融资、管理、治理掣肘提醒我们，公共服务供给想完全融入复杂的公共治理体系似乎还有很长的路要走，要经历从传统公共行政—新公共管理—新公共治理范式的转换。同时这些掣肘也非常严肃地指出了公共服务供给不能由政府独家垄断供给。此外，既往新公共管理范式下的政府再造，企业家式政府过于强调效率忽视公共利益显然不能完美解决供给有效问题。可以肯定，世界上没有任何一个政府能够免于寻租腐败和缺乏伦理道德的问题，虽然在程度上有差异，但是本质上大致类似。[1] 随着更多具有私利倾向的人被任命到公共部门，公共服务供给建立在企业化模式下，不但不能解决供给有效问题，反而会加重寻租腐败和不道德行为。所以说以企业化改革的方式再造政府，不但不能医治传统政府独家垄断公共服务供给所造成的供给低效无效的疾病，反而会要了政府的命，企业化运作政府让我们付出相当大的道德代价。至今尚没有直接的证据表明，所谓的公共部门企业化运作或者雇用有强烈的私利倾向的人来从事公共服务供给会产生更大的效率、效益、效能。公共服务供给不合意在一定程度上会导致民众不会像以往那样尊重政府，意味着政府的合法性下降。如果公共服务供给既不能由政府垄断还不能用政府再造的方式加以解决，那么治理将偏离善治的轨道，PPP 无疑是力挽狂澜的伟大制度供给创新。

---

[1] ［美］乔治·弗雷德里克森. 公共行政的精神 [M]. 张成福等，译. 北京：中国人民大学出版社，2003：158.

参考文献：

[1] 2015全国人大地方债调研报告

[2] [美]戈登·图洛克.收入再分配的经济学[M].范飞等,译.上海:上海人民出版社,2008.42.

[3] [以]阿耶·L.希尔曼.公共财政与公共政策[M].王国华,译.北京:中国社会科学出版社,2006.116-124.

[4] [美]约瑟夫·E.斯蒂格利茨.公共部门经济学[M].郭庆旺等,译.北京:中国人民大学出版社,2012.120-126.

[5] Buchanan,J.M.(1976).Barro on the ricardian equivalence theorem.Journal of Political Economy,84(2),337-342.

[6] [以]阿耶·L.希尔曼.公共财政与公共政策[M].王国华,译.北京:中国社会科学出版社,2006.128-133.

[7] 贾康,苏京春.供给侧改革—新供给简明读本[M].北京:中信出版集团,2016.101.

[8] 这部分的分析框架借鉴了戈登·塔洛克的《公共选择-戈登·塔洛克论文集》—《争夺援助》城市道路维护的分析框架

[9] Tullock,G.(1969).Federalism:problems of scale.Public Choice,6(1),19-29.

[10] Pennock, & Roland,J.(2010).Federal and unitary government-disharmony and frustration.Behavioral Science,4(2),147-157.

[11] [美]道格拉斯·诺思.制度、制度变迁与经济绩效[M].刘守英,译.上海:三联书店,1994:8.

[12] Samuelson,P.A.(1954).The pure theory of public expenditure.Review of Economics & Statistics,XXXVI(4),387-389.

[13] [美]曼瑟尔·奥尔森.集体行动的逻辑[M].陈郁,译.上海:上海人民出版社/格致出版社/上海三联书店,1995.13-14.

[14] [美]曼瑟尔·奥尔森.集体行动的逻辑[M].陈郁,译.上海:上海人民出版社/格致出版社/上海三联书店,1995.25.

[15] [芬]汉努·努尔密.政治经济学模型[M].赵钟宜等,译.上海:上海人民出版社/格致出

版社,2010.179-182.

[16][以]阿耶·L.希尔曼 公共财政与公共政策:政府的责任与局限[M].王国华,译.北京市:中国社会科学出版社,2006.100-101.

[17]Tideman,T.N.,& Tullock,G.(1976)."a new and superior method for making social choices.".Journal of Political Economy,84(6),1145-1159.

[18][以]阿耶·L.希尔曼 公共财政与公共政策:政府的责任与局限[M].王国华,译.北京市:中国社会科学出版社,2006.103-104.

[19][美]保罗·萨缪尔森,威廉·诺德豪斯.经济学[M].萧琛等,译.北京:中国发展出版社,1991.83-84.

[20][美]帕特里夏·英格拉姆.公共管理体制改革的模式[A].国家行政学院国际交流合作部编译.西方国家行政改革述评[C].北京:国家行政学院出版社,1998.62-63.

[21][美]查尔斯·T·葛德塞尔.为官僚制正名——一场公共行政的辩论[M].张怡,译.上海:复旦大学出版社,2007.96-104.

[22]Bellone,C.J.,& Goerl,G.F.(1992).Reconciling public entrepreneurship and democracy. Public Administration Review,52(2),130-134.

[23][德]马克斯·韦伯.新教伦理与资本主义精神[M].于晓,译.上海:三联书店,1987.7-8.

[24][英]罗伯特·克里特加德.控制腐败[M].杨光斌,译.北京:中央编译出版社,1998.51.

[25]周黎安.中国地方官员的晋升锦标赛模式研究[J].经济研究,2007(07),36-50.

[26][美]约瑟夫·E·斯蒂格利茨.公共部门经济学[M].郭庆旺,译.北京:中国人民大学出版社,2012.170-173.

[27][美]安东尼·唐斯.官僚制内幕[M].郭小聪等,译.北京:中国人民大学出版社,2006.82.

[28][美]戈登·图洛克.收入再分配的经济学[M].范飞等,译.上海:上海人民出版社,2008.41-44.

[29][美]詹姆斯·M·布坎南.宪政经济学[M].冯克利等,译.北京:中国社会科学出版社,2004.154-155.

[30][美]詹姆斯·M·布坎南,戈登·塔洛克.同意的计算——立宪民主的逻辑基础[M].陈光金,译.北京:中国社会科学出版社,2000.207.

[31][美]詹姆斯·M·布坎南,戈登·塔洛克.同意的计算——立宪民主的逻辑基础[M].陈光金,译.北京:中国社会科学出版社,2000.160-161.

[32][美]安东尼·唐斯.官僚制内幕[M].郭小聪等,译.北京:中国人民大学出版社,2006.92.

[33][美]乔治·弗雷德里克森.公共行政的精神[M].张成福等,译.北京:中国人民大学出版社,2003:158.

第 5 章

基于对新公共管理反思下的 PPP 模式构建

在上一章我们从融资、管理、治理的维度分析讨论了在传统公共行政范式下政府独家提供公共服务的掣肘，以 PPP 的方式提供公共服务是当前治理变革的方向。我们知道，PPP 是新公共管理范式下公共服务供给的一种创新模式，然而，受范式所限，PPP 依然有很多无法克服的缺陷需要反思与重新构建。政府与社会资本合作单就公共性而言，所有的组织都是公共的。[①] PPP 是分享或重新分配风险、成本、效益、资源和责任的管理机制，不是一般人所理解的单纯的跨部门参与，它既涵盖又超越了委托—代理契约关系，致力于以机制创新实现某种共同目标。因此，跨部门伙伴关系意味着参与者可以通过协商缔结合作发挥 1+1＞2[②]、1+1+1＞3[③] 的资源整合优势。PPP 的表现形式，具有对非公共部门主体"让利"的直观特征，但正是由于非公共部门的伙伴式参与，如处理得当，将带来"好事做实，实事做好"、"蛋糕做大"的正面效应，在"共赢中"可望实现一种公共利益的增进式"最大

---

① Bozeman，B. All organizations are public：bridging public and private organization theory. Jossey Bass Inc，1987，5.

② Bovaird，T.（2004）. Public-private partnerships：from contested concepts to prevalent practice. International Review of Administrative Sciences：An International Journal of Comparative Public Administration，70（2），199—215.

③ 贾康. PPP 模式是 1+1+1 大于 3.［N］. 新浪环保，2014 年 12 月 28 日 13：21http：//news. sina. com. cn/green/2014—12—28/132131336601. shtml.

化"。由于在实践中，我国公共服务供给刚好处于新公共管理范式下，本章将论述政府与社会资本合作在实践中对该理论范式的挑战。PPP 提供了私有化政策无法提供的东西：政府与社会资本的紧密合作、风险收益共担等等。尽管如此，PPP 依然是政府可供选择的各种治理形式中的一种。PPP 虽然有很多优势，但并不具有普遍的吸引力，因为在特定的情境下政府也许会发现内部生产和完全外包是更好的选择。PPP 不仅意味着在公共政策制定过程中社会资本参与的程度会比以前更高，同时也意味着我们要积极面对 PPP 对治理的挑战以及探索 PPP 实现善治的可行路径。本章在对传统公共行政与新公共管理反思的基础上，在新公共治理框架下对 PPP 的融资、管理、治理重新做一些思考和构建。经过范式的转换，传统公共行政范式带来的公共服务供给问题，在新公共管理框架下得到了部分改进，但同时也衍生了一些新问题。本章依然从融资、管理、治理的维度提出善治的构想，以期 PPP 获得社会资本的广泛认同，从而大力推广 PPP。

5.1 融资构建

2016 年 12 月 9 日，财政部在昆明召开全国财政系统 PPP 工作推进会暨示范项目督导会。在会议中，财政部认为现在民营资本参与 PPP 不高，亟待拉动社会资本跟进。当前公共服务供给融资领域投资期限长，使 PPP 项目对中长期融资需求尤为强烈，然而金融机构对提供中长期的贷款兴趣不大，特别是伴随着利率市场化的不断深入，金融机构对中长期贷款进行更多的风险规避。即便有金融机构对 PPP 项目放贷感兴趣，由于 PPP 项目中长期融资的约束条件极为繁琐，导致 PPP 项目融资难等问题进一步凸显，不容小觑。我们知道，融资是 PPP 的首要功能，有关 PPP 的融资模式只要适合当地的政治经济发展条件就是好模式，没有一定之规，没有纯粹意义上的好坏对错之分，适合即可。此外，在适合的前提下，融资一定要发挥好"四两拨千斤"的杠杆作用，带动社会资本参与公共服务供给，同时，要允许社会资本在信守合同的前提下获得"非暴利但可接受"收益，这才是 PPP 吸引社会资本的关键所在，也是 PPP 长期可持续健康发展的必要保证。

5.1.1　拉动民间资本跟进

招标的本质是以较低的价格获得最优的货物、工程和服务，从中择优选定项目中标人的行为过程。这个初衷是美好的，然而在实际操作过程中，企业为了中标不惜以低于成本价参与竞争，当前有句比较流行的话，"饿死同行，累死自己，坑死甲方"。这种低于成本价的中标导致无序竞争、寻租腐败、工程偷工减料，最终伤害的还是公共利益。更有甚者，企业低于成本价中标以后，在未来的施工中通过不断地"变更"调整总的工程价格，也就是说实际总价并不低，只是分期分批地将实际总价从中标价抬高到合理价格，或者抬高到暴利价格。更有甚者，最后是以政府购买的方式结束合作。这个在实践当中很难监管，已经成为业内惯例。能够这样运作的企业一定是事先有把握跟政府里应外合的企业，寻租腐败隐含期间。如果在工程的运行当中，没有"变更"机制，或者说"变更"得到严格的监管，工程用料严格按照合同标准提供，那么也许最低出价是一个完美因素，然而实践并非如此运作，所以有必要对招投标机制进行改革。此外，公共服务提供主体被强制要求参与竞争性投标的做法，已经导致了很多对抗的形式，这种现象可能会削弱伙伴关系的精神内核。伙伴关系的形式、权力结构和执行都是非常重要的。

思考：到底是政府出资供给公共服务，还是社会资本出资供给公共服务，PPP 实践对初衷的偏差是敦促我们重新思考 PPP 的契机，PPP 在当前被隆重推出的最重要原因是缓解政府财政压力，拉动民间资本跟进，而实际却成了变相的更大规模的政府采购。政府如何带动社会资本跟进？如何发挥"四两拨千斤"的作用？是当前政府思考的重中之重。还有一个不容忽视的问题是前期社会资本出资比例比政府高，所以社会资本有较大的主导权，然而政府最终买单意味着政府可能购买了一些自己并不十分满意的东西。既往的中标价格作为重要参考维度导致了低价中标者伤害优质社会资本的不合意结果，如果以禁止政府购买为前提，项目价格经过实践论证且既定，以公开的方式向社会招标，以出资占项目总投资比例最高者作为中标的重要依据之一是否可行呢？

5.1.1.1 四两拨千斤

PPP之所以能迅速蹿红，主要因为它契合当前中国几个方面的现实背景：对应加速我国城镇化进程所带来的公共服务和公共设施的融资需求；化解地方政府的债务压力；敦促政府加快改革并提升政府资金使用效率以改善民生。[①] PPP是政府与社会资本合作，是否可以一改过去的低价者中标，寻求一种更适应当前形式的招标机制，即政府通过第三方咨询机构，通过做项目的可行性报告，财政能力支付报告，将项目的价格确定下来，然后邀请企业过来，以社会资本投资占总投资比例最高为中标的重要依据，这样可以拉动更多的民间资本跟进，并有效甄别筛选并防止实力不够雄厚的资本进入公共服务供给，现在的PPP制度创新就是要打开这样的制度空间。经济新常态下社会资本做聪明投资应该着眼于补短板，增获利，挖潜能，提效率，转主体。政府要更充分地尊重市场规律，以政府的理性供给管理为侧重点，让市场成为充分起作用的主体，提升总体绩效。[②]

SPV的股权结构是在天然具有混合所有制各种特征的同时，又天然地避免国有股权"一股独大"，因为国有股参与的动机是发挥"四两拨千斤"的杠杆效应来拉动、引致社会资本大量跟进，杠杆系数越大，相关政府的业绩会更好，因此社会资本在PPP中通常会成为股权结构里的"大头"，甚至是绝大多数，这也是政府乐于接受的股权安排。显然，这方面的突破式发展，也将有效淡化贴标签式的"国进民退还是民进国退"争论，这将深刻、长远地影响中国的现代化进程。[③] 然而，当前在项目招投标环节中存在的问题不仅需要变革创新，更需要形成新的制度。PPP的创新机制势必要求法治化的同步配套保障，越来越规范地依法履行项目契约，符合依法治国的基本理念。

[①] 贾康委员：政府和社会资本合作正迎来春暖花开［N］. 发稿时间：2015—03—07 02：29：00 来源：中国青年网. http://news.youth.cn/gn/201503/t20150307_6509448.htm.

[②] 贾康：PPP制度创新打开了民间资本跟进的制度空间［N］. 2015年01月16日 15：04 来源：财新网 http://opinion.caixin.com/2015—01—16/100775317.html.

[③] 贾康：PPP—制度供给创新及其正面效应［N］. 2015年05月27日 08：17 来源：光明日报 http://theory.people.com.cn/n/2015/0527/c40531—27061850.html.

"四两拨千斤"跟当前的供给侧改革看似矛盾,实则不然,我国地域辽阔,区域发展极不均衡,在东部适用的政策未必适用于西部。具体落实到是使用杠杆还是去杠杆还要根据当地的实际发展阶段和发展需要来看。我国西部,由于基础设施、公共服务供给相对落后,拉动社会资本跟进成为当前更迫切的需求,以社会资本拉动投资从某种意义上说是在还过去几十年欠下的基础设施和公共服务的旧账。然而杠杆造成的弊端在东部发达地区逐渐显现,这应该是西部地区在使用杠杆的时候需要克服并应该努力避免的。杠杆不仅仅能解政府财政资金短缺的燃眉之急,同时也能带来损害资源配置效率、产生大量无效资金需求、不断占用信用资源、抑制企业利润和新增长模式成长、导致经济不断下滑等恶果。所以,在使用杠杆发挥 PPP "四两拨千斤"的效用之时,杠杆可能带来的恶果也是我们需要反复权衡比较的因素。即便如此,PPP 拉动民间资本跟进参与公共服务供给依然是我们需要慎重使用的工具。

5.1.1.2 招标模型

假设在 PPP 项目的招投标过程中,项目总造价既定不变,投标人按要求向招标人提交所有所需资料,且投标人彼此之间不能互通有无,也就是说不知道彼此报价,出资占总投资比例最高者作为中标的重要依据(为了模型论述简单,在模型里就按照出资占总投资比例最高者中标来论述),也就是说,出资比例占有较大权重。招投标行为是一种典型的静态贝叶斯博弈。为了简化分析,首先讨论只有两个投标人的情况。

(1) 行动空间:参与者 i 申报标价 b_i,$b_i \in A_i = [0, +\infty)$,$i=1, 2$

(2) 类型空间:参与者 i 的类型 v_i 是他对意欲投标的项目自己所能出的最高价格,假设 $v_i \in T_i = [0, 1]$,$i=1$。很显然,参与者 i 知道自己的 v_i,且此信息不与他人共享。假设一个理性的投标人不大可能会报出一个比自己最高价格更高的报价,因此参与者的行动空间 A_1 与 A_2 也不会超过 $[0, 1]$。

(3) 推断:估价 v_1 和 v_2 是相互独立的随机变量,且服从 $[0, 1]$ 上的均匀分布,此信息两个参与者共享。

(4) 效用函数：参与者 i 的效用函数可以表示如下：

当 $b_i > b_j$ 时，$u_i(b_i, b_j, v_i) = v_i - b_i$

当 $b_i = b_j$ 时，$u_i(b_i, b_j, v_i) = \frac{1}{2}(v_i - b_i)$

当 $b_i < b_j$ 时，$u_i(b_i, b_j, v_i) = 0$

满足条件：$i, j = 1, 2; i \neq j$

对两个投标人出价相同（$b_i = b_j$）时的效用来说，谁最后能中标由招标人用事前商定且大家都能认可的方法裁决。这种情况下的效用是期望效用，在连续分布的情况下，出现相同报价的概率是0。

在静态贝叶斯博弈中，参与者 i 的战略可以表示为 $b_i(v_i)$，这表示参与者 i 是在每一种类型 v_i（对项目所能接受的最高出资价格）下选择投标价格 b_i。根据贝叶斯均衡定义，参与者1的战略 $b_1(v_1)$ 是关于参与者2的 $b_2(v_2)$ 的最优战略，反之亦然。也可以这样理解如果组合是 $(b_1^*(v_1), b_2^*(v_2))$ 是贝叶斯均衡，那么对于 $[0, 1]$ 中的每一个 v_i，$b_i^*(v_i)$ 应该是下面最优化问题的解：

$$\max_{b_i} \left\{ (v_i - b_i) \cdot p(b_i > b_j^*(v_j)) + \frac{1}{2}(v_i - b_i) \cdot p(b_i = b_j^*(v_j)) \right\}, \quad (1)$$

此时满足条件 $i, j = 1, 2; i \neq j$

为了对上式进行简化，对函数 $b_i(v_i)$ 和 $b_j(v_j)$ 做出具体描述。从实际操作的角度讲，对项目的意欲出资 v_i 越高，随之对项目给出的报价 b_i 也会增加，为了能将函数展开为泰勒公式，我们姑且假设 $b_i(v_i)$ 和 $b_j(v_j)$ 是严格递增且可微的函数。用一阶泰勒展式作为近似，分析一组线性贝叶斯均衡：$b_1(v_1) = a_1 + c_1 v_1$ 和 $b_2(v_2) = a_2 + c_2 v_2$。当然，线性均衡只是对此问题的一种简化，在参与者的推断为 $[0, 1]$ 上的均匀分布条件下，这样的线性均衡存在且唯一。在一般情况下，参与者可以任意选择其战略 $b_i(v_i)$ 的函数形式。

由于 v_i 服从 $[0, 1]$ 上的均匀分布，因此 $b_i(v_i)$ 服从 $[a_i, a_i + c_i]$ 上的均匀分布（$i = 1, 2$）。由 $P(b_i = b_j^*(v_j)) = 0$ 可知，出现相同报价的概率为0。现在假定参与者 j 的最优战略为 $b_j^*(v_j) = a_j^* + c_j^* v_j$，于是对每一个类型 v_i，由（1）可

知，参与者 i 的最优反应报价 $b_i(v_i)$ 是下述最优化问题的解：

$$\max_{b_i}(v_i - b_i) \cdot p(b_i > b_j^*(v_j)) \tag{2}$$

此外，参与者 i 知道参与者 j 的报价范围是 $[a_j, a_j + c_j]$，所以，参与者 i 的报价 b_i 应该比参与者 j 的最低报价 a_j 高，否则报价就失去了意义，而报价 b_i 超过参与者 j 的最高报价 $a_j + c_j$ 又显然缺乏理性，所以应该有 $a_j \leq b_i \leq a_j + c_j$，这样一来（2）的概率就成为

$$p(b_i > b_j^*(v_j)) = p(b_i > a_j^* + c_j^* v_j) = p\left(v_j < \frac{b_i - a_j^*}{c_j^*}\right) = \frac{b_i - a_j^*}{c_j^*}$$

（2）式变为 $\max_{b_i}(v_i - b_i) \cdot \dfrac{b_i - a_j^*}{c_j^*} = \max_{b_i} \dfrac{-b_i^2 + (v_i + a_j^*)b_i - v_i a_j^*}{c_j^*}$

求极大的一阶条件，可得出参与者 i 的最优反应为 $b_i^* = \dfrac{1}{2}(v_i + a_j^*)$。由于 $b_i^* \geq a_j^*$，从最优反应的结果来看，如果出现参与者 i 的意欲最高报价 $v_i < a_j^*$（a_j^* 为参与者 j 的最低报价）情况，参与者 i 的报价至少取 $b_i^* = a_j^*$。从而参与者 i 的报价至少取 $b_i^* = a_j^*$。从而参与者 i 的最优反应可表示为：

当 $v_i \geq a_j^*$，$b_i^*(v_i) = \dfrac{1}{2}(v_i + a_j^*)$

当 $v_i < a_j^*$，$b_i^*(v_i) = a_j^*$

参与者 j 的最优战略 $b_j^*(v_j) = a_j^* + c_j^* v_j$，$b_j^*(v_j)$ 是严格递增的，因此 $c_j^* > 0$，a_j^* 的取值受到限制。如果 $0 < a_j^* < 1$，从上述得到最优反应的表达式看出，参与者 i 的最优反应战略 $b_i^*(v_i)$，当 $v_i < a_j^*$ 时，$b_i^*(v_i) = a_j^*$ 是一段水平直线，后半段开始呈线性增加（斜率为 $\dfrac{1}{2}$），这违反了 $b_i^*(v_i)$ 是严格递增的假设。要求线性贝叶斯均衡，因此应该排除 $0 < a_j^* < 1$ 的情形。

如果 $a_j^* \geq 1$，同时 $c_j^* > 0$，此时 $b_j^*(v_j) = a_j^* + c_j^* v_j > v_j$（此时，$v_j$ 在 $[0, 1]$ 中取值），表明报价 b_j^* 超过了意欲最高出价 v_j，这对于参与者 j 来说肯定不是最优战略。所以，如果要求 $b_i(v_i)$ 是严格递增的线性形式，那么一定有 $a_j^* \leq 0$，这时 $v_i < a_j^*$ 是不可能发生的。参与者 i 的最优反应只能是 $b_i^*(v_i) = \dfrac{1}{2}(v_i$

$+a_j^*$),而由战略概念有$b_i^*(v_i)=a_i^*+c_i^*v_i$,从而有$\frac{1}{2}(v_i+a_j^*)=a_i^*+c_i^*v_i$,比较这个关于变量$v_i$的方程两端的系数,可得$a_i^*=\frac{1}{2}a_j^*$以及$c_i^*=\frac{1}{2}$。

对于参与者i和参与者j具有对称性,将i和j位置互换,又可得到$a_j^*=\frac{1}{2}a_i^*$,$c_j^*=\frac{1}{2}$。由得到的四个结果,可得线性形式最优反应战略中的系数为

$$a_i^*=a_j^*=0,\ c_i^*=c_j^*=\frac{1}{2}$$

因此,可求得招投标博弈的线性贝叶斯均衡为

$$b_1^*(v_1)=\frac{1}{2}v_1,\ b_2^*(v_2)=\frac{1}{2}v_2 \tag{3}$$

以上讨论的是在推断为服从[0,1]上的均匀分布条件下产生的招投标线性贝叶斯均衡。每个参与者i的均衡报价b_i^*是其对项目估价v_i的一半。在均衡情况下,项目将为出价最高的投标人获得,从报价活动依赖类型(投标人对项目的估价)的关系分析,项目由意欲出资较高的投标人获得,但政府只能得到中标人意欲出资的一半。

假定意欲最高出资额v_1和v_2是相互独立的随机变量,且服从[0,1]上的均匀分布,参与者i的战略$b_i(v_i)$是严格递增且可微的函数,以下推导对称的贝叶斯纳什均衡,一个对称的贝叶斯纳什均衡指一个单一函数$b(v_i)$,使参与者1的战略$b_1(v_1)=b(v_1)$,参与者2的战略$b_2(v_2)=b(v_2)$,并且此单一战略是其自身的最优反应。虽然双方都运用同一战略,但由于两个参与者的意欲最高出资额v_1和v_2一般是不一致的,所以他们的报价一般也不相同。

假如参与者j选择$b(v_j)$,于是对每一类型v_i,参与者i的最优反应报价$b_i(v_i)$应该是下述最优化问题的解:

$$\max_{b_i}(v_i-b_i)\cdot p(b_i>b(v_j)) \tag{4}$$

函数$b(v_j)$表示参与者j持有意欲最高出资额v_j时的报价b_j,其反函数$b^{-1}(b_j)$表示参与者j在选择报价为b_j时相应持有的意欲最高出资额,即如果$b_j=b$

(v_j)，则 $v_j = b^{-1}(b_j)$。由于 v_j 服从 $[0, 1]$ 上的均匀分布，则 (4) 中的概率可做如下的转换：

$$p(b_i > b(v_j)) = p(v_j < b^{-1}(b_i)) = b^{-1}(b_i)$$

从而 (4) 变为 $\max\limits_{b_i}(v_i - b_i) \cdot b^{-1}(b_i)$

利用求极大值的一阶条件有 $-b^{-1}(b_i) + (v_i - b_i) \cdot \dfrac{db^{-1}(b_i)}{db_i} = 0$ \hfill (5)

如果参与者 j 选择战略 $b(v_j)$，那么对于参与者 i 的每一种估价 v_i，他都不希望背离战略 $b(v_i)$，将 $b_i = b(v_i)$ 代入 (5) 得

$$-b^{-1}(b(v_i)) + (v_i - b(v_i))\dfrac{db^{-1}(b(v_i))}{db_i} = 0$$

由于 $b^{-1}(b(v_i)) = v_i$，再对 $b_i = b(v_i)$ 求微分，有 $db_i = b'(v_i) dv_i$，于是得 $\dfrac{dv_i}{db_i} = \dfrac{1}{b'(v_i)}$。

(5) 就转化为战略 $b(v_i)$ 必须满足的一阶微分方程：$-v_i + (v_i - b(v_i)) \cdot \dfrac{1}{b'(v_i)} = 0$，整理以后可得 $b'(v_i) \cdot v_i + b(v_i) = v_i$，也就是 $\dfrac{d[b(v_i) \cdot v_i]}{dv_i} = v_i$。对上式两端左右同时积分求得 $b(v_i) \cdot v_i = \dfrac{1}{2}v_i^2 + C$（$C$ 为积分常数）。因为参与者 i 绝不会出高于自己意欲最高出资额 v_i 的报价 b_i，即 $b(v_i) \leqslant v_i$。当 $v_i = 0$，$b(0) \leqslant 0$。又因为报价一定是非负数，于是有 $b(0) = 0$。积分常数 C 由此确定为 0，对称战略 $b(v_i) = \dfrac{1}{2}v_i$。由于两个参与者采用的是相同战略，最终可导出该博弈的对称贝叶斯均衡为

$$b_1^*(v_1) = b(v_1) = \dfrac{1}{2}v_1, \quad b_2^*(v_2) = b(v_2) = \dfrac{1}{2}v_2$$

上式给出的结果是保持推断为 $[0, 1]$ 上的均匀分布，两个参与者采用同一战略 $b(v_1)$ 和 $b(v_2)$ 是在严格递增且可微条件下，放宽战略函数的可微假设，即对称的贝叶斯均衡。与式 (3) 对照可知，这个结果与线性贝叶斯均衡完全一致。

对称的贝叶斯均衡还可以推广到 n 个投标人情形中，假定参与者 i（$i = 1, 2, 3$,

…，n）对公共服务的意欲最高出资额 v_i（类型）是相互独立的随机变量，且都服从 $[0, 1]$ 上的均匀分布，参与者 i 估价为 v_i 时的报价为 $b_i=b(v_i)$。参与者 i 的期望收益函数为 $(v_i-b_i) \cdot \prod_{j \neq i} p(b_i > b(v_j))$

$$= (v_i-b_i) \cdot \prod_{j \neq i} p(v_j < b^{-1}(b_i))$$

$$= (v_i-b_i) \cdot [b^{-1}(b_i)]^{n-1}$$

记 $ø(b_i)=[b^{-1}(b_i)]^{n-1}$，参与者 i 的期望收益函数 $(v_i-b_i) \cdot ø(b_i)$ 的最优化的一阶条件为

$$-ø(b_i) + (v_i-b_i) \cdot \frac{dø(b_i)}{db_i} = 0 \qquad (6)$$

已知 $b^{-1}(b_i)=v_i$，则 $ø(b_i)=v_i^{n-1}$，又有

$$\frac{dø(b_i)}{db_i} = \frac{d v_i^{n-1}}{db_i} = (n-1)v_i^{n-2} \frac{dv_i}{db_i} = (n-1)v_i^{n-2} \frac{1}{b'(v_i)}$$

将这些导出结果代入（6），最优化的一阶条件转化为微分方程：

$$-v_i^{n-1} + (v_i-b_i) \cdot (n-1)v_i^{n-2} \frac{1}{b'(v_i)} = 0 \text{ 经整理可得}$$

$$b'(v_i) v_i^{n-1} + (n-1)v_i^{n-2} \cdot b(v_i) = (n-1)v_i^{n-1}，即$$

$$\frac{d[b(v_i) \cdot v_i^{n-1}]}{dv_i} = (n-1)v_i^{n-1}，对上式两端同时积分，得$$

$$b(v_i) \cdot v_i^{n-1} = \frac{n-1}{n} v_i^n + C$$

仍然有边界条件：$v_i=0$，$b(0)=0$，由此可知积分常数 $C=0$，解出战略

$b(v_i) = \frac{n-1}{n} v_i$。由此产生 n 个参与者的对称贝叶斯均衡为

$$b_i^*(v_i) = b(v_i) = \frac{n-1}{n} v_i, \quad i=1, 2, \cdots, n。$$

由以上计算看到，随着投标人数 n 的增多，每个投标人在其意欲最高出资比例 v_i 的基础上的报价 b_i^* 也随之增大。尤其是，当 $n \to \infty$ 时，$b_i^* \to v_i$。可以这样理解，投标人越多，众多投标人的报价会各自提高，招标人从众多的报价中筛选出的中标报价也就越高，当投标人数趋于无穷大时，招标人将能得到中标人估价的全部。因

此，竞标的人越多越好，是招标人期望和利益所在。[①]

5.1.1.3 小结

我们看到这样的招标形式能吸引更多的潜在社会资本参与公共服务供给，也更容易将有实力的社会资本挑选出来。既往低价者作为中标的重要依据往往成为项目施工偷工减料的主因，将有实力的社会资本拒之门外，此外，既往形式的招标还有可能在项目的投融建等各个环节滋生腐败，所以说改善招投标方法是公共服务供给质量、数量、效率改进的一个契机。我们要深入思考，探求更好的模式引入到 PPP 当中，并逐步地形成立法，使 PPP 在法律的框架下有序推进。

5.1.2 非暴利但可接受收益

由于当年国内基础设施建设落后，财政资金远远不能满足建设需求，为引进外资，不少项目都有 15% 的回报率承诺，2002 年 9 月 10 日国务院对此行为，紧急叫停并明确指出："保证外方投资固定回报，不符合中外投资者的利益共享、风险共担的原则"。国务院的"及时叫停"无疑是在维护 PPP 的基本逻辑。而当前，国内的社会资本已经取代外资成为政府的伙伴，与政府一起提供公共服务。"在官言官，在商言商"。盈利是企业生存的意义。社会资本参与公共服务供给是以市场的方式进行参与，以投资取得回报，来形成其盈利追求与"社会责任"的统一，但社会资本方面必须接受 PPP 的"盈利但非暴利"原则约束。所以客观地说，不是所有企业都适合参与 PPP，只有那些有意愿和政府锁定较长期合作并接受"盈利但非暴利"的社会资本才适合以 PPP 的模式跟政府合作。[②]

5.1.2.1 企业责任

责任指有能力的主体在社会政治经济生活中应当承担的义务，以及对自己选择的不良行为应当承担的后果。现代企业制度赋予企业责任，它改变了整个社会的结构，确定了企业在整个政治经济生活中的主导地位，承担着使现代社会存续与变革

[①] 李光久，李昕. 博弈论简明教程 [M]. 镇江：江苏大学出版社，2013.152—156.
[②] 贾康. PPP：制度供给创新及其正面效应 [N]. 光明日报，2015—05—27. http://news.gmw.cn/2015—05/27/content_15791552.htm.

的重大历史使命。

Brummer, B. J. J. 将企业责任分为四种：经济责任，这是企业传统的固有责任，指股东谋求利益最大化，这也是企业的第一责任；法律责任，法律规定的有关企业的一切事物，包括行为规范与标准、股东权利等，有必要应法律的要求而牺牲利润；企业道德责任，传播社会的正能量；社会责任，承担作为社会组织结构一员所应承担的责任，但是社会责任要有"合理的边界"。

企业的社会责任不同于企业的经济责任，经济责任反映的是股东的利益，社会责任侧重体现更为广泛的公共利益。在理解企业社会责任的时候，不应该与经济责任对立起来，因为盈利是自由企业制度的应有之意，应该将二者作为相互补充与匹配的两个方面。企业通过盈利而存在的同时解决社会的就业问题并促进社会经济向前发展，但企业对利润的追求也并非毫无制约，企业只能在法律的框架下生存盈利。只有盈利、守法、乐善好施、尊重社会普世价值观的企业才是有社会责任的企业。

让社会资本承担社会责任，以"盈利但非暴利"作为目标参与 PPP 是政府改善公共服务供给、维护公共利益的美好理想。在实践中，如果公共服务供给的盈利水平不高，是否影响政府融资？政府是否可以实现这一理想呢？下面以政府向社会资本融资为例，从社会资本投资收益与机会成本的角度分析，试图讨论公共服务供给收益水平是如何影响社会资本投资决策的。

5.1.2.2 融资模型

在实践中，政府与社会资本合作并不是政府与社会资本直接签订契约，而是由政府下面的融资公司与社会资本签订合同，为了论述方便，以下将官方融资公司简称为公司，这是有别于社会资本的，由公司具体运营项目。政府与社会资本合作提供公共服务，政府承诺社会资本以入股比例为依据分享未来公共服务的收益。

假设政府需要通过公司融资提供一个新的公共服务项目，它拥有公司盈利能力的独享信息，公司以外的人只能看到利润，却无法将新的公共服务项目的收益从公司总收益中分离出来。假设公司的盈利为 g，g 有两种类型：高水平（H）和低水平（L），其中 $H>L>0$。为了对社会资本具有吸引力，假设公司需要的投资额为 I，将得到的收益为 R，社会资本的其它方式投资回报率为 r，且有 $R>I(1+r)$。转化成信号博弈时间序列安排和收益情况如下：

(1)"自然"（N）选择公司的盈利水平 H 或 L。先验概率 $p=P(g=L)$，$1-p=P(g=H)$。

(2) 政府（信号发出者）在知道公司利润水平 g 后，向潜在的社会资本提出投资公共服务的一定股权份额为 s（$s\in(0,1)$）。

(3) 社会资本（信号接收者）可以知晓 s（但不能观测到 g），社会资本关于公司的利润水平 g 有一个大致的推断（后验概率），然后做出是否接受政府提出的股权份额。

(4) 如果社会资本拒绝政府提出的股权份额，则社会资本的收益为 $I(1+r)$，政府的收益为 g（公共服务项目没有启动，公司保持原来的利润水平）；如果社会资本接受政府提出的股权份额，则社会资本的收益为 $s(g+R)$，政府的收益为 $(1-s)(g+R)$

此博弈模型的类型空间 $g=\{L,H\}$；政府的信号空间是 $S=(0,1)$，社会资本的行动空间 $A=\{a_1,a_2\}$，其中，a_1 是接受，a_2 是拒绝；先验概率是 $p=P(g=L)$，$1-p=P(g=H)$。

假设社会资本在知道政府发出的"只要投资 I 就可以得到股权份额 s 的承诺"之后，他对公司处于低盈利水平 L 的推断（后验概率）为 $\tilde{p}(g=L|s)=q$。给定这个判断，社会资本认为公司的期望水平为 $qL+(1-q)H$，这时如果投资，社会资本可以得到的期望收益为

$$s[qL+(1-q)H+R]$$
$$s[qL+(1-q)H+R]\geqslant I(1+r) \tag{1}$$

当且仅当（1）成立时，社会资本才将接受选择 s。假设公司的盈利水平为 g，政府或者以股权份额 s 为代价获得融资，从而与社会资本合作提供公共服务得到收益 R，或者放弃项目。当且仅当

$$s \leqslant \frac{R}{g+R} \tag{2}$$

成立时，政府将会以股权份额 s 为条件对公共服务项目进行融资。

下面分析这个信号博弈是否存在共用精炼贝叶斯均衡。假定存在政府的共用均衡战略 (s,s)，也就是公司不论是处于低水平 (L) 还是处于高水平 (H)，政府都会向社会资本提出同样的股权份额 s 的承诺。在观测到均衡信号 s 后，利用贝叶斯法则，社会资本可以计算出后验概率

$$q = \tilde{P}(g=L \mid s) = \frac{P(g=L)}{P(g=L)+P(g=H)} = p$$

由于社会资本了解到政府愿意以股权份额 s 获得资金 I 来提供公共服务的允要条件是（2）。当 $g=L$ 时，也就是公司处于低水平时，（2）右端变大，对于政府提出的股权份额 s 更容易成立。反过来说，当 $g=H$ 时，也就是公司处于高水平时，提供公共服务的约束式（2）更难以满足。给定后验概率 $q=P$，按照精炼贝叶斯均衡定义中信号要求 2（既考虑对发送者，又考虑对接收者），应该将（1）和（2）联合起来考虑，由此可知，只有在

$$\frac{I(1+r)}{pL+(1-p)H+R} \leqslant \frac{R}{H+R} \tag{3}$$

当（3）成立时，共用精炼贝叶斯均衡才确实存在。也就是说，政府提出的股权份额 s 的承诺只要位于（3）所构成的区间 $\left[\frac{I(1+r)}{pL+(1-p)H+R}, \frac{R}{H+R}\right]$ 中，不论公共服务项目处于 $g=L$ 还是处于 $g=H$ 的水平（类型），政府都会选择 s 去融资提供新的公共服务，这时政府的共用均衡战略就是 (s,s)，与此同时，社会资本的均衡战略是 (a_1, a_2)。均衡战略表明，如果此时政府承诺 s，社会资本选择接受 s（投资）；如果政府承诺 $s'(<s)$，社会资本选择拒绝 s'（不投资）。

注意到，对于 $0 \leqslant p \leqslant 1$，以及 $0<L<H$，总有 $L \leqslant pL+(1-p)H \leqslant H$

因此，就有 $L+R \leqslant pL+(1-p)H+R \leqslant H+R$

如果 p 足够接近 0，社会资本知道公司项目几乎处于高盈利水平 $(g=H)$ 的类型，式（3）近似成为

$$\frac{I(1+r)}{H+R} < \frac{R}{H+R}$$

也就是 $I(1+r) < R$。

这就是模型假设的基本条件之一（投资公共服务项目的收益将超过其他方式的投资收益）。因此，在 p 足够接近 0 时存在共用均衡，而且社会资本会接受政府提出的更小一些的股权份额 $s \geq \frac{I(1+r)}{H+R}$。不过，政府会十分重视社会资本在其他方式上的投资收益 $I(1+r)$，因为 $I(1+r)$ 接近投资收益 R 时，共用均衡中的股权份额将接近 $\frac{R}{H+R}$。这表明，投资新项目产生的收益 R 占高盈利水平公司开发新项目总收益 $H+R$ 的份额将被社会资本股权份额全部囊括了，对于处于高盈利水平的公司，政府如果要承诺如此大的股权份额，那么政府宁可不做这个新项目。

如果 p 足够接近 1，(3) 近似成为

$$\frac{I(1+r)}{L+R} \leq \frac{R}{H+R}$$

也就有 $\frac{L+R}{I(1+r)} \geq \frac{H+R}{R}$，不等式两端同减去 1，得 $\frac{L+R-I(1+r)}{I(1+r)} \geq \frac{H}{R}$，最后得到

$$R - I(1+r) \geq \frac{I(1+r)}{R} H - L \tag{4}$$

由此得出，当 p 足够接近 1 时，只有式 (4) 成立，式 (3) 才成立。这说明，当社会资本认为公司几乎处于低盈利水平，只有提供新的公共服务的收益超过他在其他方式上的投资收益（即式 (4) 的结果），社会资本才会接受政府提出的满足式 (3) 的股权份额，共用均衡才存在。

如果 (3) 不成立，则共用均衡不存在，那么是否存在分离均衡呢？政府的分离战略记为 s_L 和 s_H，两者分别对应公司处于低盈利水平和高盈利水平时政府对社会资本开出的股份份额的承诺。此时讨论的是分离战略，这时的（推断）后验概率总有 $\widetilde{P}(L \mid s_L) = 1$，低收益水平的公司开出 $s_L = \frac{I(1+r)}{L+R}$ 能够被社会资本接受；而在

$\tilde{P}(H|s_H)=1$ 推断下,高收益水平的公司开出 $s_H < \dfrac{I(1+r)}{H+R}$ 将会被社会资本拒绝,因为社会资本接受 s_H 得到的收益比他在其他方式上的投资收益还要低。在这样的均衡中,投资效率降低了:新的公共服务项目肯定能带来利润,但处于高盈利水平的公司却无法筹得资金,因而无法进入;相反,处于低盈利水平的公司却能够筹得资金,而进入,即投资这一新的公共服务项目。这一均衡也说明了发送者(政府)的可行信号集 $\left(0,\dfrac{I(1+r)}{H+R}\right)$ 无效率的情况是:处于高盈利水平的公司没有太多的竞争力,它的融资条件比起那些处于低盈利水平的公司缺乏吸引力。[1]

5.1.2.3 小结

社会资本投资政府新公共服务项目的前提是该类型社会资本能从此项目获得的收益大于等于其可从事的其它投资的收益,因为盈利是企业生存的第一目标。政府为了对社会资本有足够的吸引力,首先既往的信誉要好,这样能给社会资本一个适当的盈利心理预期,然后政府还要实事求是地考察当前经济发展情况以及市场的正常投资回报率,最后政府还要权衡允许社会资本持有的股权份额。有一点值得注意,不是说项目高盈利就一定能够吸引社会资本进入,有时候也会出现这种无效率的情况——"处于高盈利水平的公司没有太多的吸引力,它的融资条件比起那些处于低盈利水平的公司缺乏吸引力。"这也是我们经常看到的情况——大家眼里高盈利的好项目却无法成功融资。所以说,高盈利未必是成功吸引社会资本的法宝。政府可以在适当允许社会资本盈利的前提下推进与社会资本的合作,允许社会资本以"盈利但非暴利"的合作方式参与公共服务供给,既是政府改善公共服务供给的有利改革契机,也是社会资本承担社会责任的完美表达。

5.1.3 小结

政府的首要职责是实现公共利益与社会正义,承担国家责任,企业存在的基础是盈利,政府与社会资本能够长期合作的必要前提是合作各方能够在合作的过程中

---

[1] 李光久,李昕. 博弈论简明教程[M]. 镇江:江苏大学出版社,2013. 198—201.

获得自己想要的结果。PPP合作恰好给了政府与社会资本这样一个机会,即政府通过提供更多、更好、更广泛的公共服务实现公共利益与社会正义,承担国家责任,社会资本通过参与提供公共服务获得资本利得。合作看似简单,然而这中间的制度构建关系到社会资本对PPP的认可与接受,这将直接影响到政府的融资能力。而当前,暂不论传统上由政府独家垄断提供公共服务的弊端,但就地方财政承受能力而言,回应民众的基本公共服务诉求已经让地方政府不堪重负、难以为继。所以说,科学合理的PPP融资模式构建是地方政府化解融资难题、缓解财政压力的第一步,有了这第一步,才有政府在未来实现善治的可能。

5.2 管理构建

PPP模式下的公共服务供给利用市场机制合理分配风险,以提高公共服务在适当政府规模下的供给数量、质量和效率。合理风险分配是PPP效率最大化的前提,要求利益共享、风险分担、公开透明、公众参与监督。[①] 然而,当前PPP在实施过程中面临的风险涉及收益风险不匹配、政府与社会资本之间信息不能共享、缺乏社会资本的激励机制、法律体系不健全、制度体系不完善、PPP合同难执行等问题。法律是治国之重器,良法是善治之前提。建设中国特色社会主义法治体系,必须坚持立法先行,发挥立法的引领和推动作用,抓住提高立法质量这个关键。[②] 使政府与社会资本在法律框架下签订的合同能够有效执行,促进"全面依法治国"的法治化建设,培育契约精神和催化专业、敬业的营商文明。[③]

5.2.1 公私管理的替代性问题

公私管理的相互替代既是经济学问题,也是政治学问题,它是如何处理政府与

---

① 贾康. 合理分配风险是PPP效益最大化前提 [N]. 人民网,2015年03月09日 http://www.ccgp.gov.cn/specialtopic/pppzt/news/201503/t20150309_5063520.htm.

② 贾康. 用法律为PPP保驾护航 [N]. 政府和社会资本合作(PPP)研究中心,2015-04-13http://www.pppcenter.org.cn/llyj/zjsd/201504/111949dXh.html.

③ 贾康. PPP:制度供给创新及其正面效应. [N]. 光明日报,2015年05月27日 星期三 http://epaper.gmw.cn/gmrb/html/2015-05/27/nw.D110000gmrb_20150527_1-15.htm.

市场、政府与社会关系的问题，抑或说，如何划定政府与市场、政府与社会边界的问题。政治学侧重国家对市场的干预程度，经济学侧重混合经济，行政学侧重政府干预。不难想象，在传统公共行政时期，很多国家的政府规模都很庞大。政府规模大意味着大量的管制、大量的公共服务供给以及大量财政资金支持。政府可以通过管制规则约束私营管理，从而将私营管理限定在有限的范围内。政府可以凭借公共服务供给的目的，建立政府公司、直接介入市场竞争领域。受新自由主义思潮尤其是公共选择学派和新制度主义的影响，绝大多数公共管理学者倾向于缩小政府规模，同时放松管制，为企业、为市场提供宽松的发展空间。政府权威在这场运动中得到削弱，政府规模相应地减小，大量的政府公司相继问世，政府企业被变相出售给私人，甚至于一直以来属于政府职责的公共事务也在这场市场化的浪潮中通过签约外包的形式进入市场体系。

改革是以更活跃的私人行为来替代政府权威的公共行为。相较于传统公共行政对政府权威的崇拜，新公共管理对政府权威的怀疑意味着在不同的历史时代，理论自有适应的土壤，因此导致彼此相悖的实践模式。推崇大政府的学者强调公共管理，政府规模相应就大，反之则反是。毋庸置疑，公私管理各自的优越性是解决二者的替代性争端问题的核心。公私管理可相互借鉴但无法真正替代，这是由公私组织的差异性决定的。该问题集中体现在上世纪80年代出现在西方国家的私有化浪潮中，对市场的过分崇拜显然忽视了市场的天然缺陷，市场对外部性、公共服务供给、社会公平正义、长期的经济宏观平衡的无能为力是其主要缺陷所在。因此，即便市场具有很多政府无法比拟的优势，政府依然需要通过制定和施行公共政策来管制、管理、服务于社会，从而弥补市场失灵，这是政府存在的理由和目的，也是政府私有化的限度，即便政府因为文牍主义、繁文缛节而饱受批评，但是必要的政府枷锁一定要具备。

由于公共部门的竞争与完全竞争市场存在差异，进而限制了市场机制在公共部门的应用范围和深度。事实上，尽管私有化、市场化改革措施在许多发达经济体进行得如火如荼，但其最终效果仍是一个没有定论的话题。总之，公私管理的替代性争端说明，公私管理各有利弊，公私管理只能有限替代，如何扬长避短是政策制定者需要深度思考的。指出二者的不可相互替代并不能证明当前治理改革的市场化措施全无意义。事实上，公共领域和私域之间是相连和互动的，PPP的伙伴间风险收益共担是公私伙伴关系和责任共担的延伸。政府引入社会资本参与公共服务供给，在保证政府原有规模的前提下，扩大了公共服务供给并改善了公共服务供给效率，在理论上将政府不能内化的外部性又进一步做了内化，这是公私管理应该致力追求的共赢所在，而非单纯的讨论公私的替代或公私之间的孰优孰劣。然而，本该由政府提供的公共服务，如今引入社会资本，即便PPP有很多优势，但是委托代理问题不可避免，必备的激励机制是保障合作顺畅进行实现正和博弈的基础。

5.2.2 政府与社会资本形成委托—代理关系

委托—代理关系是指信息不对称条件下的市场参与者之间的关系，拥有信息优势的一方称为代理人，另一方称为委托人。委托—代理理论遵循这样的基本逻辑：委托人为实现自身效用最大化，将其所控制的资源的部分决策权授予代理人，要求代理人提供符合委托人利益的服务或行为。然而，代理人同样也追求自身效用最大化，在与委托人信息不对称及利益不一致的情况下，由于个人能力和努力程度不易被度量，在利益最大化动机驱使下，个人将不可避免地产生机会主义行为，将自己的利益凌驾于委托人之上，从而违背甚至损害委托人的利益，即产生代理问题。由于代理问题的存在，委托人必须建立一套行之有效的制衡机制（契约）来引导、约束、规范并激励代理人的行为，从而降低代理成本、提高代理效率，这套机制的基本路径：一是委托人事前设计契约；二是代理人根据情况既可以接受又可以拒绝契约；三是代理人努力为委托人工作；四是委托人根据结果对代理人进行支付。委托—代理理论源于信息经济学，试图用契约来描述并解决市场参与者之间由产权分离引致的激励问题。一般假定委托人是风险中性的，而代理人是风险厌恶的。

政府与社会资本的特点：

1. 理论上，政府希望社会资本尽职尽责地配合自己提供公共服务，而社会资本却希望规避经营风险实现收益最大化。

2. 政府与社会资本之间就社会资本实际努力程度的掌握,二者具有不充分、不对等性。

3. 政府与社会资本的风险偏好不同,政府希望实现公共利益,而社会资本甘愿为自身收益最大化违背政府的利益。

4. 政府与社会资本的责任不对等,社会资本可以不为政府的工作目标而努力,而政府显然要努力完成组织目标—实现公共利益。

5. 政府不能事前设置所有可能以防止社会资本违背公共利益的行为。

6. 政府可通过激励制度引导社会资本符合政府的诉求。

基于以上几点,政府与社会资本可构成委托—代理关系,双方博弈的过程就是寻找自己效用最大化的过程,直至达到均衡点为止。PPP模式下的公共服务供给的委托方是政府,代理方是社会资本。

从前面的阐述可知,委托人引导代理人行为最优化的基础,即政府引导社会资本行为最优化的基础在于双方互惠。我们知道,委托人引导代理人的行为不能仅靠合约,还需依赖合作和政治交易等,以使双方都能获得满意的效用。

1. 社会资本的行为是可以引导的。博弈各方的行为结果就是为了收益与风险共担。当努力工作可以促进自身收益、规避风险时,其最优策略就是努力,反之亦然。站在功利主义立场,趋利避险可能是社会资本的天然本能。然而,如果制定出相关的制度可以移动博弈各方的均衡点,那么这些天然的本能可以得到后天的矫正。

2. 政府与社会资本有政治合作的动机。博弈双方对不同的事物持有不同的偏好,且偏好的强度因情况而异。双方就自己对策略的偏好及该策略为自己所能带来的效用进行排序。如果一方能够放弃某个偏好很弱且效用很小的策略,以此换取对方持有的另一个对于自己来说偏好较强且效用较大的策略,那么他的福利就能得到改进;[1] 另一方面,对方如果感觉到收益风险也得到改善,那么博弈双方将以这种

---

[1] [美] 詹姆斯·M·布坎南,戈登·塔洛克. 同意的计算—立宪民主的逻辑基础[M]. 陈光金,译. 北京:中国社会科学出版社,2000.160—161.

方式去寻求共同的好处。在这里，政府需要社会资本努力配合自己为民众提供公共服务，社会资本需要获得政府认可、规避经营风险、持续稳定的收益。可见，偏好及偏好强度的这种差异性使合作成为可能，在激励的机理下持续演绎下去，双方都能通过合作获得能够满足自身诉求的东西——"交换收益、规避风险"。而且，令双方满意的合作会使下一次的合作变得更简便易行。

通过以上分析可以看出，双方的政治合作会使各方的境况变得更好。合作是以追求经济效益、规避风险为目的而存在的，设想政府与社会资本合作提供公共服务，政府当然希望社会资本努力配合自己，而社会资本则希望最大产出，最小风险，双方都希望能从对方获得自己想要的东西，这就具备了合作的基础。

5.2.3 政府在 PPP 模式下的身份定位

政府和市场要划清边界，各自要把自己的定位处理好，不要超越越界。西彦说"让上帝的归上帝，凯撒的归凯撒"，转换到这里就是让政府的归政府，让市场的归市场。如果政府管制是对社会公正及效率需求作出仁慈的、无代价的、有效的回应，是从公共利益出发而制定的管制，哪里有市场失灵，哪里就有政府相应的干预，这样的政府管制是我们需要的，也是市场机制无法取代的。不可否认，政府在处理市场失灵方面，确实具备一定的优势。

亚当·斯密（Adam Smith 1723—1790）在《道德情操论》里首次提出"看不见的手"理论，"一只看不见的手引导他们对生活必需品作出几乎同土地在平均分配给全体居民的情况下所能作出的一样的分配，从而不知不觉地增进了社会利益。"[1] 在《国富论》里斯密强调了每个个人"通常既不打算促进公共的利益，也不知道他自己是在什么程度上促进那种利益……他所盘算的也只是他自己的利益。在这种场合，像在其他许多场合一样，他受着一只看不见的手的指导……他追求自己

---

[1] ［英］亚当·斯密. 道德情操论［M］. 蒋自强，钦北愚，译. 北京：商务印书馆，1997. 230.

的利益，往往使他能比在真正出于本意的情况下更有效地促进社会的利益。"① 这两段话看起来似乎是"看不见的手"通过人的自利行为可以促进社会公共利益，这也正是很多学者对斯密的误读。亚当·斯密所指的市场里的个人，已经是"社会人"而不是"自然人"。斯密说得非常清楚，没有政府的保护，纯意义上的市场一天也存在不下去。这就是著名的市场失灵学说。既然人类天性决定了人类离开"共同体"状态，就会陷入无序的"战争状态"，那么政府从哪些方面把人类拯救出"自然状态"呢？具体来讲，抑制市场失灵，最大化公共利益，处理市场失灵和维护社会秩序和正义，当法律不能够很好地解决这些问题时，管理和管理机构就被引入发挥作用，使扭曲的资源重新配置达到帕累托最优。

然而，行政管制在许多方面是市场参与者之间的一个讨价还价过程。② 政府、公务人员、经济中的赛局参与者、公民，这四方是在一个高度制度化的环境中相互影响、相互作用、各有其利益的。③ 但我国现阶段的管制与西方成熟市场经济国家的管制有所区别，此"管制"非彼"管制"，是传承于计划经济的中国特色管制，容易滋生腐败。尽管如此，施蒂格勒在论证政府管制导致寻租的同时，也不得不承认政府在一国经济运行当中具有不可替代的作用，通过政府的资源配置功能而不是单纯靠市场去干预经济往往会使经济运行的效率更高，施蒂格勒并没有全盘否定管制，他提出了管制变革的方向——不该由政府管制的领域，政府就该尽快退出，让企业在市场竞争中配置资源；在政府管制能够纠正市场失灵的领域，政府亦该遵循效率的原则，与时俱进、因地制宜的改革管制方式，实现最佳管制。由于市场自身不可避免的缺陷所致，根本否定政府管制是不现实的，而问题的关键在于如何合理地设定政府与市场的关系。将政府与社会资本合作的模式完全交给市场，恐怕在实践中行不通，需要政府主导。过去讲政府不能越位、缺位，三中全会更是明确表达在

---

① ［英］亚当·斯密. 国民财富的性质和原因的研究（下卷）［M］. 郭大力，王亚南，译. 北京：商务印书馆，1988.27.
② ［美］丹尼尔·F·史普博. 管制与市场［M］. 余晖等，译. 上海：上海三联书店，1999.512.
③ ［英］简·莱恩. 新公共管理［M］. 赵成根等，译. 北京：中国青年出版社，2004.6.

整个资源配置中市场要发挥决定性作用。然而在 PPP 模式中，政府的裁判员、运动员身份一样也没有少，这是一个概念范式内的"螺旋式上升"，即"否定之否定"。政府与社会资本的关系经历了从直接控制到划清边界的第一重否定，再从划清边界到合作的第二重否定，螺旋式上升的"否定之否定"不是简单的回归，是政府和社会资本关系从控制到合作的创新。

政府在与社会资本合作的过程中，政府也完成了从裁判员到运动员身份的转换。我们知道，每一个项目都要经过识别、过滤、筛选、锁定，与专业机构做可行性研究基础之上的"财政承受能力论证"、"物有所值评价"，锁定合作项目以后，签订政府和社会资本作为伙伴关系的项目合同，其中包括所有相关的收益与风险分担方案，然后就进入实际的建设过程。总体上看，在不同的环节，政府的身份既是裁判员又是运动员。在前期的项目识别、信息发布、政策研讨、合作方式等方面，政府显然是裁判员身份。作为公共事务的代理人，政府凭借手上的公共权力，对辖区国土开发的通盘规划要给出充分信息，还要负责规划水平达标，并且规划要经得起时间的考验。这些是政府必须要承担的责任，形成一个政府辖区内的通盘规划、结构优化和国土开发合理化。政府要集结并整合专家意见，最后拍板，对这个规划做出决策。后续过程中，政府还要按照规范程序掌握项目运行流程，及时披露各种相关的政策信息，让有意愿参加 PPP 的社会资本做到对政策了然于胸，结合实际通盘考虑自己的生产经营策略，决定是否进入 PPP 的投资建设。

当政府与社会资本已经把合同文本都谈好签好，到正式启动 PPP 项目的时候，政府不再是裁判员，随着项目的推进转变为运动员，政府与社会资本以平等的主体身份签订合同，签约意味着作为伙伴一方，和社会资本一起，建设经营好项目。无论是政府还是社会资本都要信守合同，否则都会受到法律的制裁。在法律上，PPP 的合同就是民事合同，政府和社会资本是真正的、平等的伙伴关系，这样才可能形成长效合作机制，才可能让社会资本有信心同政府一道提供公共服务。

单就某个 PPP 项目而言，政府已经完成从裁判员到运动员的身份转换。那么当项目需要裁决的时候，裁判员在哪里？其实，跟社会资本签订合同的政府与监管裁决项目的政府可以不是一个政府，比如，与社会资本签订合同的政府可以是旅游局，可以是卫生局，还可以是城投公司，而监管项目的可以是财政局，可以是审计局，还可以是上级政府。在这里将政府的职能部门统称为政府，但此政府与彼政府不是一个政府。整个 PPP 项目运行由始至终都要处于政府的监管之下，都是阳光化的。[①] 政府与社会资本合作虽是平等主体的合作，但是二者的关系依然符合委托—代理关系。

5.2.4 委托—代理模型

假定 a 代表社会资本努力的变量，θ 代表均值为 0 方差为 σ^2 的正态分布随机变量，代表外生的不确定性因素。产出函数：$o=a+\theta$，因此 $Eo=E(a+\theta)=a$，$\text{var}(o)=\sigma^2$，即社会资本的努力程度决定产出均值，但不影响产出方差。

假定政府是风险中性的，社会资本是风险规避的。考虑线性合同：$s(o)=\alpha+\beta o$，其中 α 是社会资本的固定收入（与 o 没关），β 是社会资本分享的产出份额，即产出 o 每增加一个单位，社会资本的报酬增加 β 单位。$\beta=0$ 意味着社会资本不承担任何风险，$\beta=1$ 意味着社会资本承担全部风险。因为政府是风险中性的，给定 $s(o)=\alpha+\beta o$，政府的期望效用等于期望收入：

$$Ev(o-s(o))=E(o-\alpha-\beta o)=-\alpha+E(1-\beta)o=-\alpha+(1+\beta)a$$

假定社会资本的效用函数具有不变绝对风险规避特征，即 $u=-e^{-\rho w}$，其中 ρ 是绝对风险规避度，w 是实际货币收入。假定社会资本努力的成本 $c(a)$ 可以等价于货币成本；进一步，为简化起见，假定 $c(a)=ba^2/2$，此时 $b>0$ 代表成本系数；b 越大，同样的努力 a 带来的负效用越大。那么社会资本的实际收入为：

$$w=s(o)-c(a)=\alpha+\beta(a+\theta)-ba^2/2 \text{ 等价收入为：}$$

$$Ew-\frac{1}{2}\rho\beta^2\sigma^2=\alpha+\beta a=\frac{1}{2}\rho\beta^2\sigma^2-\frac{1}{2}ba^2$$

其中，Ew 是社会资本的期望收入，$\rho\beta^2\sigma^2/2$ 是社会资本的风险成本；当 $\beta=0$

[①] 贾康：PPP 项目中政府的身份定位问题辨识—在第 15 期"中国 PPP 沙龙"上的致辞 [N]. 2016-07-13 http://www.chinareform.org.cn/people/J/jk/Article/201607/t20160713_252441.html.

时，风险成本为 0。社会资本最大化期望效用函数 $Eu=-Ee^{-\rho w}$ 等价于最大化上述等价收入。

令 $\bar{w}$ 为社会资本的保留收入水平。那么如果等价收入小于 $\bar{w}$，社会资本将不接受合同。因此，社会资本的参与约束可以表述如下：

$$\alpha+\beta a-\frac{1}{2}\rho\beta^2\sigma^2-\frac{1}{2}ba^2\geqslant\bar{w}$$

5.2.4.1 社会资本的努力程度可观测条件下的引导机制

首先考虑政府可以观测社会资本努力程度 a 时的最优合同。此时，激励约束 IC 不起作用，任何水平的 a 都可以通过满足参与约束 IR 的强制合同实现。因此，政府的问题是选择 (α,β) 和 a 解下列最优化问题：

$$\max_{\alpha,\beta,a}Ev=-\alpha+(1-\beta)a$$

$$\text{s.t. }(IR)\ \alpha+\beta a-\frac{1}{2}\rho\beta^2\sigma^2-\frac{1}{2}ba^2\geqslant\bar{w}$$

因为在最优情况下，参与约束的等式成立（政府没有必要支付社会资本更多的收益），将参与约束通过固定项 α 代入目标函数，上述最优化问题可以重新表述如下：

$$\max_{\alpha,\beta,a}a-\frac{1}{2}\rho\beta^2\sigma^2-\frac{1}{2}ba^2-\bar{w}$$

因为 $\bar{w}$ 是给定的，上述表述意味着政府实际上是在最大化总的确定性等价收入减去努力的成本。最优化的一阶条件意味着：

$$a^*=1/b;\ \beta^*=0 \tag{1}$$

将其代入社会资本的参与约束得：$\alpha^*=\bar{w}+\dfrac{b(a^*)^2}{2}=\bar{w}+\dfrac{1}{2b}$

这就是帕累托最优合同，因为政府是风险中性的，社会资本是风险规避的，帕累托最优风险分担要求社会资本不承担任何风险（$\beta^*=0$），政府支付给社会资本的固定收入刚好等于社会资本的保留工资加上努力的成本；最优努力水平要求社会资本努力的边际期望利润等于努力的边际成本，即 $1=ba$，因此，$a^*=1/b$。因为政府可以观测到社会资本的选择 a，只要政府在观测到社会资本选择了 $a<1/b$ 时就支

付 $a<\bar{w}<a^*$，社会资本就一定会选择 $a=1/b$，最优风险分担与激励没有矛盾。

北京地铁 4 号线自投建运行至 2015 年涨价以前实行 2 元票价，运行期间其客流量不随 4 号线的经营优劣而改变，属于刚性需求。无论香港地铁公司的实际运行如何，财政对票价进行补贴以弥补香港地铁公司由于执行 2 元票价而造成的运营损失。香港地铁公司不承担经营风险，本例属于政府可以观测社会资本努力程度时的最优合同，实现帕累托最优风险分担。然而，这种情况在实践中非常少。

5.2.4.2 社会资本努力程度不可观测条件下的引导机制

实践中最经常的是政府不能观测到社会资本的努力水平 a，上述帕累托最优是不能实现的。这是因为，给定 $\beta=0$，社会资本将选择 a 最大化自己确定性等价收入，一阶条件意味着：

$$a=\beta/b \Rightarrow a=0$$

就是说，如果社会资本的收入与产出无关，社会资本将选择 $a=0$，而不是 $a=1/b$，社会资本根本无需努力就可以得到跟努力一样的回报。现在我们来看社会资本努力程度 a 不可观测时的最优合同，因为给定 (α,β)，社会资本的激励相容约束意味着 $a=\beta/b$，政府的问题是选择 (α,β) 解下列最优化问题：

$$\max_{\alpha,\beta} -\alpha+(1-\beta)a$$

$$\text{s.t.} \quad (IR) \quad \alpha+\beta a-\frac{1}{2}\rho\beta^2\sigma^2-\frac{1}{2}ba^2 \geq \bar{w}$$

$$(IC) \quad a=\beta/b$$

将参与约束 IR 和激励相容约束 IC 代入目标函数，上述最优化问题可以重新表达如下：

$$\max_{\beta} \frac{\beta}{b}-\frac{1}{2}\rho\beta^2\sigma^2-\frac{b}{2}\left(\frac{\beta}{b}\right)^2-\bar{w}$$

阶条件为：

$$\frac{1}{b}-\rho\beta\sigma^2-\frac{\beta}{b}=0$$

即：

$$\beta=\frac{1}{1+b\rho\sigma^2}>0 \qquad (2)$$

上述条件意味着，社会资本必须承担一定的风险。特别地，β 是 ρ、σ^2 和 b 的递减函数。就是说，社会资本越是风险规避，产出 o 的方差越大，社会资本越是害怕努力工作，他应该承担的风险就越小。极端地，如果社会资本是风险中性的（$\rho=0$），最优合同要求社会资本承担完全的风险（$\beta=1$）。

$\frac{\partial\beta}{\partial\rho}<0$ 和 $\frac{\partial\beta}{\partial\sigma^2}<0$ 结论是非常直观的。最优激励合同要在激励与风险之间求得平衡。对于给定的 β，ρ 越大（或 σ^2 越大），风险成本越高，因此，最优风险分担要求 β 越小。但 $\frac{\partial\beta}{\partial b}<0$ 有点鞭打快牛的味道。为什么社会资本越是害怕努力工作，应该承担的风险就越小呢？这有两方面的原因。第一，从激励角度看，即使没有信息不对称问题，b 越大，最优的 a 越小（因为 $a^*=\frac{1}{b}$）；第二，从风险分担的角度看，b 越大，为诱使社会资本选择同样的努力程度要求的 β 越大（因为 $a=\frac{\beta}{b}$），政府宁愿以较低的努力程度换取风险成本的节约。

当政府不能观测社会资本的努力程度时，会出现两种在对称信息下不会出现的代理成本。一类是上面提到的由帕累托最优风险分担无法实现而出现的风险成本，另一类是由社会资本较低的努力程度导致的期望产出净损失减去努力成本的节约，简称为激励成本。因为政府是风险中性的，社会资本的努力程度可观测时政府承担全部风险意味着风险成本为 0。当政府不能观测社会资本的努力程度时，社会资本承担的风险为 $\beta=1/(1+b\rho\sigma^2)$，风险成本为：

$$\Delta RC=\frac{1}{2}\rho\beta^2\sigma^2=\frac{\rho\sigma^2}{2(1+b\rho\sigma^2)^2}>0$$

这是净福利损失。为了计算激励成本，首先注意到，当社会资本的努力程度可观测时，其最优努力程度为 $a=\frac{1}{b}$；当社会资本的努力程度不可观测时，政府可诱使社会资本自动选择的最优水平为：

$$a = \frac{\beta}{b} = \frac{1}{b(1+b\rho\sigma^2)} < \frac{1}{b}$$

就是说，在非对称信息下的社会资本最优努力程度严格小于对称信息下的努力程度。因为期望产出是 $Eo=a$，期望产出的净损失为：

$$\Delta Eo = \Delta a = a^* - a = \frac{1}{b} - \frac{1}{b(1+b\rho\sigma^2)} = \frac{\rho\sigma^2}{1+b\rho\sigma^2} > 0$$

社会资本的努力成本节约为：

$$\Delta C = C(a^*) - C(a) = \frac{1}{2b} - \frac{1}{2b(1+b\rho\sigma^2)^2} = \frac{2\rho\sigma^2 + b(\rho\sigma^2)}{2(1+b\rho\sigma^2)^2}$$

所以，激励成本为：

$$\Delta Eo - \Delta C = \frac{b(\rho\sigma^2)^2}{2(1+b\rho\sigma^2)^2} > 0$$

总代理成本为：

$$AC = \Delta RC + (\Delta Eo - \Delta C) = \frac{\rho\sigma^2}{2(1+b\rho\sigma^2)} > 0$$

当社会资本为风险中性时，代理成本为 0，因为 $\beta=1$ 可以达到帕累托最优风险分担和最优激励。进一步，代理成本随社会资本风险规避度 ρ 和产出方差 σ^2（代表不确定性）的上升而上升。

最优合同要求：

(1) 社会资本的收入与产出要相关。

(2) 社会资本必须承担一定的风险，最优激励合同要在激励与风险之间求得平衡。

(3) 消除政府与社会资本之间的信息不对称问题。

5.2.4.3 其他影响 PPP 最优合同的变量

设 z 为另一个可观测的变量，为了简化分析，假定 z 与努力程度 a 无关，但 z 可能与外生变量 θ 有关，意味着可能跟 o 也有关。假设 z 是正态分布，均值为 0，方差为 σ_z^2，此时线性合同为 $s(o,z) = \alpha + \beta(o+\gamma z)$，其中 β 代表激励强度（社会资本的收入如何随观测到的 o 和 z 而变化）；γ 表示社会资本的收入与 z 的关系：

如果 $\gamma=0$，社会资本的收入与 z 无关。政府的问题是选择最优的 α、β 和 γ。

在这个合同下，社会资本的确定性等价收入为：

$$A+\beta a-\frac{1}{2}\rho\beta^2 \text{var}(o+\gamma z) -\frac{b}{2}a^2$$

$$=\alpha+\beta a-\frac{1}{2}\rho\beta^2(\sigma^2+\gamma^2\sigma_z^2+2\gamma\text{cov}(o,z))-\frac{b}{2}a^2$$

$\text{cov}(o,z)$ 是 o 和 z 的协方差。对于任何给定的支付合同 $s(o,z)$，社会资本选择 a 最大化上述确定性等价收入。最优化的一阶条件为：

$$a=\frac{\beta}{b}$$

与前面的结果相同。因为 z 与 a 无关，γ 不影响社会资本的努力程度的选择。政府的期望收入为：$E(o-\alpha-\beta(o+\gamma z))=-\alpha+(1-\beta)a$。因为 $Ez=0$，将参与约束和激励相容约束 $a=\frac{\beta}{b}$ 代入上式，得政府最优化问题为：

$$\max_{\beta,\gamma}\frac{\beta}{b}-\frac{1}{2}\rho\beta^2(\sigma^2+\gamma^2\sigma_z^2+2\gamma\text{cov}(o,z))-\frac{\beta^2}{2b}-\bar{w}$$

最优化的两个一阶条件为：

$$\frac{1}{b}-\rho\beta(\sigma^2+\gamma^2\sigma_z^2+2\gamma\text{cov}(o,z))-\frac{\beta}{b}=0 \qquad (3)$$

$$\gamma\sigma_z^2+\text{cov}(o,z)=0 \qquad (4)$$

因为 z 与期望收入无关，政府选择 γ 只是使风险成本最小化。解（3）与（4）得：

$$\beta=\frac{1}{1+b\rho(\sigma^2-\text{cov}^2(o,z)/\sigma_z^2)} \qquad (5)$$

$$\gamma=-\frac{\text{cov}(o,z)}{\sigma_z^2} \qquad (6)$$

因为，$\sigma^2\sigma_z^2\geq\text{cov}^2(o,z)$，条件（5）分母中括号内的项为正，$0<\beta<1$。

回到（5），（6），如果 o 与 z 不相关，$\text{cov}(o,z)=0$，o 是充足统计量，z 不提供有关 a 的任何信息，因此 $\gamma=0$，即 z 不进入合同。此时，$\beta=1/(1+b\rho\sigma^2)$，

与条件（2）相同。如果 o 与 z 正相关，$\text{cov}(o, z) > 0$，$\gamma < 0$。$z > 0$ 可能意味着较好的外部条件（较大的 θ），任何给定的 o 可能更多地反映了社会资本碰到了好运气而不是做出了更多的努力。类似的，$z < 0$ 可能意味着较差的外部条件（较低的 θ），任何给定的 o 可能更多地反映了较高的努力程度。$\gamma < 0$ 将所有这些可能性考虑进去：外部因素不利时增加社会资本的报酬，外部因素有利时减少社会资本的报酬。另一方面，如果 o 与 z 负相关，$\text{cov}(o, z) < 0$，$\gamma > 0$；$z > 0$ 更可能意味着较不利的外部条件，$z < 0$ 更可能意味着较有利的外部条件；因此，通过在 $z > 0$ 时增加社会资本的报酬，在 $z < 0$ 时减少社会资本的报酬，可以剔除更多外部环境的影响。

将条件（5）、（2）比较可以看出，当 $\text{cov}(o, z) \neq 0$ 时，通过将 z 写进合同，一方面可以提高社会资本分享的剩余份额：

$$\beta = \frac{1}{1 + b\rho \, (\sigma^2 - \text{cov}^2(o, z)/\sigma_z^2)} > \frac{1}{1 + b\rho \sigma^2}$$

从而提高合同的激励程度（激励相容约束意味着 $a = \dfrac{\beta}{b}$）；另一方面又可以减少社会资本承担的风险，因为：

$$\text{var}(s(o, z)) = \beta^2 (\sigma^2 + \gamma^2 \sigma_z^2 + 2\gamma \text{cov}(o, z))$$

$$= \frac{\sigma^2 - \text{cov}^2(o, z)/\sigma_z^2}{[1 + b\rho \, (\sigma^2 - \text{cov}^2(o, z)/\sigma_z^2)]^2} < \frac{\sigma^2}{(1 + b\rho \sigma^2)^2} = \text{var}(s(o))$$

容易证明，只要 z 与 θ 是相关的，将 z 写进合同就可以减少代理成本。在 $s(o, z)$ 下，与对称信息相比，风险成本为：

$$\Delta RC = \frac{1}{2} \rho \text{var}(s(o, z)) = \frac{\rho (\sigma^2 - \text{cov}^2(o, z)/\sigma_z^2)}{2 [1 + b\rho \, (\sigma^2 - \text{cov}^2(o, z)/\sigma_z^2)]^2}$$

期望产出的净损失为：

$$\Delta Eo = \Delta a = \frac{1}{b} - \frac{\beta}{b} = \frac{\rho (\sigma^2 - \text{cov}^2(o, z)/\sigma_z^2)}{1 + b\rho \, (\sigma^2 - \text{cov}^2(o, z)/\sigma_z^2)}$$

努力成本的净节约为：

$$\Delta C = C(a^*) - C(a) = \frac{1}{2b} - \frac{1}{2b\left[1+b\rho\left(\sigma^2 - \frac{\mathrm{cov}^2(o,z)}{\sigma_z^2}\right)\right]^2}$$

$$= \frac{2\rho\left(\sigma^2 - \frac{\mathrm{cov}^2(o,z)}{\sigma_z^2}\right) + b[\rho(\sigma^2 - \mathrm{cov}^2(o,z)/\sigma_z^2)]^2}{2[1+b\rho(\sigma^2 - \mathrm{cov}^2(o,z)/\sigma_z^2)]^2}$$

因此，总激励成本为：

$$\Delta Eo - \Delta C = \frac{b[\rho(\sigma^2 - \mathrm{cov}^2(o,z)/\sigma_z^2)]^2}{2[1+b\rho(\sigma^2 - \mathrm{cov}^2(o,z)/\sigma_z^2)]^2}$$

总代理成本为：

$$AC = \Delta RC + (\Delta Eo - \Delta C) = \frac{\rho(\sigma^2 - \mathrm{cov}^2(o,z)/\sigma_z^2)}{2[1+b\rho(\sigma^2 - \mathrm{cov}^2(o,z)/\sigma_z^2)]^2}$$

将上述结果与合同只依赖于 o 相比，无论风险成本还是激励成本（从而总代理成本）都降低了。只有当 $\mathrm{cov}(o,z)=0$ 时，代理成本才相同（因为此时 o 是充足统计量，z 不进入合同）。

一种极端的情况是，当 z 与 θ 完全相关（正的或负的）时，$\sigma^2 = \mathrm{cov}^2(o,z)/\sigma_z^2$，$\beta=1$，即社会资本是唯一的剩余索取者，从而努力程度等于帕累托最优水平（$a=1/b$）；但是，$\mathrm{var}(s(o,z))=0$，即社会资本不承担任何风险。就是说，当 z 与 θ 完全相关（正的或负的）时，将 z（最优地）写进合同可以使代理成本变成 0，实现帕累托最优结果。

上述结果可以一般化：对于任何观测到的新的变量 x，只要 x 包含比原有变量 o 和 z 更多的有关 a 和 θ 的信息，将 x 写进激励合同就可以降低代理成本。当然，这里的前提是观测 x 没有成本。如果观测 x 需要花费成本，只有当观测成本小于由此带来的代理成本的降低时，x 才是有价值的。[1]

最优合同要求：对于任何可观测到的能够改变产出的因素，都要适当的给予激励奖励，以发挥其促进公共服务产出的作用。

---

[1] 张维迎. 博弈论与信息经济学[M]. 上海：上海人民出版社，2011.256—262.

5.2.5 小结

根据模型分析可知:

1、政府与社会资本合作能够实现效率的最重要前提就是收益与风险分担,把握好激励与风险之间的权衡取舍关系。可委托中介机构开展建设全过程、运营收支全过程的跟踪审计,加强绩效考评,完善正常、规范的退出机制和风险管控机制,并将其详尽地预设到合同里。

2、尽量让双方信息共享,即社会资本在公共服务供给中的投融建行为要在政府的监督下,建立多部门对项目全程监督的管理机制,并发展社会监督机制。包括财政、审计等多部门宜在项目实施过程中,依托国家PPP综合服务平台,对项目进行全程跟踪监管。PPP项目应有阳光化的信息披露制度,回应公众诉求的沟通与制约机制。①

3、可适当在合同中约定根据实际的盈利情况调整社会资本的收益比例,以发挥激励作用。为了社会资本的收益风险可控,可以设定收益比例的上下边界。

5.3 治理构建

公私伙伴关系可以被宽泛地定义为公共部门和私人部门之间制度化的合作安排。人们经常会讨论PPP在经济和财务方面的利弊,而且这些讨论经常被律师和会计师主导,现有的研究也多围绕PPP的绩效与法律问题,鲜有研究关注引入PPP后治理将会面临的挑战,这也是PPP诞生于新公共管理理论范式下无法回避的先天缺陷。凡事如果只用经济学方法分析,未免会陷入僵化。在相当长的一段时间内,有关PPP的研究围绕财政承受能力、物有所值、投融资回报、收益风险分担等经济领域。似乎只有经济上合意,PPP才是可行的,这在一定程度上是经济学研究对社会科学的殖民。中国在近代引进西方学术思想的时候,由于种种历史原因,始于经

---

① 贾康.用法律为PPP保驾护航[N].政府和社会资本合作(PPP)研究中心.2015—4—13. http://www.pppcenter.org.cn/llyj/zjsd/201504/111949dXh.html

PPP: 地方善治的必由之路

济学。改革开放后发展得最快最好的社会科学也是经济学，这样一来经济学在社会科学中一支独大，使得我们经常用经济学的单一视角来思考社会问题，只谈经济上的成本收益，忽视事务的整体性和系统性。既往对 PPP 的研究也是陷入经济学的窠臼不可自拔，在这里将从治理的视角重新审视 PPP，主要讨论的是 PPP 允许政府与社会资本展开合作，在形成复杂合作关系和成熟契约关系的背景下，PPP 如何成为公共治理体制的一部分。

PPP 的初衷是美好的，它基于这样五种假设前提：一，社会资本以 PPP 的方式提供公共服务有利于提升效率、改进服务质量；二，PPP 已经将与收益对应的一部分风险从政府转移到社会资本；三，社会资本的优势可以应用到公共项目当中、而政府可以公开透明；四，政府有能力维持充满竞争性的紧张局势，杜绝唯一竞标人的情况出现；五，公私合约和政策是兼容的并且稳定不变，合约可以在法治保障和民众监督约束之下有效执行。而实际情况有可能是：一，社会资本以 PPP 的方式提供公共服务确实在一定程度上可以提升效率、改进服务质量，然而不能很好地兼顾公平正义；二，政府向社会资本转移的风险不足，风险不能与收益对应，这样做往往会导致社会资本不负责任；三，由于受政策压力以及商业机密等因素制约，社会资本的优势不能完全应用到公共项目当中，政府无法完全公开透明；四，政府没有能力维持充满竞争性的紧张局势，唯一投标者找来规定数目的社会资本进行围标，提高竞标价格，以高出市场价格的竞标价获得项目，导致风险与收益的匹配性下降；五，合约由于受政策变化影响，并不具备稳定性，有的时候出现争端需要仲裁和问责，而由于仲裁和问责机制缺少法治化环境条件的匹配，合作方即使对簿公堂也往往"不得善终"，"一地鸡毛"。我们知道，由多人共享、由集体提供、向受益人融资的物品和劳务具有潜在的效率。但是，这些受益者将以怎样的集体方式或政治程序将自己组织起来，以便从集体行动中获得真正的公共利益，同时可确切地使自己免受损害呢？我们知道，社会的运转必须有规则，必须有法律秩序，必须有限制措施。① 本部分旨在围绕我国的 PPP 探讨一些现实问题。四个特定的主题组成分析框架：效率、风险、复杂性、问责。

5.3.1 PPP 重效率但不唯直接效率

一般而言，政府比其它任何组织的效率都更低下，以前我们经常会将其归结为机构臃肿、公务人员的官僚作风浓郁，其实，这些只是看起来的表象。政府与私营部门是有差异的，这种差异导致私营部门的效率更高，但这种效率不是源于组织形式，而是源于目标的单纯。如果定期派给公务人员任务，让他们用"商业方法"改善行政效率，这意味着误解行政效率这个概念。在许多情况下，需要让政府做事的原因之一，恰是我们并不想让某些政府行为按利润最大化的方式来运行。如果政府想追求所谓效率的话，他们能够成功地用谋利的方式来经营自己。我们知道，政府赋予自己一种垄断地位便会使谋利来得更容易。② 从这一视角看政府的低效恰恰是其公共性的天然属性决定的。③ 在此，并不是为政府所谓的"低效"开脱，而是反衬地说明政府需要适当借鉴私人部门的高效优势，"择其善者而从之，其不善者而改之"，在合作的过程中有意识地学习、权衡、取舍。社会资本通常被认为比政府具有更高效的管理，这一点也被普遍视为政府引入 PPP 旨在提高效率和有效性的重要着眼点。然而，外包以及公私之间较之以往更频繁的交互安排，也容易显著地降低政府的监督管理能力，而该能力正是为了确保回应民众关于公共利益的更为宽广的、更多战略视角的诉求。换言之，我们还没有充分回答"为了谁的有效性"的问题。④ 笔者认为有必要从全局根本层面进一步明确 PPP"为谁提供服务"的问题，毫无疑问，这个"谁"就是公共服务的"使用者"。我们力求从多维的角度平衡、

---

① [美] 詹姆斯·M·布坎南，理查德德·A·马斯格雷夫. 公共财政与公共选择：两种截然不同的国家观 [M]. 类承曜，译. 北京：中国财政经济出版社，2000，40.

② [美] 戈登·塔洛克. 经济等机制、组织与生产的结构 [M]. 柏克，郑景胜，译. 北京：商务印书馆，2010，47—48.

③ Bozeman, B., Reed, P. N., & Scott, P. (1992). Red tape and task delays in public and private organizations. Administration & Society, 24 (24), 290—322.

④ Provan, K. G., Kenis, P. (2008). Modes of network governance: structure, management, and effectiveness. Journal of Public Administration Research and Theory, 18 (2): 229—252.

并结合公私部门之间的效益、效率和效能，回应并满足使用者的诉求。

5.3.1.1 PPP 的效率有赖于政治支持

与既往的传统方式提供公共服务相比，PPP 在效率方面得到了极大改善，它看起来能够带来更基础的公共服务供给、更高的服务标准。然而以 PPP 的方式提供公共服务并非没有争议，争议的焦点围绕着是否真正需要将公共服务外包给社会资本。政府期望 PPP 为纳税人节约成本和效率是否可行？长期的 PPP 是否会锁定政府的安排以及限制政府的灵活性？就我国既往的 PPP 发展中的某些案例来看，政府治理并未因此获得所期望那样的成功，甚至治理风险似乎有所增加。已有的 PPP 大都是政府和社会资本之间的契约缔结，独立第三方中介咨询往往参与不足，更缺乏民众参与，公务人员出于政绩考虑，可能只关注 GDP 的增长而非公共利益，这就使得政府以招商引资为工作导向，努力推进项目建设，缺乏合理的全面战略布局，不少失败案例皆由此导致。

不容否认的是 PPP 确实能够在某些领域提升直接效率，但是那些不能立刻见效收益的领域，或许更值得关注，实际运行也在印证该模式并非适合所有领域。比如，将公共服务供给外包给通过用户收费收回成本的私人供应商，一些评论家就此表达疑虑，认为这种模式的 PPP 拒绝了那些不能出钱的穷人和被边缘化的人获得公共服务供给的权利。[1] 此外，资产负债表的收益与成本也可能误导企业缺乏从过去合作中总结经验教训的责任意识，更为严重的是它还腐蚀了民众的责任感，甚至可能出现以牺牲多数人利益而使少数人获益的政策安排，无法保障民主授权。如果以公共利益作为社会综合效率的评判维度，那么显然，这种类型的 PPP 案例是低效的或者说无效的。

毫无疑问，PPP 的效率极大地受制于政治支持。很明显，PPP 作为一种公共政策与当地的政治环境有着直接的关系。如果没有必要的政治支持，则项目得不到及时的审批、批复，政府固有的繁文缛节和当地民众的抵制，可以成为导致效率低下

---

[1] [美] 威廉姆·A·尼斯坎南. 官僚制与公共经济学[M]. 王浦劬, 译. 北京：国青年出版社, 2004, 206.

的致命原因。当地政府的必要支持会吸引更多的投资者，使项目的运转更具效率。在政治支持不强的管辖区，投资者会对政治风险望而却步，不愿意在这样的环境中与政府展开合作。民众对项目的接受和理解也会影响项目的进展，项目初始阶段的民众支持可以减少延误，在项目后期的运行当中也不会因为受到民众投诉压力而中断，反之则反是。民众参与可以化解这种矛盾，使PPP能够得到更多的民众支持，使其更具效率。案例观察，天津市双港垃圾焚烧项目因为不能得到民众支持而步履维艰，双港垃圾焚烧发电厂选址缺乏必要的听证程序，距离居民区较近，焚烧垃圾排放二噁英等致癌气体，该项目导致上访投诉等群体事件接连不断。实现公共利益是PPP的初衷，真正符合公共利益的PPP项目永远也不会遭到民众的反对。本例即是危害公共利益的失败案例，即使是这样一个危害当地公共利益的项目，也是天津市政府当年历尽千辛万苦提供许多激励措施才引进的，并承诺如果收益不足，政府将给予补贴，但是就补贴标准没有明确定义。2012年政府的财政补贴不足5800万元，仅占公司主营业务收入的1.25%，公司运行难以为继。政府由早期的"越位"变成后期的"不作为"，引发信任危机。①民众的抵制加之政府的"始乱终弃"使得企业进退维谷。从原理上说，PPP天然地具有被民众接受的优势，比如就一般意义而言，项目可以吸纳当地人就业，然而本例中民众的抵制导致该项目数度搁浅，磕磕绊绊。诚然，民众对PPP项目的接受和理解有赖于当地政府进一步的宣传和推广，有鉴于此，政府应该事先承诺向民众提供优质服务以及合理的终端用户收费，构建民众参与机制，尽最大努力获得民众的最大支持。因此，可以这样理解，民众的了解、参与还不够充分，项目的优化还没有到位。而积极、充分的阳光化、民主化、民众参与可以化解这些矛盾，使PPP能够得到更多的民众支持，也使其更具效率。实现公共利益是PPP的初衷，真正符合公共利益的PPP项目自然不会遭到民众的反对。所以民众参与基础上的政治支持是决定投资者信心、提高PPP综合效率的关键。

---

① 李香玉. PPP项目的失败案例[N]. 中国工程建设. 2015—02—12. http://www.chinacem.com.cn/ppp—alfx/2015—02/182873.html.

5.3.1.2 民众参与是 PPP 获得政治支持的最好形式

以威尔逊、古德诺的"政行二分"和韦伯的理性官僚制为代表的管理主义崇尚效率，却在实践中经常背离效率，因为上述理论经常会导致政府与民众之间的行为异化。这种异化不但损害民众的利益，更有可能导致民众以冷漠对立的方式消极地对待公共事务。新公共行政、新公共管理、新公共治理这三个理论虽有差别，但基于对传统官僚制批判，都主张将民众参与吸纳到社会治理当中，从而逐步实现善治。善治指民众对公共事物的合作管理，而民众参与是善治的一个基本表现，民众通过改善治理模式积极倡导民众参与。然而在实践中，我国相关的民众参与制度尚不十分健全，缺乏可操作性的程序或规定，相关的配套制度亟待跟进。公共部门和社会组织，包括 PPP 都没有给民众留下足够的施展空间。这是由于很多组织的内部决策以及执行缺乏必要的民主过程，PPP 这种新型组织也是如此，PPP 作为创新机制理应在此有所突破，为其高效有序运行提供一个可行路径。

民众是财政支付公共服务的使用者，所以有必要参与到他们所需的公共服务生产供给过程中。社会治理必须为民众提供适当的机会，以便民众参与到自己使用的公共服务供给当中。公共服务的对象是民众而非顾客，公共服务不仅要回应民众的需求，更要关注政府与民众之间的信任与合作。PPP 不仅要确保公共利益，其提供者还要与使用者双向互动，共同合作提供公共服务。PPP 模式下公共服务供给的成功与否不仅取决于提供者与使用者的互动，更有赖于使用者的合作与支持。提供者与使用者之间不是管理与被管理的关系，而是服务与被服务的关系。让民众参与到公共服务的评价、选择和提供的过程中来，是公民权利与义务对等的最好诠释。

随着 PPP 的兴起，政府不再一家独大提供公共服务，社会资本通过 PPP 的模式参与治理，政府由曾经的掌舵者变成参与者。在 4.3 节我们看到，传统公共服务供给模式是官僚制僵化刻板的真实写照，会不可避免的导致供给低效，由于缺乏市场竞争机制，缺乏成本意识而往往造成供给浪费。诚然，市场是改进供给效率的一种形式，然而市场无法解决公共服务供给的公平问题。社会资本被引入到公共服务供给领域，其优点是既有灵活性又兼具回应性，能迅速满足公共服务的使用者诉求，这也是PPP通过有效性的不断累积实现其合法性的重要途径。我们知道，政治合法性危机是现代社会的主要特征，在PPP面临的诸多挑战当中，合法性问题不容忽视，合法性也是决定PPP运行效率的关键，只有民众同意，PPP才有顺畅运行的可能性。此外，社会的多元性决定了没有一种价值能够长期居于主导地位，民众就公共决策如何达成一致意见而开展自由、平等地对话。民众参与公共服务供给是取代"暴民政治"化解政治合法性危机的有效途径，是官民冲突的理性回归，民众通过正当程序实现利益诉求，为公共服务的提供者和使用者提供一个理性对话的空间。此外，民众参与PPP可以实现自我价值，可以最大化使用者利益，个人是自身福利的最佳判定者，民众参与可以在既定的规则和程序下，依据自己对利益的理解通过积极参与而选择最适合自己的决策。

罗布特·达尔认为，如果一国对民主的观念、价值和实践均给予强有力的支持，那么该国的民主制度将持续稳定。[①] 所以政府对民众参与的真正支持态度会直接影响到民众参与公共服务的效果。当前以PPP模式供给公共服务有很多是以使用者付费的形式收回投资，有关服务的真实成本很难获取，也很难确定真实合理的使用者付费，即使能够做到形式上参与，但依然不能改变其"无法真正参与其中"之感。虽然纳税不是购买公共产品与服务，但是纳税人切实地参与到公共服务当中会提升其作为纳税人的归属感。对我国的民主治国、共享发展、共同治理，打造服务型政府均具有重要的意义。

5.3.1.3 PPP的民众参与形式

民众参与既有可能改善公共服务，也有可能在极个别的情境下使公共服务供给受挫。我们在批判官僚制失灵的同时也要关注民众参与失灵的问题，尽管并不常见，但依然要引起我们的足够重视，力求扬长避短，如何吸纳民众参与来改善和推进公共服务供给，是PPP需要仔细思考的关键所在。公共服务千差万别，供给主体复杂多样、加之组织间的组织文化和价值观更是百花齐放百家争鸣，所以决定了民

---

① [美]罗伯特·达尔. 论民主[M]. 李柏光等，译. 北京：商务印书馆，1999, 165.

众参与也必定是多样的：

第一，主导型民众参与。地方政府以 PPP 的形式在一些公共服务项目当中，吸纳民众参与，让民众自主决定公共服务的供给规则。政府只做原则性规定，具体的相关建设事宜由该项目的使用者讨论决定，即通过民众的参与讨论来决定公共服务供给的资金和项目投融建管。

第二，有限吸纳型民众参与。这是既不影响 PPP 政策制定自主性还能有效听取民众意见的参与方式。在一些地方公共服务供给的决策中，尤其是涉及民生的公共服务供给，充分吸纳使用者建议，并综合各方利益诉求，形成最终决策方案。在这里，虽然 PPP 的提供者居于主导地位，但使用者对最终决策也是具有一定影响力的。

第三，听证型民众参与。比如以 PPP 的模式提供公共服务，以用户收费的形式收回成本。应该在收费政策出台以前，通过召开座谈会等方式，让民众参与到相关收费计价的讨论中。即便民众不能对最终的收费标准产生实质性的影响，但这种参与具有宣传作用，以获得民众更多的理解和支持。

第四，修正型民众参与。以使用者参与、提供者回应来解决公共服务不符合使用者诉求的问题。它用来解决公共服务供给的满意度问题，通过使用者参与来监督服务供给的偏差并加以纠正，从而提高公共服务的质量。PPP 的提供者也会借此逐步意识到在公共服务供给中应该更多地吸纳使用者的意见。

第五，合作型民众参与。PPP 的使用者与提供者以合作的方式提供公共服务，这也是最值得称道的一种方式。这种参与形式意味着在某种程度上构成了有效公共服务供给的必须，公共服务的供需合作是有效供给的保障，供需通过资源整合优势互补，在既有的制度框架下，联合提供公共服务。

每一种参与形式都有其适配的情境，在民众的参与模式当中，需要适度把握民众参与的范围。民主参与不是为了民主而民主，民众参与追求的是更好的公共服务供给质量而非 PPP 使用者与提供者之间的冲突无序。政府还要考虑能否驾驭民众参与对既有制度造成的冲击，以及改革所面临的挑战是否可以顺利突破。尽管如此，在公共服务的供给过程中吸纳民众参与无疑是提高公共服务质量的有效手段。实践表明，民众参与，可以赢得民众的广泛认同。统治的权威来源于被统治者的同意，PPP 的合法性在于其所提供服务的使用者同意，所以可以这样理解，吸纳民众参与有助于奠定 PPP 的合法性。

除了民众参与可以提升 PPP 的效率，私人部门对风险的承担也一直被认为是 PPP 模式下效率提高的一个重要来源，然而在现实中这是值得怀疑的，这是因为没有透过现象看到本质，私人部门有可能承担风险，而民众一定承担风险，这将是下一节的主题。

5.3.2 公私风险分担应是理想化目标取向下正和博弈和专业化方案的探索

PPP 是一种新生事物，政府与社会资本在普遍缺乏经验的情况下参与其中，不可避免地要面临风险。风险是"事关紧要"且影响人们福利的一种不确定性，PPP 各方面临的风险不同，并不是一纸合同就能够完全约定。在实践当中 PPP 的各个合作方经常会遇到诸多困难，有的项目甚至以宣告合作失败告终。与任何投资项目一样，PPP 的风险分担机制也是其能够顺利运行的重要保障。我们知道，大部分政治是经济性的，而大部分经济亦是政治性的[①]，分析 PPP 的风险分担机制要把政治和经济适当地联系起来，将政治风险纳入其中。

5.3.2.1 PPP 模式下社会资本与政府均面临风险

从社会资本面临风险的角度讲，参与 PPP 的外资企业、跨国公司在全球竞争中，不仅面临经济约束，更要面临由于政府的介入而形成的政治约束。PPP 项目涉及的政策比较多，由于我国尚处于起步阶段，相关法规政策还有待于进一步完善。此外，政府具有极其多元、复杂的目标，并且拥有广泛的资源及政治权威，这将在一定程度上增加 PPP 合同执行和修改的不确定性，很容易出现前后政策不一致的风

---

① ［美］查尔斯·林德布洛姆. 政治与市场：世界的政治 经济制度［M］. 王逸舟，译. 上海：上海三联书店，1995，8—9.

险。例如上海延安东路隧道项目[1]由于政府政策变化，项目公司被迫与政府就投资回报率重新进行谈判，最后以政府收购告终。在国际投融建的模式中，再也没有比东道国政府将跨国公司财产和分支机构国有化更能引起争议和投资恐慌。[2]延安东路隧道项目中的收购就是东道国政府将外国投资国有化的一种方式，尽管本例中政府收购的初衷是为了收拾残局，然而这又衍生一个新问题，即政府应该以什么样的价格收购。如果收购的价格高于项目的实际价格就会涉及国有资产流失，甚至会有腐败寻租隐含其中，而国有资产流失的买单人是纳税人；如果收购的价格低于项目的实际价格，那么企业将面临投资失败，这会在一定程度上挫伤外资来华投资的积极性，不利于我国开放型经济的健康发展，表面上看我们似乎以较小的代价获得了较大的收益，然而从长远来看，如果经济发展不好那么最终挫伤的还是公共利益。所以，在合作共赢的理想化目标取向下，建立健全寻求共赢的 PPP 风险管理机制，是一种必备的谈判（博弈）任务，其现实必要性要落到合同中必须植入的合作方风险分担方案的专业化设计，并由合同的自愿签字而生效。项目运行过程中，如果风险一旦发生，对于各个合作方来说以最专业的方式寻求解决办法是规避损失的最有效途径。政治风险往往比经济风险对企业造成的伤害更大，而风险管理机制和预案设计也可以力求将政治风险进行经济量化并将风险处置预案制度化，尽量让合作各方的损失最小。

从政府面临风险的角度讲，所有层次的政府通过预防或是重新分配风险来管理风险。PPP 模式的本质内含着将适合由企业应对的那些风险因素转移到企业部门从而提升绩效，然而，这种风险转移也会有争议。就经济角度而言，有些公共服务是资本密集型的，并不能从收费中筹足必要的收入。以北京地铁 4 号线为例，在 2015 年涨价以前，与北京其他轨道交通线路一样，实行全程票价 2 元的低价票制。根据

---

[1] 张维然，林慧军，王绥娟. 延安东路隧道复线 BOT 模式之评价 [J]. 中国市政工程，1996（09）：48—53.
[2] [美] 弗雷德里克·皮尔逊，西蒙·巴亚斯里安. 国际政治经济学 [M]. 北京：北京大学出版社，2006：344.

《城市轨道交通成本构成分析》可知，4号线投入运行2元票价难以覆盖运营成本，更谈不上收益盈利。为保证京港公司的盈利性，财政对票价进行补贴以吸引社会资本参与其中，该项补偿每年约6亿—7亿元。[①] 如果没有政府财政补贴，那么可能的情况是这类资本密集型公共服务要在合同期内收回全部成本就会提高票价，这样做会使该线路拒绝为支付不起票价的民众提供公共服务。正是由于这些现实中的政治考量，才使得北京地铁4号线由公共财政进行补贴，使其健康运营，为民众提供基本的公共交通服务。由于政府不允许公共服务提供失败，所以指望将风险同比例地转移到私人部门可能只是一厢情愿。[②] 政府设立PPP的初衷是远离风险或将风险转嫁到私人部门，然而最终的结果是PPP把风险转嫁给政府和纳税人。可以这样说，PPP模式下的公共服务风险转移在概念本质上是有缺陷的。[③] 北京地铁4号线可以说是成功运行的PPP案例，由于法律和政治因素，政府除了参与并补贴之外别无选择，但以后迫于种种压力，经过听证会程序与广泛宣传，终于推出北京地铁票价提升方案，在风险分担上形成各方更好接受的新平衡点。PPP的核心本质之一，是社会资本在获得适当奖励回报的同时承担相应的风险，社会资本方应该具有正确合理的心理预期，即失败也会赔本，成功则会有"非暴利但可接受"的利润入账。如果社会资本没有经营运行好，也别指望让纳税人买单。而现实的情况令人遗憾，公共服务供给的经营风险很难按照风险收益共担原则进行转嫁，政府和纳税人承担了更多的风险。事实上公共服务供给不允许失败可能意味着治理机制日益多元化的民主成本，将包含人们常说的"不算经济账"，这虽然在长期中有效杜绝公共服务供给的短视行为，但企业并没有如我们先前想象的那样，能够承担与收益相匹配的风险。风险依旧由政府承担，也就是由纳税人承担。无论从政府还是从社会资本的角度讲，最终承担风险的一定是民众，虽然民众有可能不是唯一承担者。所以，风

---

① 靳明伟. 北京地铁4号线背后的PPP故事[N]. 中国建设工程网，2015年2月9日 http://www.chinacem.com.cn/ppp-hljs/2015-02/182362.html

② Gaffney, D. Pollock, A. (1999). 'Pump-priming the PFI: why are privately financed hospital schemes being subsidised?' Public Money and Management, 19 (1): 55-62.

③ Sorensen, J. (2003). A financial analysis of the national air traffic services ppp. Public Money & Management, 23 (3), 185—194.

险管理与防范、分担机制在充分照顾各方利益的同时，一定要以专业化的高水准，使合作各方共同利益的均衡点更趋向于综合意义上的公共利益。

5.3.2.2 风险管理是 PPP 风险分担的基础

我国"十二五"规划纲要提出"建立重大工程项目建设和重大政策制定的社会稳定风险管理机制"，对与民众利益息息相关的公共政策、公共服务、重大改革、重点工程等事项的预测、出台、审批、实施、监督等，制定风险管理应对方案，旨在实现决策失误最小，公共利益最大的目标。政策制定者应当充分考虑各个利益相关方的风险、收益和诉求，在规避风险的同时满足民众的公共利益。纵观国际，充分引入风险管理机制可以在一定程度上降低决策失误，减少实施阻力。国际实践表明，识别和评估风险的过程，其本质也是利益诉求与风险管理深层整合的过程，有助于降低风险，实现公共利益最大化的目标。风险管理之于 PPP 的优势在于：

第一，风险管理是 PPP 规范运行的前提。PPP 的风险管理贯穿于公共服务供给的可研、决策、实施、监督、评估、整改等各个环节，实现风险防控的全覆盖，有利于公共服务供给的规范化、制度化。传统上的公共服务供给模式往往造成供给低效，缺乏对服务使用者的回应，无法有效满足使用者的利益诉求。而 PPP 模式下的公共服务供给实行风险管理机制则可以评价并均衡各个利益主体的诉求，及时有效地防控风险，为使用者提供最迫切需求的公共服务。

第二，风险管理是 PPP 精准管理的基础。PPP 运行的各个环节既各自独立又相互依存，且各个环节之间应该有无缝对接机制以规避运行中出现管理真空从而引发运行风险。公共服务供给体系的风险管理是多环节一体化管理，它贯穿于 PPP 项目运行的各个环节，通过风险识别、分析、评估、监督、控制等流程对 PPP 项目进行全覆盖风险管理。

第三，风险管理是伙伴关系长治久安的保证。政府与社会资本合作的基础在于风险收益共担，资源共享。但就目前看，想要真正地按收益划分风险还有很长的路要走。尽管如此，收益与风险匹配依然是 PPP 机制的不懈追求，风险管理可以更好地维护各方利益，减少伙伴们的利益冲突，同时也包括减少公共服务提供者与使用者的利益冲突，使合作伙伴们对整个项目有个恰当的风险收益预期。

第四，风险管理是使用者诉求的有力保障。风险管理能够满足使用者的全方位诉求，通过对项目的风险管理，识别并纠正侵犯使用者利益的风险源头。使用者更好的满意度能够增强其对公共服务供给，尤其是收费形式回收成本的公共服务供给的认同，这在一定程度上将增进 PPP 的合法性。即便在 PPP 运行难如人意之时，也可以得到使用者更多的理解和谅解，缓冲公共服务供给的供需矛盾。

PPP 风险管理的好处不胜枚举，然而其风险管理机制建设还有待于进一步探索完善，其趋势在于由碎片化管理逐步向综合管理进化，宜从建立健全相关的制度以及设定风险管理标准入手：

第一，制定 PPP 风险管理的制度框架。风险管理为公共服务供给提供一个制度框架，通过对风险的管控不断优化各方利益。不同的公共事务有不同的政策目标和利益取向，但毫无疑问，公共利益是公共政策实施的逻辑起点。相关制度应设置公共服务供给风险管理的总体战略规划，明确各个主体的利益和责任，包括服务提供者的利益和责任，也包括使用者的利益和责任，更要明确公共利益；要开展风险评估，识别风险源，并对其进行分析、评价、分级并有针对性地加以解决，尽管 PPP 的收益和风险很难匹配，还是要力争将风险精准地对应收益；要统筹兼顾，摒弃群体内的共同利益，追求公共利益，加强伙伴间横向的以及供需间纵向的信息交流，以保证信息对称增强共同制度的协调性以便于其发挥正常作用。

第二，制定 PPP 风险管理的制度标准。专业化、标准化是公共服务供给风险管理的发展方向。包括风险管理的原则、目标、流程等措施。PPP 风险管理的首要原则就是收益风险共担，实现公共服务提供者与使用者最大化利益的目标，且该目标与组织整体战略目标相匹配，以严谨科学的流程保障项目有序进行。在既有的法律框架下做好风险评估，包括风险预判、风险识别、风险分析、风险评价四个步骤。为伙伴间进一步的风险分担做好基础性准备工作。

5.3.2.3 构建 PPP 的风险分担原则

政府与社会资本合作的成功关键是合作伙伴们均能获得收益并实现有效合理的

风险分担。既往的成功案例无数次地证明了适当的风险分担能够实现更少的投入更多的产出。PPP 项目的风险分担没有一定之规，因项目而异。政府非常愿意将风险按收益份额转嫁给社会资本，然而在实践中，政府很难将风险转嫁给社会资本。即便可以转嫁风险，也很难评价实际已经转嫁到社会资本的风险是否与收益匹配。[1] 我们知道，风险落实到具体责任主体以后，可以减少风险发生的概率以及风险发生造成的额外损失，可以培养合作各方的负责任行为。最优的风险分配不是将所有风险都转嫁到社会资本方，而是试图找到政府与社会资本的总管理成本最小。风险分担的原则可以归纳如下：

第一，公平原则。风险分担要机会公平，公平重点强调公民拥有平等政治机会，在这里指参与者们分担风险的机会均等。如果某一类风险分担的机会无限多，参与者们自然就可以不受制约的将风险硬塞给某一方，从而导致伙伴间的风险分担倾斜，有的参与者承担过多的（相较于收益而言）风险而有的参与者承担过少的（相较于收益而言）风险，很难实现真正意义上的风险分担。

第二，风险收益对等原则。即权利义务对等。如果某个参与者因为管理某项风险而获得经济利益，则该风险应由该参与者承担。也就是说，如果某一主体负有承担风险的义务，那么他应该享有获得该风险所对应收益的权利。只有 PPP 的参与者们能够从风险分担中获得收益，风险分担才有意义，这就衍生一个风险信息对称的新问题——风险的最优化分担有赖于风险信息对称，这在实践中很难解决。[2]

第三，有效控制原则。将风险分担给可以花费最小成本并能最有效控制风险的参与者，即按参与者实际控制风险的能力来分配风险，达到群体效益最优，让每个参与者都从事自己最擅长的工作。比如，政府显然有对制度性风险的控制优势。社会资本则是对市场风险更有优势，对于伙伴们都不擅长控制的风险，只能共同协商进行分担。

---

[1] Jean Shaoul. (2002). New developments: a financial appraisal of the london underground public-private partnership. Public Money & Management, 22 (2), 53—60.

[2] Humphreys, I. M., Francis, G., & Ison, S. G. (2003). An examination of risk transference in air transport privatization. Transportation Quarterly, 57 (4), 31—37.

第四，动态实时原则。PPP 项目运行是一个动态的过程，随着项目的推进，外部环境会发生变化，风险分担份额也要随着外部环境的变化而变化。这是最具挑战性的风险分担原则，重新分配的风险需要各个利益相关者的认同，这在实践中操作起来比较困难。风险分担的动态调整也是对契约的颠覆，会产生重新谈判的成本，因为在合同签订之时，参与者们无法穷尽未来可能发生的所有情况，所以在采用动态调整风险分担的时候参与者们宜慎重。

PPP 项目使用某种风险分担原则要视具体情况而定，可以使用单一原则，也可以确定好优先顺序组合使用。此外，风险分担还要跟项目的绩效激励相融合。然而，Hodge and Greve[1] 指出，公私伙伴关系作为风险管理工具会衍生很多新问题，其中包括提升物有所值的原理问题、善治理论以及监管失败等等。正因为如此，构建 PPP 的风险管理机制是大势所趋，其中有三点不容忽视：首先，在管理的过程中要兼顾各个利益主体包括政府、社会资本以及民众，在弘扬社会公共利益的前提下，尽量不让任何一方的利益受损；其次，由于公共服务不同于私人服务，其供给不允许失败，所以风险分担机制要广开言路，将民众吸纳进评估体系，充分听取和尊重民众的意见，维护公共利益；最后，也是最重要的一点，风险管理当中的评估组织应该是独立于政府的第三方机构，只有这样才能保证评估的客观中立。PPP 的蓬勃发展使国家结构越来越复杂。这将是下一节的主题。

5.3.3 公私长期合作面临变数

当前政府以市场化的方法提供公共服务的模式挑战了传统公共价值观。[2] 方兴未艾的 PPP 合作模式被寄予更多社会治理改革创新的希望。本届政府大力推行 PPP 作为治理创新的工具，反映了国家对各级政府适当角色的重新评价与定位，并要就此做出相应的变革。PPP 被视为政府与社会资本的技术与资源的有机整合，以民主

---

[1] Hodge, G. A., & Greve, C. (2007). Public-private partnerships: an international performance review. Public Administration Review, 67 (3), 545—558.
[2] Beck, T., Bozeman, B. (2007). Public Values: An Inventory. Administration and Society, 39 (3): 354—381.

法治为前提条件，因制度创新而允许社会资本受合理适度的自利驱动，由公共政策将私利引导到公共利益的轨道上来。这一前景颇为诱人，不仅是因为它符合以市场机制为导向的传统社会价值观，而且也向我们展示出这样一种场景：政府调动社会资本的积极性，使其参与到社会治理当中，为社会治理问题找到恰当的解决办法。众所周知，当利益碰撞时就会产生冲突。① 每一种合作机制都包含了一系列特定的利益、利益相关者，而利益与利益相关者的客观存在可能会在所需要实现的目标与实现的方法方面产生与预期相悖的协调问题，问题的关键不在于何为最好的制度、是否已经选择最好的制度，而在于在既定的公共政策目标下各合作主体的和谐共生。

5.3.3.1 不可调和的公私合作矛盾频发

当前越来越多的社会资本主体参与国家治理，也使国家经济生活进一步复杂化。我国 PPP 尚处于探索阶段，现行法规无法涵盖该机制运行的每一个方面，在实践操作当中矛盾频出。② 它涉及国家的法律、法规、规章、投融资、项目管理移交、专业技术等方方面面。其中，投融资模式选择、风险收益分担、监管等重要方面皆与项目本身的建设条件禀赋等因素息息相关。③ 各个 PPP 项目之间可以借鉴但无法完全照搬，因为不可能存在完全一样的 PPP 项目。不难想象，在未来的运行当中，有关 PPP 的合同纠纷还会层出不穷。就目前看，已设的仲裁机构一般尚不具备相应的能力仲裁 PPP 模式下极具专业性的纠纷，可能需要一个专门的仲裁部门来处理此类问题。

PPP 还会涉及政策稳定性问题。政治承诺对于 PPP 的可持续性是十分重要的，政府政策缺乏连贯性容易导致项目的重复谈判、诉诸法律或提前终结。很多项目的时间跨度是 15 至 30 年甚至更长，这使得合同可能会遭遇未来政府不承继上届政府

---

① [加] 加雷思·摩根. 组织 [M]. 金马, 译. 北京：清华大学出版社，2005，156.
② 靳明伟. PPP 模式失败案例之长春汇津污水处理厂 [N]. 中国建设工程网，2015 年 3 月 6 日. http://www.chinacem.com.cn/ppp—nljs/2015—03/183741.html.
③ 靳明伟. PPP 模式失败案例之长春汇津污水处理厂 [N]. 中国建设工程网，2015 年 3 月 6 日. http://www.chinacem.com.cn/ppp—nljs/2015—03/183741.html.

政策目标的困境,或者面临政策或市场环境的调整变化。泉州刺桐大桥建设之初,原泉州大桥的收费权隶属省里,但当刺桐大桥建成后不久,泉州大桥的收费权也随之下放到泉州市,新旧两桥并行相隔数百米,每年近亿元的车辆过桥费在事实上形成政府与民资争利的格局,出现"泉州刺桐大桥连不上高速路"的怪相,实际上是泉州市政府为垄断收费故意不让刺桐大桥连上高速路,以此削弱后者的市场竞争力。① 在青岛威立雅污水处理项目中,当地政府对 PPP 的理解有限,导致合同谈判历时较长,又由于政府没有深入了解污水处理市场的运行机制,合同签约价格远远高于市场价格,使得项目尚处于初始运行阶段,政府就单方面撕毁合同,要求重新谈判以降低承诺价格。② 在本案例中,显然政府是具有优势的一方,尽管政府重新谈判的价格更贴近市场价格,然而令人遗憾的是,这为后续进入的社会资本方带来政府信用低下的预期,不利于未来持续开展政府与社会资本合作。此外,政府导向的政策变化一旦涉及合同的重新谈判,冗长的时间和昂贵的成本则无法避免。PPP 合同经常会涉及政府与各类利益相关者的复杂谈判,在廉江中法供水厂项目中,供水量 6 万立方米与用水量 2 万立方米成为不可调和的矛盾,旷日持久的谈判使得当初的合同水价已经偏离市场价格,现实情况造成企业无法履行合同,该水厂被迫闲置,继续合同对于公司而言没有任何经济意义。③ 当发生这类问题时,追究各方责任又成为一个新问题,每一方都会想尽办法推卸责任,构建 PPP 的仲裁机制是不可避免的发展趋势。

5.3.3.2 仲裁是妥善解决伙伴争端的有效机制

地方政府债务高企使其逐渐意识到社会资本投资对当地经济发展的重要性,因而自觉积极地创造良好投资环境以吸引更多社会资本投资是地方政府的现实选择。

---

① 黄全权,吴亮. 泉州刺桐大桥连不上高速路 [N]. 中国青年报,2002 年 9 月 26 日. http://news.sohu.com/54/04/news203380454.shtml.
② 史尧尧,杜涛. 地方报送项目 8000 亿—银行慎对 PPP [N]. 经济观察报,2015 年 2 月 14 日 http://www.eeo.com.cn/2015/0214/272590.shtml.
③ 广东廉江引资 1669 万美元建成水厂后空置 8 年 [N]. 广州日报,2007 年 6 月 19 日. http://news.dayoo.com/guangdong/gb/content/2007—06/19/content_2854931.htm.

当前，政府对社会资本投资的领域、合作的方式逐步放宽以适应PPP的推广普及。即便如此，政府与社会资本就合作事宜依然会有争端发生。在PPP合作中，社会资本作为主要出资人在与政府缔结PPP合约时往往处于强势地位，尤其在我国中西部地区，更是如此，基本都是以政府购买来完成PPP合作。在这样的大背景下，社会资本过于强调投资者保护，在一定程度上导致政府与社会资本权益保护的失衡，加剧了政府与社会资本间的矛盾与冲突。当政府换届之后，由于上届政府与社会资本签订的不平等条约使得下届政府很难履约，合作争端也因此频繁发生。此外，由于政府前期工作不严谨，在没有真正弄懂合作的情况下贸然签约使得合作难以为继。更有甚者，政府为了利益而置信誉于不顾，直接撕毁条约或者不配合社会资本。基于实践中的这些问题，PPP的仲裁机制亟待构建。仲裁作为一种典型的非诉讼解决纠纷机制，是介于"公力救济"和"私力救济"两极之间的"社会救济"，其自身具有很多优势：

第一，自愿自治。PPP仲裁机制可以就伙伴们的争议提交仲裁解决，伙伴们依据自己的独立意志行使处分权，自愿让渡一部分权利给独立第三方形成仲裁权，承诺排除外力干预，自愿服从仲裁结果。在本质上可以将仲裁协议视为一种特殊契约，包含伙伴间"平等协商"、"自发自愿"与"一致同意"的自治原则。由于是自愿自治行为，仲裁具有很强的合法性与有效性，所以一直以来PPP的合作伙伴们对仲裁结果的接受程度都很好。

第二，避免公权侵犯私权。仲裁不是司法诉讼，在本质上其更多的是对社会力量的动员和利用，在一定程度上可以避免公权对私权侵犯所造成的社会不公。在行政国家，公力救济常常伴随着公权力的滥用，在介入社会事务时寻租腐败滋生其中。公权具有恣意性、强制性和扩张性，如果权力不受制衡，正如历史学家阿克顿勋爵指出的那样，"权力导致腐败，绝对权力导致绝对腐败。"[1] 行政国家的公权力由官僚行使，有关权力的酌情自由裁量权以及官僚的职业道德情操又是极其复杂的问题。所以，就某种意义而言，仲裁机制具有将伙伴争端化繁为简的意义。

---

[1] [英]阿克顿.自由与权力[M].侯健等,译.北京：商务印书馆,2001.1.

第三，高效便捷。与司法程序相比，仲裁无须严格的程序，具有一定标准的规范性即可。具体的操作程序由仲裁人来决定，具有简便灵活的特点。为了保护商业机密和个人隐私，仲裁一般都不会向社会公开，只在相关人的范围内进行。为了方便提起仲裁的 PPP 合作伙伴，具体的仲裁程序可以由仲裁人和参与仲裁的 PPP 合作伙伴共同商定。比起昂贵的诉讼费，仲裁费用低廉。与司法程序相比，仲裁可以花费更少的时间来解决伙伴们的争端。

第四，更具专业性。PPP 仲裁委员会是应 PPP 具体仲裁事由而成立的专业机构，其成员是为仲裁 PPP 争端而挑选的具有相关技术知识的人员，而审理类似案件的法官更多的是法律权威而非 PPP 相关知识的技术权威。在 PPP 的仲裁案件中，由于 PPP 的专业性、技术性都很强，加之许多 PPP 争端极其复杂，法官显然不具备 PPP 专家所具有的专业性与技术性，因此法院对于 PPP 争端的法律适用难以正确把握，而 PPP 专家更容易厘清纠纷的本质，做出更公正合理的裁决。

尽管仲裁作为一种争端的解决机制有很多优势，尽管我们提倡政府与社会资本合作追求共赢，然而依然还有一些问题值得我们深入思考。比如当公共利益与社会资本利益发生严重冲突时，公共利益将永远处于优先级，这一点是不容动摇的。因此，PPP 合作各方在缔结条约的时候，不能单纯地为项目落地而签订伤害公共利益的项目。所以，有关公共利益的 PPP 争端仲裁不能交由社会来做，应该由司法正式介入。此外，有关仲裁机制的构建也应该要有章法、有原则。

5.3.3.3 PPP 仲裁机制的构建原则

公平正义指人类的权利、义务、利益的合理分配，是人类分配关系的合理状态。裁决争端追求的正是公平正义、权益的合理维护。公正在解决争端这一特殊过程中显然具有更高的价值意义。[①] 其构建原则应围绕以下几个方面展开：

第一，维护各方合法权益。期待通过仲裁能使 PPP 各方投资争端得到公正、迅速的解决，以维护各方权益。然而，近些年的 PPP 争端，很多是由于政府与社会资

---

① [美] 马丁·P·戈尔丁. 法律哲学 [M]. 齐海滨，译. 上海：三联书店，1987.232.

本的利益没有平衡好，初始阶段利益向社会资本方倾斜，后续发展则是反过来，利益向政府倾斜，给投资者的感觉就是政府不讲信誉。其实，这种发展格局是不健康的，忽视了公共利益与私人利益的权衡取舍。一味的强调公共利益而不顾社会资本的"非暴利但可接受"收益是不足取的，资本单纯的为了逐利而逐利却无视公共利益更是不可取的。PPP的使命是政府与社会资本合作提供公共服务，作为制度的伟大创新，应该探索出一条可持续、可供借鉴、可复制、可推广，能够同时维护各方利益的发展模式。

第二，构建合作伙伴间的公正平等标准。公正平等如果没有建立相应的标准，那么在执行层面由于解释角度的缘故往往会在伙伴间滋生分歧。标准作为仲裁的依据，应该得到伙伴们的认同和尊重，所以在伙伴们缔结合同的时候要明确各方应该享有公平公正的权利和义务。从实践看，公平公正的意义在于避免任何一方对合作者的专断、恶意、故意不履责等行为。因此可以考虑借鉴目前已为国际社会普遍接受的如正当法律程序、无差别待遇等条款，倡导伙伴们不得在任何法律与行政程序中拒绝司法。将这些条款引入国内，并进行适当的本土化改良以适应PPP伙伴们的合作。公正平等标准将在一定程度上作为PPP的制度依据，以更迅速、专业、公正的方式仲裁伙伴合作纠纷。

第三，司法监督仲裁。司法对于仲裁要有适度必要的干预，包括协助、支持、监督。司法监督有可能在一定程度上限制仲裁自由，但司法的强制力势必会引导社会的仲裁理念与实践，实现仲裁的可持续性。我们知道，仲裁是独立的，是因具体事由而设立的裁判组织，如果缺乏必要适当的司法监督，可能最终将会导致仲裁的不公。人民法院是社会公平正义的最终守护者，伙伴们的合法权益，社会法则的公平正义都要受到司法保护，司法监督是仲裁逐步走向规范化、制度化的必然结果。值得注意的是，仲裁面临两个严峻的挑战。首先，需要仲裁机构的工作人员具备相应的法律知识和执法经验，避免恣意专断，仲裁的规范化与国际化直接影响我国PPP的发展前景以及吸引外资的能力。其次，与其它法律制度相比，仲裁的严谨性并不突出，仲裁的好坏直接取决于仲裁机构工作人员的好坏，重视仲裁人员的职业操守就是重视仲裁机制本身。如何对仲裁员公正行事施加外在的道义约束是 PPP 无法回避的一个关键问题。

第四，限制仲裁的裁量权。仲裁裁量权指仲裁人员在法律、法规、规章的授权范围内，根据立法目的以及公正、公平、合理的原则，基于 PPP 伙伴们先前的自行约定，自行判断 PPP 争端的行为条件、自行选择仲裁行为方式和自由做出仲裁决定的权力。实践证明，仲裁的裁量权是仲裁过程不可或缺的权力，它的适合、适度、适当运用，将有利于提高仲裁效率，保障 PPP 合作伙伴们的合法权益，促进 PPP 争端的正义实现。裁量的意义在于避免法律的普适性造成对个案的不公正评判，而法律不可穷尽所有情境，规则的标准制定要体现公正，[①] 这些问题正是我们制定、使用裁量权所面临的问题。裁量权是如此重要，然而如果裁量权过度会违背正义。所以，有必要在一定程度上限制仲裁人员的裁量权。

第五，同类事宜仲裁结果的一致性。有些 PPP 的仲裁案件基于相同或类似的商业背景、条约条款以及公共政策，但是有关同一争诉权利的存在与否、如何实现这种权利以及权利的诉求和内涵等事宜却有可能得出不同的仲裁结论。仲裁结论的不一致所损害的不仅仅是 PPP 仲裁规则所应有的严肃性，还会动摇社会资本投资的安全预期。这种令人遗憾的仲裁结论会衍生仲裁的有效性问题，进而导致对仲裁合法性的质疑，最终会影响政府与社会资本以 PPP 模式开展的合作。

尽管仲裁作为事后补救机制可以在一定程度上解决 PPP 伙伴间的争端，然而仍旧无法在数量上减少 PPP 纠纷。但是，仲裁机制会在一定程度上改善政府与社会资本合作的预期，使伙伴间"推卸责任"变得比以往更困难。

5.3.4　问责可以敦促公私合作谨慎负责

近年来，问责与监督已经成为时髦的概念，问责的目的在于防止行政权力被滥用，这导致几乎所有的公共行政问题都与问责相关。PPP 伙伴间的平行合作可以相互制约，形成水平横向的监督机制，公共服务的提供者与使用者之间刚好可以形成

---

① [美] 乔治·弗雷德里克森. 公共行政的精神 [M]. 张成福, 译. 北京：中国人民大学出版社, 2003.91.

垂直的问责机制。构建一个对民众负责、满意的公共服务监督问责机制，是现代国家治理的核心问题。PPP模式下的公共服务提供者应该把使用者更好地引入到PPP的责任体系中来，让政府与社会资本不仅合作更要为使用者提供更多更好更广的公共服务，并接受使用者的问责。伙伴间问责和监督是一个非常值得深入研究和探索的领域。本章只讨论问责，暂不讨论监督。

5.3.4.1 问责机制缺失导致PPP失败案例频发

当前，PPP项目已经出现几个由于缺乏问责机制而导致的失败案例，引起社会的广泛关注，包括武汉汤逊湖污水处理厂项目、[①] 杭州湾跨海大桥项目、[②] 鑫远闽江四桥项目、[③] 山东中华发电项目、[④] 北京第十水厂项目。[⑤] 每一个案例都警示我们要跟进明确清晰的问责机制。

公共政策的制度性框架以及公私责任分担权重在国家之间存在着很大的差异，在一国之内的地域之间同样也会存在或多或少的差异。就私有化政策而言，无论从深度、广度和连续性来看，美国都走在英国的前面，而像中国这样高度集中、以中国特色的社会主义市场经济为导向的国家，中央政府往往主导着地方政府、社会资本的活动。由于我国幅员辽阔，各地域的情况千差万别，社会治理的地方性差异以及行政层级差异往往被忽视，而这种差异性的存在往往导致契约失灵。如果由缔结项目合同的政府上级部门负责管理政府与社会资本合作，而并不是与社会资本进行合同谈判的政府，并且由于地域差异或者行政隶属层级差异的原因而不能共享价值观和政策，那么紧张的冲突不可避免，例如鑫远闽江四桥项目：1997年，福州市政

[①] 武汉汤逊湖污水处理厂BOT项目夭折［N］. 中国建设报，2004年9月24日 http://www.chinajsb.cn/gb/content/2004—09/24/content_108231.htm.

[②] 谁动了杭州湾跨海大桥的奶酪？［N］. 长三角视点浙江在线新闻网站，2005年3月3日 http://www.zjol.com.cn/05delta/system/2005/03/03/004356436.shtml.

[③] 盲目承诺出恶果：港商索赔9亿元［N］. 新华网，2004年8月4日 http://news.xinhuanet.com/comments/2004—08/04/content_1708128.htm.

[④] 赵燕凌. 中华发电命系电力改革 竞价上网危及当年BOT承诺［N］. 财经时报，2003年5月15日 http://it.sohu.com/34/12/article209271234.shtml.

[⑤] 中国第二个水务PPP项目北京第十水厂16年后终将建成［N］. 东方早报，2014年8月18日 http://www.huanjingchanye.com/html/industry/2014/0818/1920.html.

府为吸引外资,向外商盲目承诺根本不能兑现的优惠条件,以 PPP 方式修建鑫远闽江四桥。2002 年 9 月 10 日国务院为制止盲目吸引外资的行为下发了《关于妥善处理现有保证外方投资固定回报项目有关问题的通知》,明确指出:"保证外方投资固定回报,不符合中外投资者的利益共享、风险共担的原则,违反了中外合资、合作经营有关法律和法规的规定。今后任何单位不得违反国家规定保证外方投资固定回报,并提出必须在年内整改完毕的限期,要求各地政府对固定回报投资项目进行清理和妥善处理。"2004 年 福州鑫远城市桥梁有限公司因数亿投资血本无归,向中国国际经济贸易仲裁委员会提出仲裁申请,要求受理因政府违约造成的高达 9 亿元人民币的合同纠纷。该事件,使福州市政府陷入两难境地。如果兑现承诺,福州市政府将支付巨额补偿且违背国务院的新政策;如果不兑现承诺,政府信用遭到严重损害。这在无形之中造成了问责困惑,谁之过? PPP 的基本逻辑是"利益共享、风险共担",由于当年国内基础设施建设落后,财政资金远远不能满足建设需求,为引进外资,不少项目都有 15% 的回报率承诺,国务院的"及时叫停"无疑是在维护 PPP 的基本逻辑,然而是否适当也是一个问题——这涉及上面讨论的风险转移问题,会对未来的社会资本参与 PPP 造成阻碍。明智的做法是问责、伴之以中期调整而非终止合同。令人遗憾的是我们只看到终止合同而未看到问责。

PPP 将是经济新常态下混合所有制改革的具体实践,与之相对应的问责机制也要与时俱进。问责制对于控制腐败是至关重要的,无论是民主制还是独裁制国家都有可能非常腐败。问责制甚至在不进行选举,或者有一个在选举中始终稳操胜券的支配性政党的国家里也可以发挥监督作用。来自民众的外部压力,可以起到限制腐败的作用,避免公务人员通过牺牲公共利益来获得个人利益。[①] 此外,PPP 的发展有望提供一种新型的责任机制以及一定程度的民主潜力,为问责监督创造新的机遇,也为民众参与治理提供一种渠道。无论是社会组织还是私营部门,只要参与到公共服务的提供过程当中,都会接受使用者—也就是民众的检验与选择。竞争是需

---

① [美]苏珊·罗斯·艾克曼. 腐败与政府[M]. 北京:新华出版社,1999.187.

要竞争规则的，较好的竞争是通过改变规则引导产生的。① 这是一个市场模式下落于法治形式的集体选择过程。正是由于PPP改变了政府提供公共服务的传统模式，使得民众、社会资本、第三方独立的中介咨询机构在此过程中参与到公共服务领域。只有民众监督真正参与到PPP当中，才能使问责机制更好地发挥防范腐败、寻租、渎职等作用，才能引导PPP主动实现公共利益。

5.3.4.2 问责机制使"推卸责任"变得更困难

问责制是民主政治的必然，是责任政府的制度保障。近几年我国一些地方政府在这方面进行积极大胆实践，制定出一系列有关行政问责的法律、法规、规章，在一定程度上推进了我国责任政府的建设，民间要求构建责任政府的呼声日益高涨，而实现责任政府的关键在于构建一套完善的行政问责机制。所谓问责指对政府违法行为及后果追究责任，是现代政府明确责任，勇于承担责任的积极表现。PPP作为公共服务供给的创新模式，在条件适宜的情况下，有必要适度适当地引用问责机制，这样一来，伙伴们的行为将更负责任，推卸责任将变得更加困难。建立健全PPP的问责机制是PPP有序运行的制度保障，其优势在于：

第一，敦促政府对自己的行为负责。PPP模式引进社会资本的同时，也迎来对治理能力的挑战。政府在引入社会资本合作的过程中对"少花钱多办事"的向往以及对未来风险的估计不足，均给合作留下隐患。公共服务从传统的单一供给到PPP模式的合作供给，要求政府从垂直的层级制控制逐渐转换为与合作伙伴的平行合作，是政府与社会资本相处格局的重新调整。许多失败的案例反映出，政府很难适应身份的转换，尚缺乏与社会资本合作的经验。我们知道，风险可以通过合作得到有效控制和降低，但是无法真正由政府转移到社会资本。作为公共服务供给的最终责任人，问责有利于敦促政府对自己的行为结果负责。

第二，实现公正。公共服务供给无论是传统上的政府供给还是市场化供给，其

---

① [美]詹姆斯·M·布坎南. 自由、市场和国家：80年代的政治经济学[M]. 吴良健，译. 北京：北京经济学院出版社，1989.34.

目的都是为了实现公共利益而非仅仅追求效率、效益、效能,这是由公共产品的公共性天然属性决定的。政府与社会资本合作打破传统上政府提供的单一模式,需要更加多元的问责形式来保障公共服务供给的公正。相对于当前公共服务供给模式而言,公共服务外包和私有化只是化解财政压力的可选项。但是,其所暴露出来社会公正的问题,并不仅仅是引入社会资本就能够解决的,加之传统公共服务供给弊端使得我们更加坚定决心要大力推广PPP,引入问责机制有利于厘清合作伙伴的责任义务,维护伙伴合法权益,尽最大可能保护伙伴们在公正的环境下合作。

第三,对民众负责。PPP问责机制的构建可以在一定程度上帮助社会资本尽快建立责任主体意识,督促其尽职履责。现代民主国家的"主权在民"思想已经深深根植于民众心里。公共服务的使用者是民众,民众为了更好地保障自身权利,应该参与到公共服务的供给当中,管理并监督供给行为。如果发生公共服务供给不合意,民众应该有权利问责,政府作为民众的终端代理人担负"为民请命"的职责行使问责权利。此外,随着西方新公共管理运动的兴起,传统的官僚问责形式已经悄悄地发生改变,更加注重官僚行政权力行使的绩效,即官僚绩效问责。在政绩观的导向下,官僚会更注重回应并满足公共服务使用者的诉求,即便是利己的内驱力也会敦促官僚真正对民众负责。

充分发挥PPP问责机制的优势,需要相应的制度标准来保障问责的有序进行。就我国当前行政问责机制的法律地位而言,存在法理依据不足的问题,难以依法或者说依制度问责。在责任划分上由于弹性空间过大或者问责原则缺失使得刚性原则缺失,问责公正无法得到有效保证,使问责流于形式。所以,构建科学的问责机制成为必然。

5.3.4.3 PPP问责机制的构建原则

PPP问责机制需要以制度的形式表现出来,它是一项系统工程,无法孤立的存在,要与政治伦理、法律规范、行政机制等因素交相呼应、相辅相成且又互为因果。其构建原则:

第一,权责一致原则。权责一致即权责相等。改革开放以后我国的政治经济体制经历转型期，政府、市场以及社会三者之间的关系错综复杂胶着不清，既有重叠又有真空，责权错位、越位、缺位的现象时有发生，究其原因在于权责不一致。这是由于权责制度没有遵守权责一致原则，导致后续问题层出不穷。所以，权责一致原则是PPP问责制度构建的首要原则。而具体到合作伙伴，在公共服务供给中，提供者拥有的权力与其应承担的责任应该匹配。

第二，责任形式有机结合的原则。问责从程度上划分，可以从行政伦理问责、纪律问责、法律问责三个层次进行划分，由低到高适用，程序越来越严谨，问责力度越来越大，前者是后者的基础。如果PPP参与者行为或者行为结果已经触犯法律，那么以行政伦理问责、纪律问责形式解决问题是远远不够的。如果为了打击报复或者其它不为人知的原因，明明适用行政伦理问责、纪律问责却偏偏要使用法律问责形式，这种情况在制度构建中必须明确。

第三，包含清晰具体的惩罚措施。惩罚措施是对问责对象实施惩罚的依据。如果PPP问责机制缺乏对责任标准的认定，将会导致问责标准不一、问责处理不同、利用问责打击报复、纵容失责的可能。以问责内容作为划分设计问责形式的依据，确定问责对象应该承担的责任，以及程度的轻重和比例份额。这样一来，就可以参照法律依据不同的等级，设置问责处罚的实际标准，同时适当酌情参照从重、从轻原则。

构建PPP多元问责机制可能还会面临四个严峻的挑战：

第一，在实践当中理想的政府与民众之间清晰高效的问责机制由于现实的复杂多样而变得支离破碎，使问责之路变得困难重重。问责的执行和结果通常是民众关注的焦点，为了政治正确、为了给民众一个满意的交代，往往会使问责变得更空洞、更脆弱、离事实真相更远。为问责而问责已经在一定程度上偏离了构建问责机制的初衷。

第二，如果想要发挥问责机制的民主潜力，那么信息要有一定的开放度和透明度，而当前有关PPP的合作框架并不能确保信息公开透明。私营部门会以"商业机密"为由拒绝发布信息，政府也会以各种理由拒绝公开透明。路易斯·布兰代斯有一句著名的判词曾经风靡天下："阳光是最好的消毒剂；而电灯则是最有效的警察"。促进政府政务公开，让民众获得更多的公共信息是确保政府责任实现与维系行政伦理水准的重要途径。[①] 一个有关PPP的全面信息发布机制将有助于培养民众参与公共事务的意识，从而鼓励民众参与问责并对政府进行有效监督，抵制公务人员腐败。PPP如果运用得当可以在一定程度上促进服务型政府的公开透明，也催生民众参与的新民主机制。

第三，公共服务的公共性本质使得政府永远都无法逃脱其问责主体的宿命，即便在形式上把风险转移写进合同，然而风险一旦成为事实，政府很难独善其身，不能坐视项目破产而不管。事实上，政府期望通过PPP融资缓解财政压力以及作为问责终端无法承担项目失败的结果，这使得政府行为自相矛盾，呈现出疲态：一方面，想不计成本地尽快将风险转移给社会资本；另一方面，政府在实际上根本无法将风险转移出去，被社会资本"绑架"，随时准备救援。尽管我们需要极大的智慧应对问责机制所面临的挑战，我们依然觉得构建问责机制、厘清伙伴间的责任义务是PPP发展的制度保障。

第四，问责机制难敌机会主义造成的风险回置。通过引入奖惩机制来管理风险的目的在于实现最佳风险分配。然而，理性经济人假设的极端性造成理论的解释力过于狭窄，由于人的理性受认知所限，不但理性有限而且还是渐进地发展，所以在现实中，合约不可能穷尽所有不利，这就意味着机会主义有生存空间。具有机会主义行为的合作伙伴可以通过将合约外的风险转移回置给对方，从而增加自己的利益，或把本应自己承担的风险成本转嫁给合作伙伴，矛盾和冲突就此产生。

其他治理问题将在下一节中讨论。

5.3.5 小结

将PPP引入到公共服务供给领域，无疑是一个极具争议性和潜在风险的政治举措，而推行PPP又恰恰是政府在现有财政难以满足民众对公共服务需求的现实情况

---

① ［美］戴维·H·罗森布鲁姆等. 公共行政学：管理、政治和法律的途径［M］. 北京：中国人民大学出版社，2007.578.

下的积极举措,这一事实使得政府绝难放弃 PPP 作为一项有关公共服务供给的现代化代表性创新议程。建议政府在越来越多的相关制度规则与政策领域致力于促进 PPP 的有序进行,对于有关 PPP 在公共治理框架下实现公共利益的政治考量,从一开始就应该予以高度重视,如果忽视这些政治元素,那么这种举措的长期结果也许会隐患无穷、事与愿违。尽管 PPP 的运行有可能如履薄冰,稍有不慎就会触礁,但我们依然要在总结前人经验教训的基础上,在创新中以开放的胸襟和优化公共治理的全面努力,将其作为挑战性的供给侧结构性改革的一个重要组成部分。

5.4 本章小结

由上一章分析可知,地方政府的传统筹资、融资、拨付方式,已经成为基本公共服务供给有效性的掣肘,而 PPP 是应对并解决这一掣肘的有力工具。归纳起来看,PPP 是从融资到管理再到治理的有效工具:

第一,PPP 是一种新型的项目融资模式。在一定程度上弥补政府资金的不足,PPP 为人们所熟知是从融资职能开始的,甚至当前它依然被很多人视为有效的融资模式。PPP 在兴起之初,就是为基础设施融资,具体形式包括公路建设、铁路建设、水利建设的融资。由于财政支付很难覆盖基础设施的实际需求,只能有效利用社会资本,并允许社会资本以收费的方式收回投资。正是这种政府带动社会资本参与基础设施建设使得社会资本盈利,PPP 迅速得到社会资本的肯定和欢迎,随后这种融资功能被不断地运用到基础设施建设的各个方面。随着民众诉求的日益增多,近些年 PPP 被引用到公共服务供给领域,以弥补政府财政资金不足造成的公共服务质量低、数量少的问题。以 PPP 的方式融资提供基本公共服务是治理变革的一个升级式创新。各方面已普遍认识到,PPP 可以缓解地方财政压力,是一个比较见效好用的融资工具。

第二、PPP 也是一种管理模式。尽管 PPP 能够缓解我国财政支出压力固然值得看重,而解决公共服务供给低效问题是更具建设性和创新意义的举措。PPP 是关于计划、建设、开发基础设施，分享或重新分配风险、成本、效益、资源和责任的管理机制。[①] PPP 的管理职能也是其能够得到广泛推广的重要原因，地方政府以 PPP 的方式，在符合民主程序的前提下争取以最小的投入获得最大的产出，实现效率最优。然而，PPP 的作用并不仅限于数量的最优化，其核心功能是消除或减少政府的负外部性，提高基本公共服务供给的质量、数量和效率。千千万万个 PPP 项目多赢式的包容性发展，是 PPP 提高公共服务供给效率的根本保障。

第三、从全局看，PPP 更是一种治理模式。它使政府在有限的税收、公债以及财政拨付下与非政府的多元主体一道提供更多更好的公共服务，更令人满意地实现公共利益。当前的合作治理把政府与非政府组织整合成一种"合作制组织"，它源于官僚制而超越官僚制，最后实现对官僚制的扬弃，用合作制组织代替官僚制组织，PPP 即为合作制组织的一种形式。不容忽视的是，官僚互投赞成票以及民意对公共政策的裹挟不仅仅是供给低效的问题，更是对公共利益的最大偏离。"市场机制"、"小而美"、"顾客导向"、"企业家精神"、"效率至上"的企业型政府是新公共管理理论的核心，被市场主义视为圭臬，从而扭曲了公共服务供给的特质。PPP 不仅有利于转变公共服务的供给机制，避免上下级政府由于责任不清以及同级政府财政竞争所造成的基本公共服务供给低效，还可以剥离一部分政府性债务以便减轻政府的债务压力，使地方政府从传统单一年度的"预算收支管理"，转为"资产负债管理"。

一句话，PPP 在带来融资革新的同时，也带来了管理、治理的革新。当前政府通过融资、管理、治理等机制整合引导社会资本，就政府而言，选择在 PPP 这个概念之下，积极地推进现代国家治理中的制度创新，是充分尽责地实施和谐社会管理、贯彻中国梦发展战略的客观必然要求。[②]

然而，PPP 面临的融资、管理、治理挑战提醒我们，PPP 想完全融入复杂的公

[①] Koppenjan, J. F. M. (2005). The formation of public-private partnerships: lessons from nine transport infrastructure projects in the netherlands. Public Administration, 83 (1), 135—157.

[②] 贾康：PPP 模式是融资机制、管理体制机制的创新 [N]. 中国环保网. 2014—8—25 http://www.chinaenvironment.com.

共治理体制也许还需要一些时日,同时这些挑战也指出了 PPP 在公共治理框架中的地位这一更为广泛的问题。这些问题以及解决机制与公共治理在民主方面的特征是密切相关的。其危险在于,如果这些挑战没有得到有效合理的解决,那么 PPP 很难实现善治。在一个市场经济自由、政治民主的国度,PPP 改变了与公共政策制定过程相联系的传统责任,社会资本通常会被赋予公共政策执行和实现结果的责任。更确切地说,PPP 涉及一个介于管理概念(比如效率)与民主法治概念(比如公平正义、公共利益、民众参与、国家责任、问责与合法性等等)之间的权衡取舍与有机结合的创新问题。尽管社会资本通过 PPP 投资公共服务具有显而易见的相对优势,政府要利用这种优势探索新的能够自觉改进效率的政策体系及其实施机制,并借鉴私营部门更具市场回应性的管理运营模式来摆脱曾经声名狼藉的繁文缛节。[①] 政府与社会资本互动的日益增加带动了政府治理方式的转变。这种互动被认为是提高公共部门与社会资本合作的有效性与合法性的努力。然而,当前有一种声音认为"PPP 是政热企冷",贾康认为"近两年在中国的改革发展中,PPP 合乎逻辑地成为我们在新的阶段上的重要创新内容,其发展总体而言仍属动员和培育期,可说是方兴未艾,而且从潜力上和现在的态势上讲,是很有希望以后逐渐进入如火如荼的境界的。"[②] 无论这种有关 PPP 的争论是表象也好,还是当前暂时的态势也罢,尚处于探索阶段的 PPP 能否尊重公共价值、具有有效性与合法性并实现善治,是影响 PPP 在全国范围内推广的重要因素。

参考文献:

[1]Bozeman,B.All organizations are public: bridging public and private organization theory[M].Jossey Bass Inc,1987,5.

---

① Skietrys, E., Raipa, A., & Bartkus, E. V. (2008). Dimensions of the efficiency of public-private partnership. Engineering Economics, 105 (3), 45—50.
② 贾康.PPP "政热企冷"之说有偏颇[N].新供给经济学论坛.2015—11—20.05:39:36 http://www.taooil.net/huzang/2015/1120/6087.html

[2] Bovaird, T. (2004). Public-private partnerships: from contested concepts to prevalent practice. International Review of Administrative Sciences: An International Journal of Comparative Public Administration,70(2),199-215.

[3]贾康.PPP模式是1+1+1大于3.[N].新浪环保,2014年12月28日13:21http://news.sina.com.cn/green/2014-12-28/132131336601.shtml.

[4]贾康委员:政府和社会资本合作正迎来春暖花开[N].发稿时间:2015-03-07 02:29:00来源:中国青年网.http://news.youth.cn/gn/201503/t20150307_6509448.htm.

[5]贾康:PPP制度创新打开了民间资本跟进的制度空间[N].2015年01月16日15:04来源:财新网 http://opinion.caixin.com/2015-01-16/100775317.html.

[6]贾康:PPP—制度供给创新及其正面效应[N].2015年05月27日08:17来源:光明日报[http://theory.people.com.cn/n/2015/0527/c40531-27061850.html.

[7]李光久,李昕.博弈论简明教程[M].镇江:江苏大学出版社,2013.152-156.

[8]贾康.PPP:制度供给创新及其正面效应[N].光明日报,2015-05-27.http://news.gmw.cn/2015 05/27/content_15791552.htm.

[9]李光久,李昕.博弈论简明教程[M].镇江:江苏大学出版社,2013.198-201.

[10]贾康.合理分配风险是PPP效益最大化前提[N].人民网,2015年03月09日http://www.ccgp.gov.cn/specialtopic/pppzt/news/201503/t20150309_5063520.htm.

[11]贾康.用法律为PPP保驾护航[N].政府和社会资本合作(PPP)研究中心,2015-04-13http://www.pppcenter.org.cn/llyj/zjsd/201504/111949dXh.html.

[12]贾康.PPP:制度供给创新及其正面效应.[N].光明日报,2015年05月27日 星期三http://epaper.gmw.cn/gmrb/html/2015-05/27/nw.D110000gmrb_20150527_1-15.htm.

[13][美]詹姆斯·M·布坎南,戈登·塔洛克.同意的计算—立宪民主的逻辑基础[M].陈光金,译.北京:中国社会科学出版社,2000.160-161.

[14][英]亚当·斯密.道德情操论[M].蒋自强,钦北愚,译.北京:商务印书馆,1997.230.

[15][英]亚当·斯密.国民财富的性质和原因的研究(下卷)[M].郭大力,王亚南,译.北京:商务印书馆,1988.27.

[16][美]丹尼尔·F·史普博.管制与市场[M].余晖等,译.上海:上海三联书店,1999.512.

[17][英]简·莱恩.新公共管理[M].赵成根等,译.北京:中国青年出版社,2004.6.

[18]贾康:PPP 项目中政府的身份定位问题辨识——在第 15 期"中国 PPP 沙龙"上的致辞[N].2016-07-13 http://www.chinareform.org.cn/people/J/jk/Article/201607/t20160713_252441.htm.

[19]张维迎.博弈论与信息经济学[M].上海:上海人民出版社,2011.256-262.

[20]贾康.用法律为 PPP 保驾护航[N].政府和社会资本合作(PPP)研究中心.2015-4-13. http://www.pppcenter.org.cn/llyj/zjsd/201504/111949dXh.html.

[21][美]詹姆斯·M·布坎南,理查德德·A·马斯格雷夫.公共财政与公共选择:两种截然不同的国家观[M].类承曜,译.北京:中国财政经济出版社,2000,40.

[22][美]戈登·塔洛克.经济等机制、组织与生产的结构[M].柏克,郑景胜,译.北京:商务印书馆,2010,47-48.

[23]Bozeman,B., Reed,P.N., & Scott,P.(1992).Red tape and task delays in public and private organizations.Administration & Society,24(24),290-322.

[24]Provan,K.G.,Kenis,P.(2008).Modes of network governance:structure,management,and effectiveness.Journal of Public Administration Research and Theory,18(2):229-252.

[25][美]威廉姆·A·尼斯坎南.官僚制与公共经济学[M].王浦劬,译.北京:国青年出版社,2004,206.

[26]李香玉.PPP 项目的失败案例[N]..中国工程建设.2015-02-12.http://www.chinacem.com.cn/ppp-alfx/2015-02/182873.html.

[27][美]罗伯特·达尔.论民主[M].李柏光等,译.北京:商务印书馆,1999,165.

[28][美]查尔斯·林德布洛姆.政治与市场:世界的政治——经济制度[M].王逸舟,译.上海:上海三联书店,1995,8-9.

[29]张维然,林慧军,王绥娟.延安东路隧道复线 BOT 模式之评价[J].中国市政工程,1996(09):48-53.

[30][美]弗雷德里克·皮尔逊,西蒙·巴亚斯里安.国际政治经济学[M].北京:北京大学出版社,2006:344.

[31]靳明伟.北京地铁 4 号线背后的 PPP 故事[N].中国建设工程网,2015 年 2 月 9 日 http://www.chinacem.com.cn/ppp-nljs/2015-02/182562.html.

[32]Gaffney, D. Pollock, A.(1999).'Pump-priming the PFI:why are privately financed

hospital schemes being subsidised?' Public Money and Management,19(1): 55-62.

[33]Sorensen,J.(2003).A financial analysis of the national air traffic services ppp.Public Money & Management,23(3),185-194.

[34]Jean Shaoul.(2002).New developments: a financial appraisal of the london underground public-private partnership.Public Money & Management,22(2),53-60.

[35]Humphreys,I.M.,Francis,G.,& Ison,S.G.(2003).An examination of risk transference in air transport privatization.Transportation Quarterly,57(4),31-37.

[36] Hodge, G. A., & Greve, C. (2007). Public-private partnerships: an international performance review.Public Administration Review,67(3),545-558.

[37] Beck, T., Bozeman, B. (2007). Public Values : An Inventory. Administration and Society,39(3):354-381.

[38][加]加雷思·摩根.组织[M].金马,译.北京:清华大学出版社,2005,156.

[39]靳明伟.PPP模式失败案例之长春汇津污水处理厂[N].中国建设工程网,2015年3月6日.http://www.chinacem.com.cn/ppp-nljs/2015-03/183741.html.

[40]靳明伟.PPP模式失败案例之长春汇津污水处理厂[N].中国建设工程网,2015年3月6日.http://www.chinacem.com.cn/ppp-nljs/2015-03/183741.html.

[41]黄全权,吴亮.泉州刺桐大桥连不上高速路[N].中国青年报,2002年9月26日.http://news.sohu.com/54/04/news203380454.shtml.

[42]史尧尧,杜涛.地方报送项目8000亿-银行慎对PPP[N].经济观察报,2015年2月14日.http://www.eeo.com.cn/2015/0214/272590.shtml.

[43]广东廉江引资1669万美元建成水厂后空置8年[N].广州日报,2007年6月19日.http://news.dayoo.com/guangdong/gb/content/2007-06/19/content_2854931.htm.

[44][英]阿克顿.自由与权力[M].侯健等,译.北京:商务印书馆,2001.1.

[45][美]马丁·P·戈尔丁.法律哲学[M].齐海滨,译.上海:三联书店,1987.232.

[46][美]乔治·弗雷德里克森.公共行政的精神[M].张成福,译.北京:中国人民大学出版社,2003.91.

[47]武汉汤逊湖污水处理厂BOT项目夭折[N].中国建设报,2004年9月24日http://www.chinajsb.cn/gb/content/2004-09/24/content_108231.htm.

[48]谁动了杭州湾跨海大桥的奶酪?[N].长三角视点浙江在线新闻网站,2005年3月3日 http://www.zjol.com.cn/05delta/system/2005/03/03/004356436.shtml.

[49]盲目承诺出恶果:港商索赔9亿元[N].新华网,2004年8月4日 http://news.xinhuanet.com/comments/2004-08/04/content_1708128.htm.

[50]赵燕凌.中华发电命系电力改革 竞价上网危及当年BOT承诺[N].财经时报,2003年5月15日 http://it.sohu.com/34/12/article209271234.shtml.

[51]中国第二个水务PPP项目北京第十水厂16年后终将建成[N].东方早报,2014年8月18日 http://www.huanjingchanye.com/html/industry/2014/0818/1920.html.

[52][美]苏珊·罗斯·艾克曼.腐败与政府[M].北京:新华出版社,1999.187.

[53][美]詹姆斯·M·布坎南.自由、市场和国家:80年代的政治经济学[M].吴良健,译.北京:北京经济学院出版社,1989.34.

[54][美]戴维·H·罗森布鲁姆等.公共行政学:管理、政治和法律的途径[M].北京:中国人民大学出版社,2007.578.

[55]Koppenjan,J.F.M.(2005).The formation of public-private partnerships:lessons from nine transport infrastructure projects in the netherlands.Public Administration,83(1),135-157.

[56]贾康:PPP模式是融资机制、管理体制机制的创新[N].中国环保网.2014-8-25 http://www.chinaenvironment.com.

[57]Skietrys,E.,Raipa,A.,& Bartkus,E.V.(2008).Dimensions of the efficiency of public-private partnership.Engineering Economics,105(3),45-50.

[58]贾康.PPP"政热企冷"之说有偏颇[N].新供给经济学论坛.2015-11-20.05:39:36 http://www.taooil.net/huzang/2015/1120/6087.html.

第 6 章

通过 PPP 的权力构建以实现其有效性与合法性

权力是利益冲突的终极解决途径，厘清 PPP 的权力结构并予以制约，是 PPP 对治理框架挑战的积极应对。权力决定着什么人得到什么东西，何时得到，如何得到。① 人类有史以来的治理活动都是与权力密不可分的，权力的制约机制与结构关系不但能够引起治理的变化，甚至能够引起社会结构的变革。PPP 的权力决定其运行，所以，要想构建有序的 PPP 运行机制就需要对其权力做出分析。就 PPP 的权力制约范式来看，该机制构成了一个以道德制约为先导、以权力制约为核心、以权利制约为根本、以法律制约为规范的完整的、有机的权力制约体系。我们需要从 PPP 权力的内在制约原理入手建构 PPP 的监督和制约机制，以使它们更好地发挥作用。就 PPP 的权力结构来说，PPP 的提供者与使用者的关系，可以按照权力的运行方向将其简单地划分为水平方向的民主型与垂直方向的权威型两种模式，前者是权力的水平模式，后者是权力的垂直模式；就严格的法律视角来看，PPP 的水平权力划分指的是提供者伙伴间的合作—政府与社会资本合作，政府以平等的身份与社会资本共同决定项目合作，PPP 的垂直权力划分将层级制政府与社会资本组成的提供者视为一个整体为使用者提供公共服务，尽最大可能实现公共利益。民主与权威这两个维度是和谐统一的，因为民主是提供者伙伴关系的基础、强有力的权威是依托

---

① ［加］加雷思·摩根. 组织［M］. 金马，译. 北京：清华大学出版社，2005：159.

其法治特征实现公共利益的保障,二者纵横交织实现了政府与社会资本合作;就实践过程来看,PPP的民主与权威这两个维度也有很多不尽如人意的地方,在这里我们尝试将二者加以改善并进行有机整合。[①] 如前所述,PPP在分配机制等单纯的政治经济效应方面可以显著地影响各个利益主体,所以,伙伴关系的制度供给原则、其各个利益主体的权力关系及其有效性与合法性问题是本章关注的焦点。

6.1 PPP伙伴共同制度供给

政府通过PPP方式与社会资本建立关系,并使用私人部门的方法实现公共目标。虽然PPP诞生于私有化时期,但依然可以将其看做是一种连接政府与社会资本的一种新方式,从而可以更为熟练地运用私人部门的专业知识和技术。政府部门可以利用私人部门的知识进行创新,与私人机构共担风险,实现收益,并使用在私有化时代不可能的方式与私人部门分享收益。所有的这一切都与PPP的制度供给密不可分。PPP的合作伙伴将自己组织起来,从而在面对合作伙伴搭便车、规避责任或机会主义行为诱惑的情况,依然能够取得持久的共同利益。

6.1.1 复杂而不确定情境中的理性合作者

个体在任何情境中的行为选择取决于他如何理解、对待和评价行为的收益和成本及其与结果的联系,而这些结果也同样有着复杂的收益与成本关系。不确定性有许多外部来源:他人的忠诚、项目运行的顺利与否、收益风险分担是否与预期一致。此外,不确定性还有一些内部来源:缺乏相关知识、与伙伴间的关系。在合作中,许多行动是在缺乏对问题后果的正确判断下选择的。一些共同制度由于无人能够对执行情况进行监督而无法强制实施。但逐渐地,合作者会更准确地理解合作,懂得如何对他人的行为作出准确的预期。

在最一般的情况下,个体对较远未来的预期收益评价较低,而对近期的预期收

[①] Heldeweg, M., & Sanders, M. (2013). Good legal governance in authoritative public-private partnerships. European Procurement & Public Private Partnership Law Review,2,175—185.

益评价较高。或者说，个体如何对未来收益进行贴现取决于若干因素。他们是否在其它环境中有更快捷获取投资回报的机会，都影响他们考虑问题对时间跨度的设定。不同的 PPP 项目未来产出的贴现率会有实质性的不同。比如，污水处理、景区开发、公路建设等项目的贴现率就不会相同。贴现率还受个体认知能力的影响，因为对事物重要性以及是非观的理解在不同的个体之间存在差异。

我们知道，行为规范反应个人对自身行为和策略的评价，但这并不是因为行为规范与直接后果相连。一个把遵守诺言作为一条很强的内在规范的人在没有履行承诺时会感到内疚。如果这一规范成为共同制度，那么采取被其他人认为是错误的行为所要受到的社会非议便会对他形成制约。共同制度对每一个合作方的最重要影响是对其它合作伙伴机会主义行为的预期。在充满机会主义的 PPP 合作伙伴之间，伙伴们更习惯于违背承诺、拒绝本应自己承担的义务、规避责任、或采取其它机会主义行为。每一个合作者都会有这样的心理预期，即只要机会合适、条件成熟，合作伙伴们都会以机会主义方式行事。在这样的合作氛围中，建立长期稳定的承诺是困难的，监督和制裁机制必不可少。由于监督、制裁需要额外的成本，一些由于诚实守信才能长期存在的合约变得不可行。而在以抵制机会主义作为强烈共识的合作氛围中，伙伴们会较少关注机会主义带来的个体利益损失，使合作更顺畅。尽管诚实守信的合作氛围有利于合作，然而任何一个群体内都会存在机会主义者，他们一有机会就采取机会主义，而这种机会主义者的机会主义行为还会引发群体内更多的机会主义。即便群体内有共同制度，这种行为也难以从根本上杜绝，这是我们试图解决合作问题时无法回避的一种可能性，只有可获得的收益大于监督和制裁成本，合作才是有价值的。

群体间伙伴们的互动行为影响个体的行为选择，既往的研究一直关注伙伴们"以牙还牙"的行动策略，而埃莉诺·奥斯特罗姆[1]对个体的理性行为使用了一个相对广义的概念——个人选择的内部世界，变量分别为：预期收益、预期成本、共同制

---

[1] ［美］埃莉诺·奥斯特罗姆. 制度激励与可持续发展：基础设施政策透视［M］. 陈幽泓 等，译. 上海：三联书店，2000.62.

度和贴现率。群体内的每一个体所选择的策略会在共同作用下对外部世界造成影响并产生结果，这会影响未来对行动收益和成本的预期。个体的行为策略受共同制度的影响，内部贴现率也受个体在外部环境中所拥有机会的影响。将该模型一般化可以适用于许多特定环境，伙伴们通过反复尝试对他们行动的结果会有更多的了解，从而能够长期更有效地评价收益和成本，如图6.1。

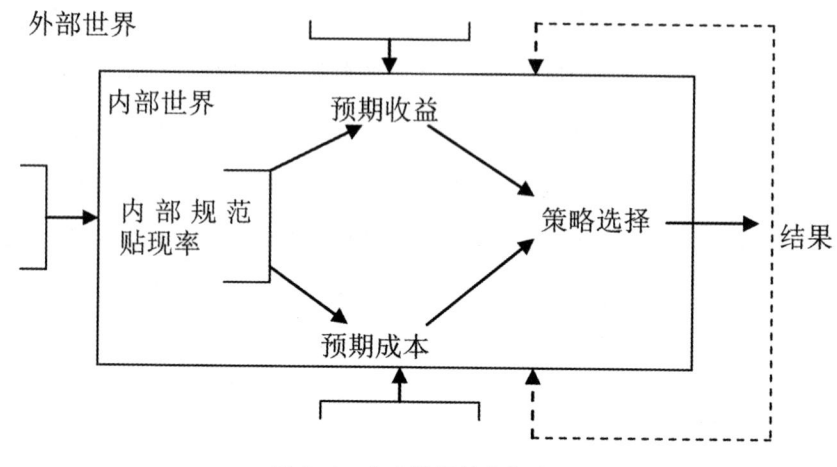

图 6.1　个人选择的内部世界

6.1.2　政府与社会资本相互依存、独立行动和集体行动

合作者所做的每一件事都会对PPP合作伙伴各方产生共同的影响，每一个合作者在评价自身选择时必须考虑其他合作方的选择。只要他们共同做一个项目，他们就处在互相依存的联系中。当采用有效的共同制度来规范PPP合作，这种自然的相互依存关系并没有消失。自然产生的相互依存关系仍然存在，改变的只是结果。在处理PPP合作关系时，如果每一个合作者都采取单独行动，那么他们获得的净收益总和必然小于他们在共同制度下协调合作所获得的收益。奥尔森认为纯粹的个体利益可以通过个体的非组织行动来增进，而且通常情况下更为有效；但是当一些个体拥有共同利益时，个体无组织的行动根本无法增进共同利益或者不能充分增进共同利益。因此需要增进共同利益的时候，组织就能一显身手，其主要功能就是增进由

个体组成群体的共同利益。①

在最一般的层次上，PPP 合作伙伴间所面临的问题是组织问题：如何把合作者个体的独立行动情形转变为伙伴间采用协调策略的集体行动以获得共同利益是政策制定者值得思考的问题，伙伴间无序是混乱不可持续的模式。也可以这样理解，单纯强调伙伴间民主平行且缺乏必要的监督、制裁、强制机制，PPP 的合作伙伴们会陷入无序。但这并不必然意味着要成立一个正式组织，组织工作是一个过程，一个组织只是这个过程的结果。几乎所有的组织都会有共同制度来规范行为，由于组织成员间的重复互动，个体会根据互动来采取行动。当个体看到其他合作者为获得更大的共同利益而放弃眼前的个体利益时，往往也会自愿加入这种组织合作来实现更大的共同利益，组织可以依靠这种互动行为鼓励成员合作。然而，群体内个体由独立行动转变为集体行动，可能会花费很长时间付出很大成本，而增加的收益却要在群体内成员间分配共享，所以，很难保证群体内所有成员有动机去主动解决集体行动问题。企业理论和政府理论对集体行动有各自的解释，都会涉及建立一种新的制度安排，在这种新制度安排中所采用的规则与独立行动所遵循的规则是完全不同的。

企业理论。当人们存在一种潜在的相互依存关系时，就会有机会增加收益。每个人便会试图与其他合作者就一系列规定协商如何以合作的、而非独立的方式行动。每一个参与者自愿选择是否加入该合作，PPP 即是此种合作，政府有很高的激励尽可能有效地组织该合作。政府会试图规划与社会资本的合作契约，以激励社会资本在获得合理收益的同时帮助政府提供公共服务以实现公共利益。政府也能对社会资本的工作情况做必要的监督，对于不能恪守承诺的社会资本，政府也有适当的办法规范引导其行为。由于社会资本自由决定是否参与 PPP，因此形成的 PPP 合作组织是自愿的，彼此之间是非剥削关系。然而，如果 PPP 模式下的合作可以获得收益，除了社会资本拿到当初合作时确定的收益以外，其余的收益均是政府为社会提

---

① ［美］曼瑟尔·奥尔森. 集体行动的逻辑［M］. 陈郁, 译. 上海：上海人民出版社/格致出版社/上海三联书店, 1995.7.

供公共服务提高民众福祉的收益。

政府理论。政府理论虽然比企业理论复杂，但是也可以用简要和程式化的方式来表达。政府理论更多的是强制而非自愿，政府以严厉的制裁相威胁，从社会资本那里获得税收、劳动或其他资源。贤明的政府会将如此得来的资源用于人民福祉，社会资本也因服从于政府的强制而使自己的境况得到实质性的改善，这也是一种政府运行实现公共利益的方式。然而，这里不存在竞争市场那样的机制，这就得迫使政府必须设计出有效的制度。如果制度太弱，政府不能如既定目标那样有效运行；如果政府太强，也许就出现叛乱。这样实现的全民福祉也许不可持续也许不能实现，充满风险和未知。

无论是政府理论还是企业理论，组织政府与社会资本的集体行动都由政府来承担，合作收益与集体行动所产生的剩余直接相关。如果出现社会资本不守承诺，即对合同违约或拒绝纳税，政府对社会资本进行适当惩罚便是政府的利益所在。所以一定要有相应的制度使惩罚可信，使监督可行。因此，这两种理论实际上都在讨论了新制度如何安排才能解决承诺可信和监督可行的问题。尽管政府不是企业，但是PPP合作更适用于企业理论，即政府与社会资本在市场机制下自愿合作。

6.1.3 政府与社会资本合作的供给、承诺和监督

尽管现有的企业理论和政府理论可以解决政府与社会资本合作的供给、承诺和监督等问题，但迄今没有充分完备的能够为大家所接受的类似理论，合乎逻辑地说明一组面临集体行动问题需要解决的制度供给、彼此间可信的承诺以及PPP伙伴间的相互监督。

供给问题。Robert Bates 基于对契约主义和新制度主义的研究提出：现代制度理论并没有对供给问题进行充分的讨论，新制度主义者只有在精神上是契约论者。人们之所以需要制度，是因为在一定程度上制度可以扩大理性人的福利。PPP伙伴间的博弈既可以是合作博弈也可以是非合作博弈。而合作博弈较之囚徒困境博弈更为容易，因为一旦达成互利的博弈均衡点，任何一方都不愿独自改变策略打破这个均衡，尽管这可能只是博弈方可以实现的次优。保证合作博弈中的均衡也无法给局

中人同样的回报，所以局中人更喜欢给他们带来最优结果的一套规则。所以，合作伙伴都希望有一个新制度，这个制度可以规范他们的行为，使他们无法单独行动，该制度可以为达到一个均衡的结局协调 PPP 伙伴间的活动。但是在制定共同制度的时候，PPP 伙伴间很可能会存在分歧。所以，妥协合作的博弈结果本身也包含着一个无法避免的集体困境。

由于新制度供给等同于提供另一种公共产品，所以在制定这些新规则的过程中存在着二阶的集体困境。这是由于，即便在均衡条件下的各方回报是对等的，且新制度会同等程度地使每一方的境况变得更好，但既然新制度供给是一种公共物品，理性人需求个人利益最大化，就仍然会有制度供给失败的可能。搭便车的天然动机会逐步瓦解 PPP 合作伙伴间解决集体困境的动机。而我们当下要解决的恰恰是这个动机问题。对制度问题的关心使我们将关注的焦点放在个体的行为选择上，努力理解个体理性与群体理性，以及个体理性如何顺应群体理性。[1]

在不确定条件下的无限期重复博弈中，正是由于对收益的不确定性使得有限重复的囚犯困境博弈能够产生合作均衡以及其他很多均衡。鲁宾斯坦（Rubinstein）[2]使用重复博弈模型来证明，如果伙伴们有足够的耐心，也就是贴现因子足够大，此时帕累托最优风险分担和激励就可以实现。在这样的条件下，为了获得互惠有利的结果，一方对另一方会显示出合作的意图，而实际的情况是短视行为更为普遍。因此，建立互信机制以及共同体观念便是解决新制度供给的有效机制。

承诺问题。PPP 伙伴间要想长期合作并得到合意的收益，就要解决承诺问题。[3]设想一下，在一个具体的 PPP 项目中，伙伴间建立的共同制度严格制约着每一方的行为。如果每一方都遵循这些规则，该项目将会按照更可预期、更有效的方式运

---

[1] Bates, R. H. (1988). Contra contractarianism: some reflections on the new institutionalism. Politics & Society, 16 (2—3), 387—401.

[2] Rubinstein, A. (2010). Perfect equilibrium in a bargaining model. Econometrica, 50 (1), 97—109.

[3] North, D. C., & Weingast, B. R. (1989). Constitutions and commitment: the evolution of institutions governing public choice in seventeenth-century england. Journal of Economic History, 49 (4): 803—832.

行，伙伴间利益冲突的概率也会随之下降。

在PPP伙伴间的初始合作阶段，每一个合作者在共同制度下，都会对自身的未来收益做出合理预期，可能会为了与伙伴们和谐共处而同意遵守共同制度。但是，随着项目向纵深推进，对于每一个合作者，可能违反共同制度所获得收益更为诱人。在伙伴间，就共同制度达成最初共识之后，每一个合作者都必须做出进一步的选择。在最低限度上，达成共同制度后的合作者每次决策都可被认为是在遵守共同制度或违反共同制度这两者中的选择。只有违反共同制度获得的收益减去受制裁造成的损失大于遵守制度获得的正常收益的时候，合作者才会选择违反共同制度。在合作的初始阶段伙伴们更容易遵守共同制度，然而，随着合作的不断深入如何能使他人相信自己并且自己相信他人能够真正遵守共同制度呢？如果违反共同制度不易被识破且收益巨大，合作者将如何决策？很明显，没有人想做一个傻子，去遵守他人都在违背的共同制度。

一个靠自愿合作的组织，比如PPP组织应该可以在无外部强制的情况下能够自发解决伙伴间的承诺问题。只有内部监督，实施严厉制裁，才能保持对共同制度的遵守。可信的相互承诺只有在解决了内部监督问题之后才可能有效地发挥作用。

监督问题。在集体行动下，如何监督PPP伙伴们对共同制度的遵守是极其复杂的。在理论上，一般假定人们不会相互监督，哪怕制度是自己制定的也不例外。假设激励是以一种通过相互监督的分权方式提供的，便会产生二阶的搭便车问题。惩罚对于施行惩罚的人来说几乎都是成本很高的行为，而惩罚带来的利益则为组织内的所有成员享用。在PPP的模式中，即惩罚带来的利益为伙伴们共同享用。实际上，惩罚也是公共物品，而提供这一产品，人们需要二阶的选择性激励，而这又会碰到三阶的搭便车问题。

如何设计新制度来改变现有激励结构以解决集体行动带来的问题？缺乏监督就不能有伙伴间的可信承诺，没有可信的承诺就没有构建共同制度的理由，PPP伙伴间内部合作监督机制尤为重要。政府主导下的集体行动是获得最大收益的唯一方式，而承诺和监督是保障集体行动顺利进行的共同制度。共同制度提供了合作的预期稳定性，而改变共同制度会迅速减少这种稳定性。从集体行动的角度分析，再一次证明公共服务供给离不开政府参与，群体内成员在共同制度下的互动具有可预期的稳定性，这是合作的基础和保障。

6.2 PPP 的权力制约

在当前很多公共服务以使用者付费的方式提供，使用者合法权益受到侵害问题屡屡发生，随着国家治理的宏观策略转移到"科学有效的权力制约和协调机制"上来，PPP 模式应努力从源头上制约提供者的权力，维护使用者合法权益。一直以来，对权力运行的监督和制约有多重的制约范式可供选择：以权力制约权力的视角、以权利制约权力的视角、以法律制约权力的视角、以道德治理制约权力的视角进行论述。这四种权力的制约范式互为补充而非彼此对立；互相贯通而非彼此隔绝；相互依存而非相互排斥。在 PPP 制度建设中，我们要注意使这四种制约机制有机地结合起来，相辅相成不可偏废。

6.2.1 伙伴间以权力制约权力的原则

以权力制约权力的核心是分权，使不同的权力主体之间形成监督与被监督或者相互监督的关系。一般研究分权思想都会追溯到古希腊的亚里士多德，然而无独有偶，我国自秦朝实现"大一统"中央集权制以来，其实绝大多数朝代都会意识到分权和设立纪检官员的必要性，可以对中央以及地方的所有行政机构及官员统一进行监察、纠举、弹劾。这种监察制度历代不废，具体做法因朝代不同会有一些差异。虽然不同于西方的权力之间相互制衡的分权思想，但是仍然能够看出无论是东方还是西方，滥用权力自古有之。[①] 权力作为一种被公共化了的社会力量，其自身是非常强大的，为了确保它的作用方向合乎公共利益，就需使其受到另一种力量的制约，寻求在政治学框架下此力量对彼力量的制衡。防止权力异化衍生更多新问题的

---

① 《三国志·魏书·夏侯玄传》

基本手段就是依靠权力自身来制约权力。正如洛克所言，"在一切情况和条件下，对于滥用职权的真正纠正办法就是用强力对付强力"。① 孟德斯鸠也指出，"为了防止权力滥用，必须通过事务的统筹协调，以权力约束权力"。② 他主张将权力划分为若干部分，然后将划分后的权力交予不同的主体行使，这样就在不同的主体之间形成一种权力制约关系，权力主体之间既保持相对独立，又能彼此牵制和监督，最终形成一种相对均衡的关系，从而达到遏制权力膨胀、防止权力滥用。以权力制衡权力的基本要求是，对权力进行分工，在此基础上实现制衡。分权制衡的目的主要有三个方面：一是确保每种权力都有运行的边界和范围限制，以便保证权力自身的有限性；二是为了对有限的权力进行牵制和约束，以便保证权力的合法性；三是权责相伴。任何权力的行使都必须受到其他权力的制约并对所造成的不良影响负责。

实际上，伙伴间的权力制衡是维护伙伴利益持续伙伴合作的现实要求。在社会发展进程中，国家的管理职能与统治职能逐渐分化为不同的领域，与之对应的是权力的分化，随之出现了服务于管理的权力和服务于统治的权力。然而，无论是管理领域还是统治领域又都从属于政治的领域。可以这样说，在同一个政治体系当中，权力之间既相互联系又相互影响，只有使它们之间维持一种平衡互动的状态，才可能出现一个健全的政治体系和良好的政治秩序。一旦这个平衡被打破，就必然会面临政治体系的革命。毋庸置疑，只有权力才是维持管理与统治之间的平衡。近现代社会的所有关于权力之间制衡问题的制度设计，都必然按照这个逻辑进行。③

用权力制约权力，既是对权力的保护也是对权力异化的防范和纠正，还可以形成伙伴间的彼此监督。由 5.3 共同制度供给分析可知，伙伴间彼此监督可以实现伙伴间的可信承诺，而可信的承诺是共同制度建设的保障，所以说，伙伴间监督尤为重要，伙伴间权力制约机制间接实现了伙伴间监督。为了能真正实现伙伴间的权力制衡与彼此监督，首先，要在客观上保证伙伴间的平等独立关系，形成相互制约和

---

① [英]洛克.政府论（下篇）[M].叶启芳等，译.北京：商务印书馆，1982.95.
② [法]孟德斯鸠.论法的精神（上篇）[M].张雁深，译.北京：商务印书馆，1961.166.
③ 张康之.评政治学的权力制约思路[J].中国人民大学学报，2000（02）：66—74.

监督的权力结构；其次，要强化能够制衡伙伴间权力的权力，即强化政府主导下的监督权力；最后，削减伙伴们的不当特权。只有真正做到这一点，才可以说我们在PPP伙伴间实现了以权力制约权力。

6.2.2 以使用者权利制约提供者权力的原则

以权利制约权力的核心思想就是人民当家作主。为了更好的理解权利制约权力的思想，首先要来厘清二者之间的区别与联系。权力属于国家领域，代表国家所掌握的管理社会公共事务的强制力；而权利则属于社会领域，为法人与公民所有，二者一公一私，权力的实施以不侵犯企业和公民基本权利为前提。从权力与权利的关系来看，先有权利后有权力，权力的存在是以保障人们的权利为基本前提。公民之所以让渡一部分权利给国家，就是为了授权国家代替自己行使管理国家的职能，更好的保障公民的权利，即国家权力来源于公民权利，权利必须对权力予以制约。

PPP的以权利制约权力原则就是以使用者权利制约提供者权力，其实质就是使使用者成为监督提供者的主要力量。卢梭设想，全体人民定期集会决定公共事务，是阻止政府篡权的最好办法。① 恩格斯在总结巴黎公社经验教训时曾指出，人民掌握罢免权是防止公仆蜕变为"主人"的有效方法。② 人民是国家的主人，国家的一切权力属于人民。人民的权力在政治学上以主权的形式表现出来，而在法律上则具体转化为公民权利。公民权利的集结能够成为对抗国家的力量，所以，"以权利制约权力"的实质就是人民对权力的制约。权利是契约的基础，在权利缺失的情况下契约无法进行；要想契约有意义，就要主张权利。正如卢梭所说，"人们尽可以在力量上和才智上不平等，但是由于约定并且根据权利，他们却是人人平等的。"③ 国家的权力来自人民的授予与委托，如果从这个意义上说，那么制约国家权力的"权力"也可以由人民所有。如果政府部门滥用权力，背离了人民授予该种权力的初

---

① [法] 卢梭. 社会契约论 [M]. 何兆武, 译. 北京：商务印书馆，1980.132—134.
② [德] 马克思, 恩格斯. 马克思恩格斯选集（第二卷）[M]. 北京：人民出版社，1995.335.
③ [法] 卢梭. 社会契约论 [M]. 何兆武, 译. 北京：商务印书馆，1980.34.

衷，人民则可以对其进行抵制、反抗，直至建立新的政权。但是，人民的权力很难外化为单个人的行为，所以人民主权理论并不能真正使权力的制约成为现实。这正如美国建国先贤所言："依靠人民是对政府的主要控制，但是经验教导人民，必须有辅助性的预防措施。"① 这里所说的"预防措施"即预先设定分权与权力制约机制，这样一来，就可以将人民的意志转化为国家的意志，使人民对政府权力的控制以委托的形式交由特定的部门来行使。

以权利制约权力要求 PPP 的提供者要自觉接受使用者的监督，力求使用者的权益能够得到有效保障。权力是一把双刃剑，既可以保障人民的权力又可以侵犯人民的权力。我国《宪法》第 41 条规定，"中华人民共和国公民对于任何国家机关和国家工作人员，有提出批评和建议的权利；对于任何国家机关和国家工作人员的违法失职行为，有向有关国家机关提出申诉、控告或检举的权利"。而我国现有的以权利制约权力的规定更是不胜枚数，以 1996 年颁布的《中华人民共和国行政处罚法》首次将听证程序纳入其中，规定公民有要求听证的权利，标志着我国权利制约权力机制发展到了一个新的高度。

用使用者权利制约提供者权力，既是对权力的保护也是对权力异化的防范和纠正。为了能真正实现 PPP 模式下的公共服务使用者以权利制约提供者不受约束的权力，就要建立相应的使用者参与机制与权益保障机制，真正做到公共服务的使用者与提供者之间的地位平等，使用者能够参与 PPP 的过程当中、其合理的诉求得以表达并得到提供者的回应和满足、其权益受到侵犯的时候既可以申诉又可以得到救济。只有真正做到这一点，才可以说我们以 PPP 模式供给公共服务实现了以权利制约权力。

6.2.3 以法律制约权力的原则

以法律制约权力的核心思想就是权力的设立、使用和监督都要在法律的框架下进行。现代法治是以保障私权、约束公权为核心价值的，其基本范式是以法律制约

---

① [美]汉密尔顿，麦迪逊，杰伊. 联邦党人文集[M]. 程逢如，在汉，译. 北京：商务印书馆，1980.264.

权力，即"把权力关进法治的笼子里"。法治的基本理念是法律至上，而法律又是以权利为价值内核的。从根本上说，法律是一种约束权力和限制权力的控制力量。在法治社会中，无论何种权力都必然受到法律的节制，法律迫使权力在法律框架下运行。法律正是基于社会对秩序的渴求，为约束和制约权力而产生，其使命正是为了防止权力的滥用。以法律制约权力，防止公共权力滥用，保障公民权利不受公权的侵害，是社会主义法治的核心价值所在。

权力的支配性和权威性决定了它必须有既定的规则作为其正常运行的保证，而既能符合权力的性质又能使权力不至于异化的规则只有法律。正如伯尔曼所言，"法治意味着政府除非实施众所周知的规则以外不得对个人实施强制，所以它构成了对政府机构一切权力的限制，这当然也包括对立法机构的权力的限制。"[①] 正是基于这种限制，才能确保PPP权力的公共运用，才能使使用者权利得到切实保障。"法治"通过对"政府是必要的恶"的限制，使法律能够制约权力，从而保证PPP的使用者在使用公共服务的过程中能够保证其合法权益不受侵犯。法律的设计往往从反面认识权力的危害，并且对人性做悲观的估计，即对握有公权的人采取必要的控制和防范，正如卡尔·波普所言，"我们渴望得到好的统治者，但历史的经验向我们表明，我们不可能找到这样的人。正因为这样，设计出即使是坏的统治者也不会造成太大的损害的制度是十分重要的。"[②] 就法本身而言，要求"已成立的法律获得普遍的服从，而大家所服从的法律又应该本身是制定得良好的法律。"[③] 此外，法律具有极高的延续性和稳定性，因为只有这样的制度才能保证公众和政府对滥用权力的正确预期，哈耶克认为"政府在一切行动中都受到事前规定并宣布的规则的约束，这种规则使得一个人有可能十分肯定的预见到当局在某一情况中会怎样使用他

---

① [美]哈罗德·J·伯尔曼. 法律与革命：西方法律传统的形成[M]. 贺卫方，译. 北京：中国大百科全书出版社，1993.128.
② [英]卡尔·波普尔. 猜想与反驳[M]. 傅季重，译. 上海：上海译文出版社，1986.491.
③ [古希腊]亚里士多德. 政治学[M]. 吴寿彭，译. 北京：商务印书馆，1965.199.

的强制权力，根据对此的了解计划他自己的个人事务。"[①] 这种可预见性限制和规范了 PPP 权力的行使，增强 PPP 权力行使的可预见性。

完备而严厉的法律是威慑腐败的重要手段和依据，它为一个社会消除腐败和走向廉政提供了有力的保障。要想有效的制约和监督权力，必须以法制权，以法律制约权力的关键是让法律对 PPP 提供者的规范和约束走向制度化：一是将权力限定在法律框架下，切实做到法无规定权力不用，杜绝和惩罚任何超越法律的权力扩张行为；二是将权利设定在法律的保障之内，用法律的形式对使用者权利形成明确的规定和保护，为权力的行使划定边界，防止权力超出法定的边界而入侵到使用者权利的领域；三是注重程序，要承认监督权力并不能完全杜绝权力的滥用，只能对后来的权力滥用起到震慑的作用，所以要通过宪法和法律设定正当的程序尤其是责任追究方面的救济程序，来及时纠正权力的滥用造成的危害。

用法律制约权力，既是对提供者权力的保护也是对其权力异化的防范和纠正。为了能真正实现在法律的框架下合理的运行 PPP 权力，就要给 PPP 权力划定边界，从而限制其肆意扩张，监督并问责 PPP 权力，对 PPP 权力滥用造成的危害予以弥补。只有真正做到这一点，才可以说我们的 PPP 模式实现了以法律制约权力。

6.2.4 以道德制约权力的原则

以道德制约权力的核心指通过学习和教育的方法将社会对公务人员的期待内化为他们的道德信念。道德是评价人们行为的善恶、丑美、荣耻以及正义与非正义的原则和规范总和。以道德制约权力，无论是在中国还是西方，统治阶级对公务人员是否拥有伦理道德是有着严格要求的，因为它关系到政权稳固的大计。从以柏拉图、亚里士多德为代表的古希腊哲学家到我国以孔孟为代表的儒家，东西方都有关于"以德治国"的思想。亚里士多德要求统治者需具备明哲、正义、节制、勇毅四

[①] [英] 弗里德里希·奥古斯特·哈耶克. 通往奴役之路 [M]. 冯兴元, 译. 北京：中国社会科学出版社, 1997.73.

种品德，而学习和教育是培养这些品德的有效途径。① 儒家主张"以德行仁者王"、②"政者，正也"、③"为政以德"，④ 儒家的德治方针主要是针对统治者的。公务人员的道德是赢得民心的重要法码，历代统治者都会要求公务人员们"正心"、"修身"、"齐家"、"治国"、"平天下"。

PPP 提供者应该遵循与信奉的最重要道德伦理原则是正义，通过对使用者需求作出积极反应来引导社会价值，进而实现公共行政的民主责任与义务，回应使用者需求，提高社会效率，实现社会正义的终极目标。罗尔斯认为理想的"正义"社会应拥有最大程度的公平自由，每一个社会成员都应享有公平的自由，诸如言论、集会、结社的自由等。民主立宪政体的首要原则就是保证公民公平的政治自由，也就是公平的"参与原则"。⑤ 保证"在机会平等公平的条件下职位和地位向所有人开放"，⑥ 避免"社会中的较不利者"由于"财富分布上的不均等"，"不能有效地行使他们那一份与别人相同的影响力"。⑦ 由于传统的官僚层级制注重工具理性，限制了官僚主观能动性的发挥，所以人本主义更主张鼓励个人的积极性、创造性和责任性，这更利于个人成长。⑧ 人本主义宣称组织中的人不是中立的，不能简单地以效率来评判公务人员的工作效果，正义、公平、平等是且永远都是提供者工作的核心目标。

用道德制约权力，既是对权力的保护也是对权力异化的防范和纠正。要想有效的制约权力，必须以伦理道德制权，强化公共责任。让 PPP 提供者树立正确的行政

---

① [古希腊]亚里士多德. 政治学 [M]. 吴寿彭，译. 北京：商务印书馆，1965.124.
② 孟子·公孙丑上
③ 论语·颜渊
④ 论语·为政
⑤ [美]约翰·罗尔斯. 正义论 [M]. 何怀宏，何包钢，廖申白，译. 北京：中国社会科学出版社，1988.213.
⑥ [美]约翰·罗尔斯. 正义论 [M]. 何怀宏，何包钢，廖申白，译. 北京：中国社会科学出版社，1988.79.
⑦ [美]约翰·罗尔斯. 正义论 [M]. 何怀宏，何包钢，廖申白，译. 北京：中国社会科学出版社，1988.216.
⑧ [美]珍妮·V·登哈特，罗伯特·B·登哈特. 新公共服务：服务而不是掌舵 [M] 丁煌，译. 北京：中国人民大学出版社，2004.36.

伦理道德观，在缺乏激励和监督的情况下，自发的从事合乎公共利益的行为。其具体做法如下：一是提供者树立行政道德，其优势在于它是内化于其内心的伦理价值，所以，在他们进行公共服务供给决策的时候，会自发地将公共利益放在首要位置。然而，人的伦理价值观念会随着环境等诸多因素的变化而变化，价值的多元性导致各个价值之间的冲突是不可避免的，在衡量各种价值取向的同时，正义是且永远都是排在首要位置的；二是PPP提供者应该在伙伴间树立组织伦理规则，行政道德作为一种意识形态引导，其自身很难产生广泛而持续的影响，而PPP提供者伙伴间正式的组织伦理规则或非正式的且具有普遍性的价值导向可以促使行政伦理成为提供者的精神向导，引导提供者以公共利益作为行为取向。比起制度的奖惩防范作用，组织伦理规则的优势在于，帮助提供者更好地内化行政道德；三是伦理立法，伦理立法是一种集体性的道德裁决，是行政过程中建立起来的最低道德标准,[①] 人的天性是一种自然本能，外在的控制在于制约这种本能，提供者是使用者的利益代表，如果任由人的自然本能引导其执法行为，很难制约行政权力运行过程中的滥用和谋私。加强伦理立法，通过法律强制力给道德以不容违犯的地位，已经成为现代国家共同的发展趋势。[②] 伦理立法为提供者解决伦理冲突提供了法律指导，也为惩罚违背最低道德要求的提供者行为提供了法律依据。

然而仅仅依靠道德对权力进行约束是远远不够的，以道德约束权力只能作为一种辅助手段。以道德制约权力侧重于防患于未然。以道德制约权力具有内在性、柔性，是以一种柔性的内在力量去驯化一种刚性的外在力量，强调通过价值内化减少提供者侵犯使用者权益的可能性，其实质是通过价值观来制约行为选择，只能算是权力制约的一种补偿途径。在经济社会转轨时期之所以出现PPP提供者伙伴间权力无序以及提供者利用公权侵犯使用者私权的现象，都是由于权力没有受到有效制约。所以说，全面探讨权力制约模式，对保障伙伴间合作以及维护使用者合法权益

---

① [美] 特里·I·库珀. 行政伦理学：实现行政责任的途径 [M]. 张秀琴，译. 北京：中国人民大学出版社，2001.130.

② 郭小聪，聂勇浩. 行政伦理：降低行政官员道德风险的有效途径 [J]. 中山大学学报，2003（1）：86—90.

具有重要的制度建设意义。纵观世界范围内的相关经验教训，权力的过度集中和脱离制约必然导致权力的滥用，而 PPP 权力滥用到一定程度必然导致该模式退出治理体系。所以，PPP 权力的制约机制从来都不是小事，切切不可小觑。

6.3 PPP 的权力整合

任何一种特定民主的稳定，不仅取决于其经济发展，而且取决于其政治系统的有效性与合法性。有效性指政治权力的运行效果，是政治权力对社会进行统治的实际业绩，它是工具性的。合法性指政治权力在对社会进行统治时获得民众认可，它是评价性的。[1] 有效性与合法性都是极为重要的政治学概念。一般而言，政权主体一旦取得执政合法性，那么在执政期间就会通过善治获得执政有效性，并以此巩固和提高自身的合法性。李普塞特认为，对于现代的公共权力来说，如果长期缺乏有效性，其合法性水平也会出现危机。[2] PPP 在强调规则作为合法性基础的同时，也非常重视有效性对于合法性所具有的重要意义。优质的有效性有助于 PPP 的稳定运行，相反，如果有效性不足，则会造成 PPP 运行失范。对于 PPP 项目来说，即使项目暂时缺乏合法性，只要它能成功地回应参与者的利益诉求，其合法性也会得到逐步加强。PPP 的有效性与合法性相辅相成，互相促进。就 PPP 的提供者与使用者关系来看，PPP 要求政府在法律框架下与社会资本互动合作运行项目，社会资本也被置于主导的位置。而 PPP 的矛盾性集中表现在权力与公共利益相联，我们知道，PPP 模式可以算是社会价值的权威性分配过程，这个过程为 PPP 的提供者利用权力谋取个体私利从而背离公共利益提供了机会和条件。此外，PPP 提供者不仅由地方政府与社会资本组成，来自于上级政府的有关制度或指令由于层级链条过长往往脱离实践。如果没有对 PPP 的权力行使做出限制和规范，缺乏符合使用者意志的客观

---

[1] [美] 西摩·马丁·李普塞特. 政治人—政治的社会基础 [M]. 张绍宗，译. 上海：上海人民出版社，1997.55.

[2] [美] 西摩·马丁·李普塞特. 政治人—政治的社会基础 [M]. 张绍宗，译. 上海：上海人民出版社，1997.58.

标准，不能回应使用者的诉求，那么 PPP 权力就有可能沦为失控的滥权，进而远离公共利益，其有效性的问题更是无从谈起。为了防止 PPP 提供者对权力的恣意妄为，必须由使用者采用具有普遍约束力的权威性规则对 PPP 权力进行制约和整合，使其运行更有序、更规范、更可预期。就提供者伙伴关系来看，PPP 是政府与社会资本共同制定决策的互动合作，这会导致与参与者利益相匹配的私人风险迫使公共利益屈服，也可以导致一个不公平的分配政策或项目缺陷（对使用者利益的潜在伤害）。此外，PPP 提供者伙伴间的多元冲突无法通过彼此之间的相互谦让得到有效解决，而过于强调伙伴间民主分权或分权不当有可能会造成伙伴们有如一盘散沙，处于无政府状态，造成合作混乱，使 PPP 的合法性遭遇前所未有的挑战。

6.3.1　PPP 提供者伙伴间水平民主分权机制分析

PPP 的民主维度以伙伴间制定一个共同的战略为目标。在这样的安排下，政府与社会资本均保留自己的任务、权力和责任。它是由提供者利益引发的交易，有共同战略和伙伴间的协调。政府与社会资本自愿平等地参与，要承担与收益相当的责任，如果因为自身的利益而背叛共同利益，那么可能会被排除在外。政府作为提供者之一，像其它提供者一样加入 PPP，以完成共同的目标。该类型指 PPP 提供者伙伴间关系，重在内部。

"假若绝对集权的制度安排有大量非意愿的和（或）非要求的结果，那么分权可以提供一个符合逻辑的选择。"[①] PPP 提供者伙伴间民主分权机制的优势在于：一是可以平衡各方由于利益诉求不同而造成的多元失衡，进而使原来不可能实现的合作变成可以实现；二是可以整合各方的利益分化，进而形成优势互补、风险分担的绩效提升机制；三是对引入潜在的合作伙伴更具竞争力，尤其是当该项目在拥有标准成本曲线的市场中，在与商业公司进行竞争时，其民主模式在吸引成员方面能够提供比较优势；四是为合作伙伴提供更为丰富的"表达"选择，每个提供者都能够在他们认为更有效的方向上影响团体决策，这在一定程度上可以增加其实现共同利

---

① ［美］埃莉诺·奥斯特罗姆．制度激励与可持续发展：基础设施政策透视［M］．陈幽泓等，译．上海：三联书店，2000.26.

益的主观影响；五是能够确立 PPP 的合法性表征。合法性作为政治利益的表述，内生地要求与 PPP 相关的政治体制应该尽可能体现公平正义。因此，PPP 提供者（各个伙伴）间的民主型权力模式是用于识别和确认成员偏好的良好制度。[①]

  许多 PPP 发展实践表明，合作伙伴对民主决策的需求极为强烈。然而，为响应这些关于民主决策的需求而进行的分权改革极少能真正产生所期望的积极结果。伙伴间为了所谓的形式民主而民主，往往会犯本末倒置的错误，其结果不但不能促进伙伴间的民主分权模式，反而会导致 PPP 在无序的状态下运行，这样一来，PPP 无法承担弘扬公共利益的职责。比如在 PPP 实践当中，社会资本方与公务人员合谋达成共识，公务人员默许社会资本方自行雇佣可以为企业代言利益和规避风险的咨询公司，使得政府与社会资本合作的顶层设计框架有利于社会资本方，从而导致公共利益无法得到有效保障。这也为未来的上下届政府的工作延续性留下障碍——下届政府不能有效地承继上届政府的 PPP 合同。形式民主的结果未必只是皆大欢喜一种模式，往往被扯皮、推诿和拒绝履行合同替代。究其原因在于：一是伙伴间的偏好多元，根据阿罗定理可知民主决策很难自动将这些多元偏好进行排序；二是各方的决策享有同样的权重，根据布坎南和塔洛克的集体决策理论可知各方的偏好强度往往被粗暴地忽略掉；三是当发现自己的决策很难影响大局时，正如艾莉诺·奥斯特罗姆所认为的那样，提供者可能不会努力搜索相关信息，导致不负责任的决策；四是形式民主恰恰可以成为政府与社会资本共谋默许社会资本为所欲为的借口。上述的民主桎梏再一次证明民主需要合理的顶层设计以避免这些危害民主的事情发生。无数的实践表明，为民主而民主的提供者伙伴间平行权力分配机制往往不能为 PPP 提供一个稳定的运行秩序，使项目的运行如履薄冰，而失败的 PPP 项目经常要付出惨重的社会代价。形式上的民主分权只能带来表面上的民主狂欢，或者说在一定程度上实现了 PPP 提供者某一方的利益。但是，令人遗憾的是这不能算是公共利益，顶多算是群体内的共同利益。如果 PPP 不能实现公共利益，它既往的民主化努力可能

[①] ［英］帕特里克·敦利威. 民主、官僚制与公共选择［M］. 张庆东，译. 北京：中国青年出版社，2004.87.

会在瞬间化为乌有。

尽管伙伴间水平民主分权优势明显,然而想要实现却依然任重而道远。PPP的有序运行离不开有效的分权机制,只有有效的民主分权机制,才能提高合作伙伴参与的积极性。伙伴间的民主分权机制关系到收益与风险分担、决策的制定和执行,不容忽视。如果PPP在权力分配中存在强制力,并不是伙伴间平等自愿地共同决策,那么合作伙伴间失衡的权力分配结构就会蚕食PPP制度的合法性。比如说,如果我们将实现某些个别利益的权力称为"特定权力",将促进合作伙伴共同利益的权力称为"共同权力",那么减少"特定权力"、提高"共同权力"以促进公共利益则是PPP顶层设计的一个关键。权力失衡会衍生出一个十分重要的规范性问题,即如何在正常发挥"共同权力"作用的同时摆脱"特定权力"的阴影,以实现伙伴间的共同利益,进而实现公共利益,这正是构建PPP民主分权机制的着力点。此外,PPP倡导收益与风险匹配。众所周知,很多公共服务是不能供给失败的,所以风险无法完全转嫁给社会资本,收益与风险匹配在很多PPP项目中只能算是一种无法实现的理想。如果机械地强调提供者伙伴间民主分权,那么非常有可能的结果就是偏离公共利益。既然这样,我们可以确立一个新思路——政府规划先行主导合作,在不破坏伙伴间民主平等的前提下,尝试政府主导下的伙伴间民主分权机制将是一个勇敢的尝试,以民主维系伙伴关系在一定程度上能够促进PPP的合法性。

6.3.2 PPP提供者与使用者之间的垂直权威机制分析

PPP的权威维度将提供者视为一个整体,拥有公共权力的决策,它是因公共利益引发的单边交易,由PPP提供者通过对使用者行使控制权来完成,通常单方面制定和实施对使用者具有法律约束力的行为,利用层级权力推进公共利益。该类型指PPP提供者与使用者之间的关系,重在外部。

PPP提供者与使用者之间的垂直权威机制有很多值得称道的优势:一是以PPP方式供给公共产品和服务,对于某些项目来说可以有效地解决搭便车行为;二是可以取得生产上的规模经济;三是协调成本低,如果没有相当程度的自上而下的权威,很难使中央的命令在地方得到有效执行。然而,权威虽好,其弊端也不容忽视：一是有关 PPP 的制度很多都是由中央制定，这样做的结果是来自中央的制度往往忽视当地的发展实际，在很多时候不能有效地反映当地的诉求，PPP 不是应当地之需而是应中央之需，缺乏回应性；二是长期集权导致公共资源过于集中在首都或者大城市，基层官员更关注上级而不是地方上的官员如何评价 PPP 绩效；三是地方上与上级决策层关系密切的官员拥有更大的影响力，而他们也许并没有为他们治下的潜在发展出力，更可能的是借助自己的影响力而不是地方共识来决定 PPP 项目间的公共资金分配；四是当 PPP 项目投建运行需要维护资金时，上级政府与地方政府之间更容易互相推诿，由于上级政府无法准确掌握地方的实际，而在事实上造成维护真空。

尽管 PPP 提供者与使用者之间的垂直权威机制利弊参半，但是我们不得不承认，自上而下的权威在很多时候成为治理不可替代的必要。我们知道，天然的自由竞争市场从未在人类社会出现过，它只存在于经济学教科书的理想模型当中，甚至连亚当·斯密都不得不承认，没有政府的保护，纯粹意义上的市场一天也不会存在。斯密提到的"市场里的人"已经是"共同体下的社会人"而不是"自然人"，"看不见的手"也是政府保护下的市场机制而不是丛林法则下的市场自发调节。政府强不能必然导致经济强，但政府如果弱到不足以保护市场经济秩序，那么经济一定不会强。自上而下的权威方式无疑是最有效率的保护市场健康运行的方式，这与我们以前习得的经验看起来是相悖的。是的，这是因为我们忽略了一个非常重要的前提——市场充分竞争，政府在市场充分竞争的情况下不应对其进行干预，不扰乱市场的正常秩序。只有政府权威才具备抵制 PPP 提供者集团利益的强力。与主流意见不同的是，民主分权不但不能解决道德风险与逆向选择在 PPP 契约关系与层级制关系的潜在问题，而且在实际上还会增加提供者道德风险的潜在可能。比如说地方上的 PPP 项目由地方上的基层单位管理，基层单位得到上级单位授权以后，利用自己的信息优势背离高层组织的目标，从而背离公共利益。[①] 此外，多数权力下放的初

---

① Moe, Terry. (1984). The New Economics of Organization. American Journal of Political Science, 28 (4), 739—777.

衷是为了减少项目所需的有关时间和地点信息的成本,但一般来说,还没有出现太多的成功案例。很多时候,旨在减少逃避责任、寻租、腐败等行为的简政放权也会遭遇挫败。① 在这里并不是说 PPP 在提供者与使用者之间进行民主分权、权力下放以及简政放权的形式不好,而是想说明,自上而下的权威在一些情况下确实是必要和必需的。综合权威型权力机制的利弊让我们感觉有些难以取舍,如何扬长避短是我们需要深入思考的关键所在。单中心权威模式永远无法跳出"一抓就死,一放就乱"的怪圈,而多中心可以是一个新思路,它可以提高公共资源的配置效率。如果由中央政府决策在地方以 PPP 的模式供给公共产品与服务,它会不管各地的实际需求而搞一刀切,这样会造成公共服务的供给与需求不匹配,在某些地方公共服务匮乏而在某些地方明显过剩。如果引入多中心机制,每一个地方被允许选择它认为最合适的服务水平(并为此以适当的形式"付费"),则在经济上的综合满意程度会提高。② 在不破坏中央权威的前提下,尝试多中心决策过程比传统的中央单一垂直权威机制能够更有效的回应地方对公共服务的需求,在提供者与使用者的权力划分模式方面,多中心将是取代传统单中心权威的一个大胆尝试,以权威保障运行秩序在一定程度上能够促进 PPP 的有效性。

6.3.3 PPP 民主机制与权威机制的有机整合

PPP 提供者伙伴间的权力关系以及提供者与使用者之间的权力关系一经确定,便会产生一种按照权力作用的方向不断巩固的趋势。这种趋势一方面源自提供者伙伴间的利益博弈,导致个体的理性最终演绎成集体的非理性;一方面源自 PPP 提供者对使用者的控制欲望,使提供者的利益最大化。无论这种趋势源自哪个方面,最终的结果都是对公共利益的背离。然而,上述仅是 PPP 权力的静态分析,在实践当中,PPP 权力是一场动态的角力过程,不仅是权力主体对客体的单向作用,更是双

---

① [美]埃莉诺·奥斯特罗姆. 制度激励与可持续发展: 基础设施政策透视 [M]. 陈幽泓等, 译. 上海: 三联书店, 2000.203.

② [美]埃莉诺·奥斯特罗姆. 制度激励与可持续发展: 基础设施政策透视 [M]. 陈幽泓等, 译. 上海: 三联书店, 2000.209.

方互动的结果。PPP权力的均衡并不完全取决于权力主体的单方面意志，而偏离均衡位置的PPP权力是导致冲突的最重要原因。只有由有效性与合法性塑造的PPP权力关系，才会处于均衡位置，才能切实避免各个利益主体之间的冲突，形成稳定有序的PPP权力关系。在实践当中，我们应该根据PPP的提供者与使用者各方的利益诉求，因地制宜地选择权力模式以调整各方利益的格局，有效整合民主与权威这两个权力维度，并在此过程中推进公共利益，实现善治。一旦不当的权力分配机制渗透到PPP当中，再试图改变就会遇到意想不到的阻力。当我们提出如何整合PPP的民主与权威之时，我们已经清楚地意识到任重道远。

PPP的权力结构在构建的过程中，有一些挑战无法回避：一是我国正处于政治经济发展的转型期，各种有关配套的法律制度还有待于进一步完善；二是虽然PPP不是新生事物，但我国的PPP实践还没有广泛推广，缺乏实践指导的PPP理论很难成型，而没有理论指导的PPP制度建设必然缺乏理性、远离实践；三是国外的现有PPP权力机制如果直接拿来照搬，可能会遭遇水土不服，而本土化改良尚需要一个过程；四是不论PPP的提供者还是使用者，其利益诉求是多元的，而整合利益必然会困难丛生。于是，制度不规范或相对滞后、利益的多元对立成为最突出的矛盾，而恰恰是这些矛盾成为PPP项目有序运行的掣肘。

尽管困难重重，我们依然力求PPP的权力设计遵循这样一种原则：它不仅要平衡提供者伙伴间的权力关系，还要具备规范提供者、使用者行为的运行秩序，既要有效又要合法，既要调和提供者伙伴间以及提供者与使用者之间的冲突与矛盾，也要能够回应并尽可能满足每一个群体的利益诉求，最终实现公共利益和善治。要构建这样的PPP制度，我们应该着眼于它的权力结构、有效性与合法性、以及公共利益善治等价值导向之间的关系。这是因为PPP的权力模式极大地影响着提供者伙伴间的利益格局，它对PPP制度的建立、维持、发展都起着决定性的作用。PPP的权力模式应该以民主维系伙伴关系的方式增强其合法性、以权威保障运行秩序的方式增强其有效性，使项目在既定的有序环境下运行。

从既往的实践来看，PPP与善治之间存在矛盾，这种矛盾会引发悖论式的治理现象：在水平方面，政府通过向合作伙伴适当放权（民主模式），希望借助水平的权力共享来适应合作伙伴的诉求，可能的情况是社会力量偏离公共意志，为满足集团利益而忽视公共利益，这样的民主形式不能很好地体现 PPP 的合法性；在垂直方面，PPP 提供者的意志通过层级制权力强加于使用者（权威模式），可能的结果是 PPP 的提供者缺乏对使用者必要的回应，偏离公共利益的目标，从而背离了 PPP 旨在更好地改善公共服务供给、实现公共利益的设计初衷，这样的权威形式也不能很好地体现 PPP 的有效性。

众所周知，公共权力的分配和行使取决于层级制视角下的法律规则和原则，这是基于公共利益与权力的量身定做。从对外关系上看，PPP 的权威维度保留了政府的层级制，但从内部决策的视角来看，还要兼顾"多方参与"。外部关系上的层级制以及内里的水平伙伴关系成为一种必要，特别就复杂重大的项目决策而言，重新系统地评估 PPP 是否具有层级制权威仍然可以被理解为善治的一种方式。但是，如果想要得到积极的评价，那么还要取决于传统民主规则的合法性。水平、或者垂直、或者二者兼而有之，未来的 PPP 如何被设计出来才能同时回应民主与权威、合法性与有效性？其实，PPP 以水平的方式在提供者伙伴间分权、以垂直的方式在提供者与使用者之间分权，结合政府主导、多中心等规避民主掣肘与权威弊端的思路，构建 PPP 的权力结构，才是将民主与权威这两个维度进行有机整合的最佳途径。PPP 虽然本质上内部由多方参与，但是对外关系上还是层级制。政府主导下的内部平行合作与外部的多中心层级制权威结构在 PPP 模式下相互交织，内部合法外部有效，实现合法性与有效性的统一。

社会资本参与公共服务供给会带来个体利益、群体利益与公共利益之间的矛盾，这样一来，PPP 的有效性与合法性不可避免地遭到削弱甚至破坏，所以 PPP 的权力分配机制及其有效性与合法性问题需要仔细斟酌。而权力要想拥有对社会进行政治统治的实际业绩，就必须具备有效性基础。同样，权力要想持久并被民众自愿服从，就一定要有合法性基础，否则权力就会危机迭出。获得有效性与合法性对于政治权力主体来说极为重要，PPP 权力的有效性与合法性问题也概莫能外，我们希望通过权力整合以及有效性与合法性构建实现 PPP 的善治。

6.4 PPP 的有效性与合法性构建

PPP 的有效性与合法性关系到该机制的可持续发展和善治的实现,关系到公共利益与私人利益的整合,不可小觑。为此,我们使用由 Beetham 创建的公共管理通用框架,这是我们从善治的角度构建 PPP 的有效性与合法性。David Beetham 开发了一个有关合法性的跨学科视角,非常适合于在公共行政与法治行政边界构建关联,以便有效合法地行使权力。他将合法性作为一个"多维"的概念,有三个维度:(1) 合法;(2) 共同价值观;(3) 同意。[1] 在这里借用 Beetham 的分析框架,从这三个维度分别对我国 PPP 的有效性与合法性进行阐释:(1) PPP 制度的法定化;(2) PPP 的共同价值观;(3) PPP 的使用者同意,他们一起构成 PPP 的有效性与合法性。

6.4.1 PPP 制度的法定化

"恶法非法"是现代法治的重要理念,PPP 制度的善恶与否是关乎其有效性与合法性的根本问题。PPP 的有效性与合法性不仅涉及 PPP 制度的制定与行使是否符合法律规定的问题,而是涉及该模式下公共服务的使用者对提供者的公共权威性的认同。规则对于公共权力来说"是必要的第一道关口"。[2] 我们知道,PPP 的提供者作为公共权力的代表,并非总是能够有效履行为使用者提供公共产品和服务的义务。一方面,PPP 的提供者之间存在不同的群体利益;另一方面,PPP 的提供者相对于使用者有其自身的利益。这些利益并不总是指向公共利益,这些利益的存在会逐步蚕食公共利益,瓦解公共服务的使用者对提供者的权威性认同,进而削弱其有

---

[1] Beetham, D. The legitimation of power. New York: Macmillan Education Ltd, 1991: 15—16.

[2] Beetham, D. The legitimation of power. New York: Macmillan Education Ltd, 1991: 68—69.

效性与合法性。

只有当 PPP 的法定性遵从公共利益时，遵从法律才能成为 PPP 有效性与合法性的标尺，才会得到提供者与使用者的服从和认可。PPP 权力应该在这一框架下行使，进而由成文法律划定 PPP 所有相关者的权利和责任的界限，并起到公共服务的提供者拥有全体使用者都必须服从权威的象征作用。PPP 制度的法定化，需要在以下两个方面有所建树：

PPP 亟待立法，立法是公共意志的表达。PPP 与十八届四中全会关于"全面依法治国"以及"依法行政"的指导方针具有天然内在的契合。[1] 为了保证 PPP 能够健康有序地进行，为了该模式的可持续发展，PPP 必须设立相关的法律制度，且这种法律属于"良法"的范畴，即"已成立的法律获得普遍的服从，而大家所服从的法律又应该本身是制订得良好的法律。"[2] PPP 的各个主体在利益存在分歧的时候，法律可以提供一种让任何一方通过咨询和协商来调节分歧的方法。PPP 的使用者之所以服从提供者的公共服务供给安排，其原因在于提供者赋予了使用者公民角色所应具有的使用公共服务的权利，这也是 PPP 模式合法性的来源。有关 PPP 立法并不意味着法定性等同于合法性，只要这一法律侵犯了某一方，它仍然不具有合法性。显然，遵守公认的法律是重要的，但这不是充分的。据此，对 PPP 法定性的信念必须要符合两个条件。首先，有关 PPP 的法律必须和社会公共价值相一致，只有直接从价值中产生出来的法律才能被认为是合法的。其次，有关 PPP 的法律必须以某种值得信赖的方法促进社会公共价值的实现。因此，只有当 PPP 法定性遵从社会的公共利益时，遵从法律才能成为 PPP 合法性的标尺，才会得到使用者的服从和认可。

PPP 的法律实施亟待有效保障，行政是公共意志的执行。再完美的制度如果在执行环节出了问题，也会使制度的效力大打折扣。PPP 的立法要独立于某些特定群

---

[1] 贾康. PPP——制度供给创新及其正面效应 [N]. 光明日报. 2015—5—27. http://theory.people.com.cn/n/2015/0527/c40531—27061850.html

[2] [古希腊] 亚里士多德. 政治学 [M]. 吴寿彭，译. 北京：商务印书馆，1965.199.

体或特定的个人，在一定时限内、在全国范围内具有普适性。在上下级政府之间，各区域的同级政府之间，同一个政府的不同届之间，都要严格遵守 PPP 的相关法律，使其具有可预期性、可持续性、可信性，切实做到 PPP 相关法律的共享。只有这样，PPP 的相关法律才会受到各方的尊敬和承认，当人们认为自己在某一领域具有掌控权并且同时具有服从义务时，这个法律就是合法的。如果，存在为了特定的群体或个人利益而置 PPP 相关法律于不顾的行为，那么这种行为必须受到严厉的制裁，而且制裁的方式必须是依据事前制定的法律作出。PPP 的有关法律只有得到有效执行，才能确保 PPP 的运行质量，才能在实践中不断积累有效性。

对于法治社会来说，法律作为调整群体之间、人与人之间关系的行为规则，是重要且必要的。为了 PPP 制度的法定化、为了权威性规则有效实施，PPP 的提供者与使用者的共同价值观与法律必须协调一致。

6.4.2 PPP 的共同价值观

共同价值观指为个体或群体所普遍认同并自觉维护的关于价值关系的观念形式。它在共同信仰方面体现了合法性原则，要求我们按照预期的行为规则行事。PPP 共同价值观的存在回应了其权力建构的需要，因而获得高度的政治合法性。如果缺乏共同价值观，放任 PPP 的无序运行，无疑将危及该制度的合法性。

共同价值观对 PPP 提供者和使用者的思想和行为具有引导作用，是各方利益的集中体现和表达。由于个体的价值是多元的，共同价值观可以整合 PPP 提供者和使用者的意志。所以遵循共同价值观就意味着 PPP 找到了一种更少冲突，更多协调和互助的实现利益的方式。使任何一方都会以最小的代价实现最大的利益追求，从而实现群体内的共同利益，乃至公共利益，这是 PPP 有效性的最完美诠释。

构建 PPP 共同价值观的提法一定会得到各方的积极响应与支持，这反映了各方对秩序的渴望以及对运营风险的担忧。从功能角度看，如果说确保 PPP 自身的存在是秩序的底线功能，那么保证 PPP 有序运行则是秩序的一般功能。我们知道，秩序的本质是各方对权力的认同与接受，是基于共同价值观下的对制度的遵守和服从，尽管有可能并非完全出于自愿，甚至被强迫。在 PPP 提供者与使用者之间构建共同价值观势在必行，需要在以下两个方面有所作为：

设立共同纲领。PPP 提供者与使用者会存在一个共享的占主导地位的价值观——公共利益，当该价值观内化为各个群体的共同观念时，就构成了集体行动的共同纲领，具有规范各方行为以及行为导向的作用。在维系提供者伙伴间关系正常化的层面，共同纲领让水平民主结构能够维持现有状态，促进和谐的伙伴关系；在维系提供者和使用者关系正常化的层面，共同纲领让提供者与使用者之间维持现有的垂直权威结构，提供者能够更好的满足使用者的诉求。对于日益复杂且多元的 PPP 来说，政府主导下的伙伴间民主机制有利于生成以公共利益为导向的共享价值观，在此过程中 PPP 的合法性得到有效巩固；提供者与使用者多中心权威关系导致使用者的诉求能够得到提供者更及时、更有针对性的回应，在此过程中 PPP 的有效性得到不断地积累。

引导和制约非共同价值观下的 PPP 权力。PPP 提供者和使用者的行为并非始终完全符合共同价值——公共利益。共同价值观引导和制约提供者或使用者的非共同价值行为，二者利用政治上组织起来的垂直权威，使政府完成了从小政府"守夜人"到积极的"福利"国家的转换。福利国家是对民众诉求的最好回应，政府提供的公共产品和服务在民众的要求下日益增多。共同价值观通过对各行为主体的评价，以奖惩的方式实现对各方行为的激励和引导，使 PPP 运行的确定性和可预测性成为可能，从而使各方行为处于 PPP 秩序的实际控制之下。无论是自觉自愿还是被迫，各方的行为都被引导到公共利益的轨道上来，使其行为更可预期、更符合公共价值、更好地为使用者提供公共产品和服务。在共同价值观下，PPP 提升民众福利，实现公共利益。而在和谐一致的伙伴目标与行动下获得的民意基础，意味着 PPP 内部合法外部有效。

共同价值观在尊重各个群体利益的前提下，强调了一致同意、协商、宽容的精神，它为群体的相对自由度和群体与群体之间的妥协同意找到了一条中间道路。

6.4.3 PPP 各个利益群体的同意

同意不仅是政治合法性的来源，也是公共权力的来源，它具有同公理一样的确定性。同意能够改变当事各方的权利结构—使统治者拥有统治权利，以及赋予民众遵守法律的义务。此外，"同意"会带来更高的效率，更少的冲突，也是有效性的重要来源。洛克认为"同意"基于个人自由，"不受他人束缚和强暴"。[1] 霍布斯认为"所有主权者的权利（中译本此处误译为'权力'）从根源上说都是经过被统治者每一个人的同意而来"[2] 只有以"同意"为PPP的合作基础、以保护PPP提供者和使用者的自然权利为目的，才能获得PPP的有效性与合法性。

公民社会的兴起不断培育了民众的权利意识与参与意识，民众具有公众参与以及影响公共政策的权利和自由。"经同意而统治"是一切合法性的最终来源。PPP的伙伴间共识以及使用者同意需要该制度的某些安排将决策过程与相关的政治活动联系起来。当前，伙伴间共识需要不断地讨价还价与妥协，就目前看，共识还有待进一步加强，合法性堪忧；此外，PPP的项目运行还是由提供者操控，使用者缺乏必要的民主制度参与其中，使得现有PPP提供者所提供的公共服务很难适应使用者的需求，有效性更是堪忧。为了弥合制度设定与实践的差距，不断累积PPP的有效性与合法性，需要在以下两个方面有所突破：

多数人同意。建立PPP相关人的有效参与机制。同意是政治合法性的唯一来源，集体行动效率取决于集体中的所有人对公共事务的同意程度。只要使用者当中的多数人对提供者供给的公共服务表示同意，即使有少数人不同意，也要因此负有服从义务。PPP权力一旦符合公共利益并得到绝大部分使用者同意，就会在使用者内部产生一种群体压力，这种群体压力不仅迫使那些持不同意见的使用者屈服于来自PPP提供者的权力，还会形成一种制约其反对PPP权力的约束力。这样一来，反对的声音被削弱了，它免除了PPP提供者为了强迫某些使用者服从而经常实施制裁的必要。无论是洛克还是卢梭都认为将民众的政治义务建立在多数人同意的基础之上。在现实的公共生活中，多数规则显然起着支配作用，使PPP的运行更具合法性。此外，从追求效率的角度考虑，应该是以尊重各个利益主体为宗旨。政府虽以

---

[1] ［英］约翰·洛克. 政府论［M］. 叶启芳等，译. 北京：商务印书馆，1964.35.
[2] ［英］托马斯·霍布斯. 利维坦［M］. 黎思复等，译. 北京：商务印书馆，1985.464.

PPP 的方式供给公共产品或服务，但是 PPP 所需的费用直接或间接的由使用者共同分担。市场化的组织方式指公共产品和服务的使用者报出自己购买数量和价格的意愿，个体意愿被汇总用于公共产品和服务的生产。毫无悬念，以这种方式形成的集体行动必定能实现集体行动的效率，从而改善其有效性。

有效表达。构建 PPP 提供者伙伴间、以及提供者与使用者之间的沟通机制以便于有效表达。尽管同意是如此重要，我们依然不能忽视表达而单纯地追求同意，如果缺乏政策构建过程中的充分且有效的表达、未经过充分的论证、没有各个利益主体间在公平程序中的有效博弈，那么同意并不能增添 PPP 制度的有效性与合法性、无法提高 PPP 的运行质量以及对 PPP 制度的认同。只有各个利益主体的意见能够得到充分表达并能得到政策制定者的认真权衡，公共意志才会得以形成和认可。公共意志的表达是 PPP 制度法定化的基础，只有公共意志被有效表达并及时地得到妥善处理，各个群体的利益才不会出现失衡的局面。群体之间，个人之间的诉求是多元的，如果群体与个人的诉求能够及时有效地表达出来，那么政策就能够得到及时地改进。只有当 PPP 权威性规则同时获得伙伴间的民主基础以及使用者的民意基础，PPP 的内部合法外部有效才能得到切实保证。所以，我们不能片面地强调某一群体的利益而忽略另一些群体的利益，我们要将 PPP 提供者伙伴间的利益诉求加以整合，并以适当的方式，将提供者的利益融合到使用者的利益当中，从而使 PPP 制度真正成为实现公共利益的制度，始终秉持内部合法外部有效。

PPP 相关各个利益群体的同意赋予 PPP 以有效性与合法性。现代政治权力在强调法律规则和原则作为政治合法性基础的同时，也会强调有效性作为合法性基础的重要地位。政府积极追求有效性的同时伴随着合法性的累积过程。那么，也可以这样理解，政府追求善治的过程就是追求有效性与合法性的过程。PPP 必须把自身的有效性与合法性结合起来，使有效性构建包含有合法性的追求，PPP 的发展实践就是在这个逻辑中展开的。

6.5 本章小结

就目前的实践来看，PPP一直在追求公共治理所强调的善治。在治理的框架下，权威被分散在了大量的行动主体之中。其中，没有任何一个主体是主要负责人，治理的责任也极其分散，PPP运行失范似乎在所难免。当前，在所有引入PPP的国家，在民主规制方面的跟进均不太到位，缺乏制度供给，PPP的权力分配还比较无序。PPP在本质上还是政府与社会资本之间的协定，而没有让其他独立的责任主体参与进来以共同维护公共利益。面对多重的利益冲突，政府会根据不同情况对这些利益进行调节。在这里，政府与社会资本的利益对公共利益的影响是非常明显的。在如何才能更好地确保公共利益通过PPP伙伴合作得到实现，以及如何回应合作各方诉求方面，各个群体似乎还需要更多的讨论和争辩以求达成共识。在实践中，特别是在复杂的PPP项目当中，不当的权力设计会造成PPP的运行失序，会蚕食PPP的有效性与合法性，使PPP无法踏上善治轨道，所以说制度供给尤为必要。当前，政府与社会资本合作应在整合权力、追求有效性与合法性、弘扬公共利益的轨道上，逐步实现善治。无论从公共利益的角度还是从私人利益的角度看待PPP，对其认可并推广是顺应善治规律的事情。上述研究结果强调伙伴间的制度供给，进一步在理论与实践两个方面整合PPP权力机制的内部合法外部有效，构建PPP的有效性与合法性是通往政府与社会资本合作的善治之路。

参考文献：

[1] Skietrya, E., Raipa, A., & Bartkus, E V. (2008). Dimensions of the efficiency of public-private partnership. Engineering Economics, 105(3), 45-50.

[2] 贾康.PPP"政热企冷"之说有偏颇[N].新供给经济学论坛.2015-11-20 05:39:36 http://www.taooil.net/huzang/2015/1120/6087.html

[3][加]加雷思·摩根.组织[M].金马,译.北京:清华大学出版社,2005:159.

[4] Heldeweg, M., & Sanders, M. (2013). Good legal governance in authoritative public-private partnerships. European Procurement & Public Private Partnership Law Review, 2, 175-185.

[5][美]埃莉诺·奥斯特罗姆.制度激励与可持续发展:基础设施政策透视[M].陈幽泓等,译.上海:三联书店,2000.62.

[6][美]曼瑟尔·奥尔森.集体行动的逻辑[M].陈郁,译.上海:上海人民出版社/格致出版社/上海三联书店,1995.7.

[7] Bates, R. H. (1988). Contra contractarianism: some reflections on the new institutionalism. Politics & Society, 16(2-3), 387-401.

[8] Rubinstein, A. (2010). Perfect equilibrium in a bargaining model. Econometrica, 50(1), 97-109.

[9] North, D.C., & Weingast, B.R. (1989). Constitutions and commitment: the evolution of institutions governing public choice in seventeenth-century england. Journal of Economic History, 49(4):803-832.

[10]《三国志·魏书·夏侯玄传》

[11][英]洛克.政府论(下篇)[M].叶启芳等,译.北京:商务印书馆,1982.95.

[12][法]孟德斯鸠.论法的精神(上篇)[M].张雁深,译.北京:商务印书馆,1961.166.

[13]张康之.评政治学的权力制约思路[J].中国人民大学学报,2000(02):66-74.

[14][法]卢梭.社会契约论[M].何兆武,译.北京:商务印书馆,1980.132-134.

[15][德]马克思,恩格斯.马克思恩格斯选集(第二卷)[M].北京:人民出版社,1995.335.

[16][法]卢梭.社会契约论[M].何兆武,译.北京:商务印书馆,1980.34.

[17][美]汉密尔顿,麦迪逊,杰伊.联邦党人文集[M].程逢如,在汉,译.北京:商务印书馆,1980.264.

[18][美]哈罗德·J·伯尔曼.法律与革命:西方法律传统的形成[M].贺卫方,译.北京:中国大百科全书出版社,1993.128.

[19][英]卡尔·波普尔.猜想与反驳[M].傅季重,译.上海:上海译文出版社,1986.491.

[20][古希腊]亚里士多德.政治学[M].吴寿彭,译.北京:商务印书馆,1965.199.

[21][英]弗里德里希·奥古斯特·哈耶克.通往奴役之路[M].冯兴元,译.北京:中国社会科学出版社,1997.73.

[22][古希腊]亚里士多德.政治学[M].吴寿彭,译.北京:商务印书馆,1965.124.

[23]孟子·公孙丑上

[24]论语·颜渊

[25]论语·为政

[26][美]约翰·罗尔斯.正义论[M].何怀宏,何包钢,廖申白,译.北京:中国社会科学出版社,1988.213.

[27][美]约翰·罗尔斯.正义论[M].何怀宏,何包钢,廖申白,译.北京:中国社会科学出版社,1988.79.

[28][美]约翰·罗尔斯.正义论[M].何怀宏,何包钢,廖申白,译.北京:中国社会科学出版社,1988.216.

[29][美]珍妮·V·登哈特,罗伯特·B·登哈特.新公共服务:服务而不是掌舵[M].丁煌,译.北京:中国人民大学出版社,2004.36.

[30][美]特里·I·库珀.行政伦理学:实现行政责任的途径[M].张秀琴,译.北京:中国人民大学出版社,2001.130.

[31]郭小聪,聂勇浩.行政伦理:降低行政官员道德风险的有效途径[J].中山大学学报,2003(1):86-90.

[32][美]西摩·马丁·李普塞特.政治人——政治的社会基础[M].张绍宗,译.上海:上海人民出版社,1997.55.

[33][美]西摩·马丁·李普塞特.政治人——政治的社会基础[M].张绍宗,译.上海:上海人民出版社,1997.58.

[34][美]埃莉诺·奥斯特罗姆.制度激励与可持续发展:基础设施政策透视[M].陈幽泓等,译.上海:三联书店,2000.26.

[35][荚]帕特里克·敦利威.民主、官僚制与公共选择[M].张庆东,译.北京:中国青年出版社,2004.87.

[36]Moe,Terry.(1984).The New Economics of Organization.American Journal of Political Science,28(4),739-777.

[37][美]埃莉诺·奥斯特罗姆.制度激励与可持续发展:基础设施政策透视[M].陈幽泓等,译.上海:三联书店,2000.203.

[38][美]埃莉诺·奥斯特罗姆.制度激励与可持续发展:基础设施政策透视[M].陈幽泓等,译.上海:三联书店,2000.209.

[39]Beetham,D.The legitimation of power[M].New York:Macmillan Education Ltd,1991:15-16.

[40]Beetham,D.The legitimation of power[M].New York:Macmillan Education Ltd,1991:68-69.

[41]贾康.PPP——制度供给创新及其正面效应[N].光明日报.2015-5-27.http://theory.people.com.cn/n/2015/0527/c40531-27061850.html

[42][古希腊]亚里士多德.政治学[M].吴寿彭,译.北京:商务印书馆,1965.199.

[43][英]约翰·洛克.政府论[M].叶启芳等,译.北京:商务印书馆,1964.35.

[44][英]托马斯·霍布斯.利维坦[M].黎思复等,译.北京:商务印书馆,1985.464.

第7章

中国PPP前景：创新中走向地方善治的挑战与出路、建议

基层财政困难问题在1994年分税制改革以后逐渐凸显，于2000年前后以矛盾爆发的形式集中反映出来。1995年，全国2159个县级财政中，有赤字的还仅为132个，占比6.1%；至1999年，全国2030个县级单位中，有赤字的县达到706个，财政补贴县914个，两者共计1620个，占比达到80%以上[1]，数字不可谓不触目惊心。而公共服务的水平取决于财政支持，"巧妇难为无米之炊"。事实上，如果政府提供的基本公共服务供给标准不能与可获得的财政资源相匹配，那么纳税人会质疑，这会进一步挫伤纳税人的纳税遵从，在一定程度上导致政府更大的财政压力、用于基本公共服务供给方面的更有限的可支配资源（Braithwaite和Ahmed，2005）[2]。民众想在不增税的前提下要求政府改善基本公共服务供给，使得政府除了充分探索PPP的潜在效率节约之外别无选择。尽管有一些PPP的失败案例，却并未阻止也不应阻止该合作模式参与到更多的公共服务领域。而财政支持下的PPP能否取得预期效果，又是另一个值得关注的问题，它与整个治理体系的改革息息相关。加强和创新社会治理变革，提升治理绩效，改善民生，迫切需要机制和观念的转变创新。

---

[1] 贾康等. 全面深化财税体制改革之路 [M]. 北京：人民出版社，2015.58.

[2] Braithwaite, V., Ahmed, E., Antonides, G., & Read, D. (2005). A threat to tax morale: the case of australian higher education policy. Journal of Economic Psychology, 26 (4), 523—540.

7.1 PPP在未来将成为主流治理工具

PPP逐步推广到曾经被视为政府传统核心服务的公共工程领域（例如水利设施、市政设施、交通设施、资源环境等基本公共服务支撑条件），它可能成为一种主流的治理工具，这在一定程度上已经引发了关于政府、社会资本在参与基本公共服务供给过程中所应承担角色的深化讨论。政府必须严肃地面对而不是回避有关政府与社会、市场的角色与责任的基本问题。市场作用不可忽视，应该加强并尊重市场的调节规律，在处理"市场失灵"的时候政府应该较以往更为合理和有力，并尽量避免在干预市场的同时自己也患上"政府失灵"。官僚机构的繁文缛节以及效率低下，使得治理改革势在必行，然而市场不能完全取代政府，市场离开政府必要调控也会陷入失灵困扰。治理变革的政治风险告诉我们在操作层面上也许只有PPP才是有价值且可行的改革，这也是当前国有企业改革按混合所有制轨道发展的良机，尽管当下这种重建和改革仍然显得任重道远、步履维艰。

实际生活中，政府的角色错位使其需要重新的身份定位，它既是政策的制定者又可以是政策的执行者、既是基本公共服务的出资人又是基本公共服务的融资者、既是项目的合作方又是合同纠纷的调解人，而各级政府责任意味着国家将继续以最小的成本尽最大的可能承担民众要求它们承担的广泛而多种多样的职能。那么，政府应该在哪些重要领域有所作为？并能在财政开支有限的情况下尽最大可能地提供基本公共服务呢？由图7.1可以看到，近年交通运输业领域的财政投入增长比例明显大于全年财政收入的增长比例，充分显示出基础设施建设需求强劲，而PPP有利于那些大型的、超长期建设的基础设施；教育领域的财政投入增长比例在2011年、2012年与财政收入的增长比例尚属匹配，而2013年、2014年急剧下降，2015年与财政收入的增长比例持平，这并不是说2013年、2014年我们的教育投入已经足够，而是在现有财政资源有限、其它领域对财政投入的需求更紧迫情况下的权宜之举，2015年及时地做了调整；医疗卫生支出领域的财政投入增长比例与全年财政收入的增长比例基本相当，而中国正进入老龄化阶段，当前60岁以上人口为2.1亿，占人口总数的15.5%，根据预测，2020年60岁以上人口占比将达到19.3%，2050年将达到38.6%。可以这样说，在不远的将来，医疗卫生支出需求将呈现爆发式增长的趋势，公共医疗问题不可小觑，在医疗卫生领域适当推进PPP势在必行。就政策前瞻性而言，引进PPP可以满足国内的大型基础设施建设需求、弥补当前的教育投入不足、改善基本公共医疗服务，满足老龄化社会对公共医疗服务的需求。额外引入的社会资本应该可以显著改善民众认可的服务标准，并以此重建政府的公信力。面对经济新常态，政府虽然反复强调要加快改革步伐，但依然步履维艰，政府根深蒂固的利益固化落篱虽被削弱但依旧存在。如果若干年后，虽有财政资金与社会资本持续投入，而相关的配套改革和制度体系建设不能如愿给力，民众认为有些基本公共服务仍不能提供或提供失败，也就是说公共支出虽然增加却产生相对较低的输出，那么将会引起一个重大的政治反弹，这十分值得我们深思，所以，PPP作为一个制度创新，形成全套现代化公共治理的有效制度供给，是其灵魂与关键。

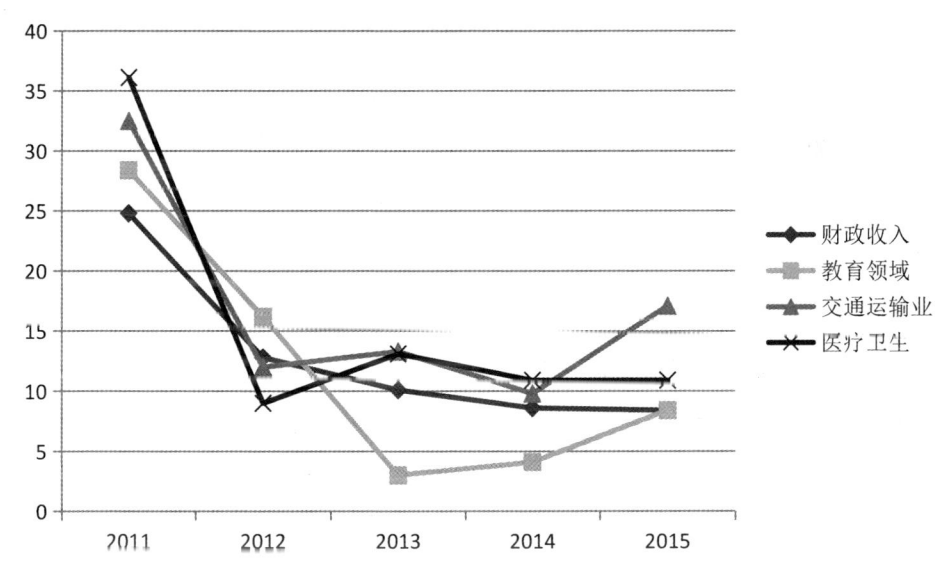

图7.1：2011—2015各年度数据依次为中国财政收入和交通运输业领域、教育领域、医疗卫生领域的支出增长率变化

数据来源：《中国财政》，2011—2016全国公共财政收支整理．坐标纵轴单位为%。

7.2 PPP 应该带给我们更多的思考

PPP 挑战了我国传统的核心政治原则：承诺普遍均等的公共服务供给以及在某些核心公共服务领域拒绝盈利。PPP 机制已经将关注的焦点转为社会资本和消费者之间的市场供需关系而非形式上更为宽广的公共利益，这是由另一套不相容的价值框架—新公共管理造成的。公共利益容易被伪 PPP 或劣质 PPP 极大地忽视或弱化。如果政府不针对 PPP 的失败案例以及公共价值空心化的现象作出一些相应的去伪存真、动态优化地调整，那么将会对国家的治理能力和民主运行机制产生长久的不良影响。

上世纪 90 年代末以来，我国开始推进以"小政府、大社会"为目标的政府职能转变，将一部分基本公共产品和服务的供给职能以公开招标的形式转移给社会资本，这是 PPP 的早期雏形。政府完成了从公共产品与服务的提供者到监督者的身份转换过程。在政府的制度建设引导下，社会组织和私营部门可助益于持续稳定地提供质量有保障的公共产品和服务，PPP 在一定程度上使社会资本从在商言商的立场出发而可以承担相应的公共责任，这不仅仅是社会治理变革更是社会治理创新。

然而，PPP 存在两个固有的政治悖论不容忽视。第一，过去政府所独有的公共工程建设权力与义务如今已经跟社会资本共同分享，这样做不可避免地削弱了政府的直接控制力，并显然有其合理性，而且引出了政府作为合作伙伴一方的权利问题。值得探讨的是公共利益更依赖于市场还是"不算经济账"的政府。市场缺陷（市场失灵）论告诉我们，即使市场在外力控制下完美运作，仍然可能产生缺陷性的后果，比如宏观经济失衡、厂商逐利行为导致的短期行为、收入分配不公以及外部负效应等，[1] 也就是说，市场也并不是完全可以靠得住。第二，政府的法治化改革包括提高政府的开放度、透明度和强化其问责制，然而 PPP 在合作的过程中也会

---

[1] [美]约瑟夫·斯蒂格利茨. 社会主义向何处去 [M]. 周立群等, 译. 长春：吉林人民出版社. 1998：48—49.

由其它一些因素冲击这些规则，比如私营部门的商业机密会限制开放、政府的很多正式和非正式规则也会在一定程度上抵制或破坏透明度，PPP 伙伴间关系脆弱是问责制最大的掣肘，这最后一点提出了一个更为基本的问题。[1] 如果不能对 PPP 进行有效监督和管理，其为民众提供公共利益的合法性从何而来？PPP 的民众参与机制、风险管理机制、争端仲裁机制和行政问责机制总体而言在我国目前尚属试水期，民众参与机制可以提高 PPP 的效率，风险管理机制可以量化合作各方的风险和收益，争端仲裁机制使合作各方的权益得到有效确认而引导纠纷解决，行政问责机制使合作各方都能更好地承担相应的责任，这些在一定程度上可以帮助合作各方规避风险，但前提是民众参与机制、风险管理机制、争端仲裁机制和行政问责机制不应抑制 PPP 的灵活性和必要的自由度。虽然用民主的方式调和 PPP 的内在矛盾至少在初期将会带来更多的问题，但尽管如此，民主的视角依然不能被效率的视角完全取代，PPP 的核心本质是社会资本参与公共服务供给以此实现公共利益的长效机制。

有关公共服务供给的效率、节约和与收益相匹配的风险转移元素，目前看由于民众参与机制、风险管理机制、争端仲裁机制和行政问责机制的缺失，意味着一部分 PPP 项目在不远的未来可能会带来无法准确预期的重大成本。这一预警意味着：首先，需要对 PPP 进行广泛而审慎的研究和分析，具体、准确找出适合 PPP 的合理性原因，区分哪些领域适合而哪些领域并不适合。其次，由政府原因造成的 PPP 失败案例以及由此衍生的公共信任危机，使得严格把关成为大力推进 PPP 的必要前提。这些把关措施包括风险与收益的匹配、"均平"[2] 与效率的权衡、责任与义务的分担、政府与社会资本目标融合程度的达标，等等。这些对应变量之间的权衡取舍通常被描绘为一个零和博弈关系，其中一个变量的增加（例如，风险）必然会带来另一个变量的减少（例如，收益）。可以这样认为，政府在沿"增进式"公共利益

---

[1] Flinders, M. (2005). The politics of public-private partnerships. British Journal of Politics & International Relations, 7 (2), 215—239.

[2] 贾康. 论分配问题上的政府责任与政策理性（二）—从区分"公平"与"均平"说起 [J]. 审计与理财, 2007 (5): 5—6.

最大化轨道上推进 PPP 的时候要做出与合作伙伴博弈中的权衡，并要综合并优先地考虑那些符合公共价值的元素。而实际上，如果设计合理，这些变量之间也可以是正和博弈，支持共赢。PPP 对于实质性地转变政府职能、优化政府行为和全面推进法治化，不啻是一种"倒逼"机制。PPP 的发展，对法治、契约和上述所有这些相关营商文明的培育，都将是一种催化剂，对于降低交易成本、鼓励长期行为和促进社会和谐进步，具有国家治理现代化和包容性发展层面的全局意义。[①] 未来我们面临的主要挑战，在于监督 PPP 的民众参与机制、风险管理机制、争端仲裁机制和行政问责机制，以及司法作为最终解决机制（责任在法律形式上的认定需要完成全部的司法程序）是如何被正确无误地设计出来的。

7.3 高效实现公共利益是 PPP 的核心目标与机制优势

无论是何种类型的 PPP，其终极目标都是为了实现公共利益。有关效率与公共利益之间的争论一直都没有停歇，PPP 是重效率还是重公共利益？这是围绕 PPP 机制需要厘清顺序的两个概念。

从宏观的角度说，政府的公共性属性必然带来效率与公共利益之间的取舍。市场机制把物品交给出价最高的人，有效率的市场机制可能产生极大的不平等，然而这不是市场的过错，过程公平并不必然带来结果公平。这就是我们常说的，虽然市场机制讲求公平，但仍然无法保证公平。市场机制的优势在于效率，市场的职责也是效率，效率以外的价值主要靠政府来实现。政府不同于私营部门，对于政府来说，效率不是政府追寻的唯一或者说第一目标，政府还有很多更宏大的目标，它是民众最后的依靠，追求公共利益是政府的天职，管理学中的效率优先并不完全适用于政府。

从微观的角度讲，效率指单位成本下政府提供公共产品与服务的收益，是产出

[①] 贾康. PPP—制度供给创新及其正面效应. 光明日报 [N]. 中国共产党新闻网，2015 年 05 月 27 日 http://theory.people.com.cn/n/2015/0527/c40531—27061850.html.

与投入之间的比率。政府现行的民主程序会跟效率发生明显的冲突，民主程序往往导致政府效率低下，但不能就此为了效率牺牲民主。公共利益与效率是且始终都是政府不懈追寻的价值目标，然而在优先级次上显然公共利益排在效率之前。此外，政府的高效未必能带来民众的满意。

PPP 将市场机制和企业管理引入到公共服务供给中，用于改造传统公共服务的供给模式。其主要做法是：(1) 引入市场机制，利用与市场兼容、对接的方式提供公共服务，并参与建设经营，回应市场压力，降低服务成本并提高服务质量。(2) 政府引入社会资本进行合作，以外包的形式引导社会力量提供公共服务。(3) 强调效率，不再是传统公共服务"不算经济账"的模式。然而，衡量公共服务的价值尺度应该是"不算经济账的公共利益"还是"效率"？这真是一个"仁者见仁智者见智"的问题。PPP 通常被用来作为提升政府治理效率的有效手段，同时，公私合作被赋予了尽最大可能促进利益相关者和民众诉求的实现，以及消解冲突等价值内涵。有鉴于此，我们有必要及时明确 PPP 的公共性以及如何从多维的角度平衡公私部门之间利益与效率的关系。尽管 PPP 的设计初衷是实现公共利益，然而在实践当中，一些 PPP 项目并没有使初衷成为现实。

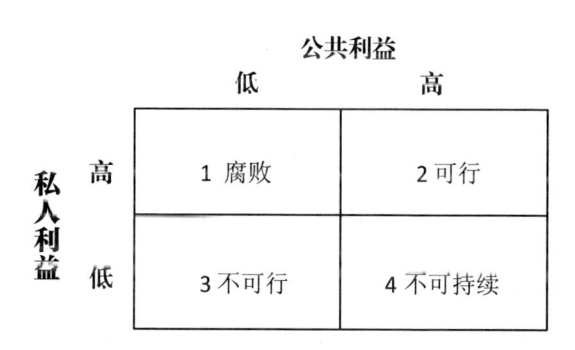

	公共利益 低	公共利益 高
私人利益 高	1 腐败	2 可行
私人利益 低	3 不可行	4 不可持续

图 7.2 PPP 利益组合的分布图

公共部门推行以 PPP 模式提供公共服务的底线，是追寻公共利益，体现善治原则。如图 7.2 所示的 PPP 利益分配矩阵。从善治的角度来看，2、4 区域可以较好的实现公共利益。然而，2 区域是公私共赢，综合意义上的高公共利益，就私人部门利益而言的投资回报，量化为等于或高于"可接受"的临界点即可，这是最合意的结果，公私利益都高的 PPP 会得到更大的公众支持、并被公民给予更多的合法性、政府推动将更顺利；而 4 区域虽然能够较好的实现公共利益，然而对私营部门来说是低于可接受水平的，不具有吸引力和可持续性，容易出现"政府热企业冷"的情况——PPP 不是政府的独舞，而应是合作伙伴的组舞，该区域的这种情况是我们应努力避免的。1、2 区域里可以很好的实现私人利益，但 1 区域的公共利益实现程度较差，这违背了 PPP 的设定初衷，一些公共部门投融资 PPP 项目的失败伴随有扭曲和腐败，都是出现在这里。3 区域是低公共利益、低私人利益，不能启动PPP，或者即使启动也不可能持续。通过分析我们看到：1 区域，失败、腐败多生，必须防止；2 区域，实现共赢，值得推广；3 区域，无法合作，不可行，可以忽略；4 区域，低效，企业不愿进入或不可持续，需要改进。从图 7.2 分析我们看到，不符合公共利益的 PPP，一定不是有效治理，再讨论效率显然没有意义。

私人部门通常被认为比公共部门具有更高的效率，公私合作也被普遍视为政府旨在提高效率和有效性的努力。然而我们所谓的政府低效，很大程度上正是为了确保回应公民关于公共利益的更为宽广、更多战略视角的诉求，而这导致了政府在公共服务提供方面所扮演的角色不能得到正确的评价。外包以及公私之间较之以往更频繁的合作，有可能削弱政府提供并监督公共服务的形象。以前我们经常会将政府低效归结为机构臃肿、公务人员的官僚作风浓郁以及程序上的繁文缛节。其实，这些只是部分表象。"政府的模棱两可、无效率的甚至不具操作性的限制都是由那些曾经生活于权力不受限制的专制政府下的智者做出的无奈选择……在面对所有明显的延误、混乱以及权力滥用的威胁时，我们依然未找到一种比使权力的运用受制于宪法规则更好的方式来保障自由"。[1] 公共部门的低效恰恰是其公共性的天然属性决定的。[2] 在此，并不是为政府所谓的"低效"辩护，政府要适当的借鉴私人部门的

---

[1] ［美］戴维·H·罗森布鲁姆等. 公共行政学：管理、政治和法律的途径［M］. 张成福等，译. 北京：中国人民大学出版社，2007.31. 美国最高法院对"移民与归化局诉查达"一案的判词.

[2] Bozeman, B., Reed, P. N., & Scott, P. (1992). Red tape and task delays in public and private organizations. Administration & Society, 24 (24), 290—322.

第 7 章
中国 PPP 前景： 创新中走向地方善治的挑战与出路、建议

高效优势，"择其善者而从之，其不善者而改之"，在合作的过程中有意识的学习、权衡、取舍。公私合作要求效率，但它却是以追求和保障公共利益为底线的合作，是要在寻求"共赢"中审慎把握"伙伴"各方妥协与利益均衡点的合作。

于是，把公共利益作为思考政府治理的逻辑原点，推展到包括政府在内的所有组织（企业和专业机构）展开广泛合作，共同探索图 7.2 中区域 2 的治理新模式，即为全钟燮所说"社会建构过程旨在在多元的行动者之间建立广泛的互动和合作"[①]取向下如何把直观的矛盾问题，优化处理为"权衡"和"有机结合"后以共赢机制对公共利益的保障。在历史的发展进程中，社会治理经历了管制—管理—服务模式的进化，社会力量伴随此过程成长起来，政府与社会力量相互合作，可一方面由政府与社会资本合作的 PPP 来促进治理变革，使政府能够更多地作出维护和增进公共利益的行为选择；另一方面，政府与社会资本合作也要为非政府合作方形成"在商言商"立场上可预期、可持续的社会回报条件与可行的盈利模式。

PPP 在标志我国政府开启现代治理、推进基本公共服务善治的同时，其伙伴间由于利益权衡取舍带来的复杂性，极易引发对可持续性共赢机制的挑战，这也是十分重大、不可忽视的问题。本文的分析表明，维护 PPP 可持续运行的关键权衡，是如何实现与维护 PPP 利益矩阵所表明的利益组合分布中区域 2 的共赢状态，其中政府理应追求的公共利益之"高"，自是"越高越好"并且是往往超越直接成本—收益分析眼界的"社会综合效益"，而非政府社会资本方所必然追求的"高"，却是财务表现上最直接的"非暴利但可接受"（超过其不可接受之"低临界点"）的利润率水平。如何达到此种"共赢"状态，实践中不得不开拓性地尝试和探索一系列具体的机制，已表现为 PPP 全生命周期呈现出十分复杂特点的多环节、多约束、甚至日趋细化、量化的"物有所值评价"、"财政承受能力论证"、"风险分担方案设计"和"综合绩效评估机制"等等。这些已十分明显地体现了 PPP 创新的挑战性，同时，预示着 PPP 在创新发展实践过程中需经历艰难跋涉，其规则将不断严密、细

[①] [美] 全钟燮. 公共行政的社会建构：解释与批判 [M]. 孙柏瑛，等译. 北京：北京大学出版社，2008：51.

化，渐渐趋于"文牍"、"繁文缛节"的状态，然而这是PPP发展之路无法回避的暂时状态，有待经验丰富、成熟后再行"删繁就简"。我们应有充分的思想准备，在PPP概念下所追求的"双赢、多赢"境界的可持续实现，还有待更为深化的理论研究和"理论密切联系实际"的不懈努力。

党的十八届三中全会提出"完善和发展中国特色社会主义制度，推进国家治理体系和治理能力现代化"为全面深化改革的总目标。国家治理体系具有整体性、协同性，包括对制度顶层设计的系统性和统筹性思考；同时也要对民生给予更多的关注，包括公共服务供给的数量、质量、效率、有效性与合法性的思考。公共服务供给体系和供给能力是一个有机整体，推进供给体系的创新发展与增强供给能力，是政府实现善治过程中不可偏废的两个方面。有了高效有序的公共服务供给体系，才能提高公共服务的供给能力；反之，只有提高公共服务供给能力，才能充分发挥供给体系的效能。基于公共治理范式下的PPP构建，及其权力制约机制与权力整合机制是对公共服务供给体系的再造，同时也是供给能力的保障，更是我国公共服务供给有效性与合法性的重要来源，它必然带来地方政府公共服务供给从融资到管理，再到治理的伟大革命。PPP标志着我国政府开启现代治理、推进公共服务善治的新篇章。

参考文献：

[1]贾康等.全面深化财税体制改革之路[M].北京:人民出版社,2015.58.

[2]Braithwaite,V.,Ahmed,E.,Antonides,G.,& Read,D.(2005).A threat to tax morale: the case of australian higher education policy.Journal of Economic Psychology,26(4),523-540.

[3][美]约瑟夫·斯蒂格利茨.社会主义向何处去[M].周立群等,译.长春:吉林人民出版社. 1998:48-49.

[4]Flinders,M.(2005).The politics of public-private partnerships.British Journal of Politics & International Relations,7(2),215-239.

[5]贾康.论分配问题上的政府责任与政策理性(二)——从区分"公平"与"均平"说起[J].审计

与理财,2007(5):5-6.

[6]贾康.PPP—制度供给创新及其正面效应.光明日报[N].中国共产党新闻网,2015年05月27日 http://theory.people.com.cn/n/2015/0527/c40531-27061850.html.

[7][美]戴维·H·罗森布鲁姆等.公共行政学:管理、政治和法律的途径[M].张成福等,译.北京:中国人民大学出版社,2007.31.美国最高法院对"移民与归化局诉查达"一案的判词.

[8]Bozeman, B., Reed, P. N., & Scott, P. (1992). Red tape and task delays in public and private organizations. Administration & Society, 24(24), 290-322.

[9][美]全钟燮.公共行政的社会建构:解释与批判[M].孙柏瑛,等译.北京:北京大学出版社,2008:51.

参考文献

中文书

[1][英]阿克顿.自由与权力[M].侯健等,译.北京:商务印书馆,2001.1.

[2][美]埃莉诺·奥斯特罗姆.制度激励与可持续发展:基础设施政策透视[M].陈幽泓等,译.上海:三联书店,2000.26,62,203,209.

[3][美]安东尼·唐斯.官僚制内幕[M].郭小聪等,译.北京:中国人民大学出版社,2006.82,92.

[4][以]阿耶·L.希尔曼.公共财政与公共政策[M].王国华,译.北京:中国社会科学出版社,2006.100-101,103-104,116-124,128-133,548.

[5][美]保罗·萨缪尔森,威廉·诺德豪斯.经济学[M].萧琛等,译.北京:中国发展出版社,1991.83-84.

[6][美]查尔斯·林德布洛姆.政治与市场:世界的政治—经济制度[M].王逸舟,译.上海:上海三联书店,1995.8-9.

[7][美]查尔斯·T·葛德塞尔.为官僚制正名——一场公共行政的辩论[M].张怡,译.上海:复旦大学出版社,2007.96-104.

[8][美]戴维·奥斯本.改革政府:企业精神如何改革着公营部门[M].上海:上海译文出版社,1996.6.

[9][美]戴维·H·罗森布鲁姆等.公共行政学:管理、政治和法律的途径[M].张成福等,译.北京:中国人民大学出版社,2007.31,578.

[10][英]丹尼斯·C·缪勒.公共选择理论[M].杨春学,等译.北京:中国社会科学出版社,1999.1.

[11][美]丹尼尔·F·史普博.管制与市场[M].余晖等,译.上海:上海三联书店,1999.512.

[12][美]弗雷德里克·皮尔逊,西蒙·巴亚斯里安.国际政治经济学[M].北京:北京大学出版社,2006.344.

[13][英]弗里德里希·奥古斯特·哈耶克.通往奴役之路[M].冯兴元,译.北京:中国社会科学出版社,1997.73.

[14][美]F·J·古德诺.政治与行政[M].王元译.北京:华夏出版社,1987.14,41.

[15][美]戈登·图洛克.收入再分配的经济学[M].范飞等,译.上海:上海人民出版社,2008.41-44.

[16][美]戈登·塔洛克.经济等机制、组织与生产的结构[M].柏克,郑景胜,译.北京:商务印书馆,2010.47-48.

[17][美]哈罗德·J·伯尔曼.法律与革命:西方法律传统的形成[M].贺卫方,译.北京:中国大百科全书出版社,1993.128.

[18][美]汉密尔顿,麦迪逊,杰伊.联邦党人文集[M].程逢如等,译.北京:商务印书馆,1980.264.

[19][芬]汉努·努尔密.政治经济学模型[M].赵钟宜等,译.上海:上海人民出版社/格致出版社,2010.179-182.

[20][英]霍布斯.利维坦[M].北京:商务印书馆,1985.197.

[21][加]加雷思·摩根.组织[M].金马,译.北京:清华大学出版社,2005.156,159.

[22]贾康等.全面深化财税体制改革之路[M].北京:人民出版社,2015.58.

[23]贾康,苏京春.供给侧改革—新供给简明读本[M].北京:中信出版集团,2016.101.

[24][英]简·莱恩.新公共管理[M].赵成根等,译.北京:中国青年出版社,2004.6.

[25][英]卡尔·波普尔.猜想与反驳[M].傅季重,译.上海:上海译文出版社,1986.491.

[26]李光久,李昕.博弈论简明教程[M].镇江:江苏大学出版社,2013.152-156,198-201.

[27]论语·为政

[28]论语·颜渊

[30][美]罗伯特·达尔.论民主[M].李柏光等,译.北京:商务印书馆,1999.165.

[30][英]罗伯特·克里特加德.控制腐败[M].杨光斌,译.北京:中央编译出版社,1998.51.

[31][英]洛克.政府论(下篇)[M].叶启芳,瞿菊农,译.北京:商务印书馆,1982.3-5,95.

[32][法]卢梭.社会契约论[M].何兆武,译.北京:商务印书馆,1980.34,132-134.

[33][美]马丁·P·戈尔丁.法律哲学[M].齐海滨,译.上海:三联书店,1987.232.

[34][德]马克斯·韦伯.新教伦理与资本主义精神[M].于晓,译.上海:三联书店,1987.7-8.

[35][德]马克斯·韦伯.经济与社会下卷[M].北京:商务印书馆,1997.320.

[36][德]马克思,恩格斯.马克思恩格斯选集(第二卷)[M].北京:人民出版社,1995.335.

[37][美]麦克尔·巴泽雷.突破官僚制:政府管理的新愿景[M].孔宪遂等,译.北京:中国人民大学出版社,2002.2.

[38][美]曼瑟尔·奥尔森.集体行动的逻辑[M].陈郁,译.上海:上海人民出版社/格致出版社/上海三联书店,1995.7,13-14,25.

[39][法]孟德斯鸠.论法的精神(上篇)[M].张雁深,译.北京:商务印书馆,1961.166.

[40]孟子·公孙丑上

[41][英]帕特里克·敦利威.民主、官僚制与公共选择[M].张庆东,译.北京:中国青年出版社,2004.87.

[42]彭和平 翻 叶舟.国外公共行政理论精选[M].北京:中共中央党校出版社,1997.1.

[43][美]乔治·弗雷德里克森.公共行政的精神[M].张成福,译.北京:中国人民大学出版社,2003.91.

[44][美]全钟燮.公共行政的社会建构:解释与批判[M].孙柏瑛等,译.北京:北京大学出版社,2008.51.

[45][英]Stephen P.Osborne.新公共治理?——公共治理理论和实践方面的新观点[M].包国宪等,译.北京:科学出版社,2016.5-10,124.

[46]三国志·魏书·夏侯玄传

[47][美]苏珊·罗斯·艾克曼.腐败与政府[M].北京:新华出版社,1999.187.

[48][美]特里·I·库珀.行政伦理学:实现行政责任的途径[M].张秀琴,译.北京:中国人民大学出版社,2001.130.

[49][法]托克维尔.论美国的民主(上卷)[M].董果良,译.北京:商务印书馆,1997.100-101.

[50][英]托马斯·霍布斯.利维坦[M].黎思复等,译.北京:商务印书馆,1985.464.

[51][美]威廉姆·A·尼斯坎南.官僚制与公共经济学[M].王浦劬,译.北京:国青年出版社,2004.206.

[52][美]西摩·马丁·李普塞特.政治人—政治的社会基础[M].张绍宗,译.上海:上海人

民出版社,1997.55,58.

[53][英]亚当·斯密.国民财富的性质和原因的研究[M].郭大力,王亚南,译.北京：商务印书馆,1988.13,27.

[54][英]亚当·斯密.道德情操论[M].蒋自强,钦北愚,译.北京：商务印书馆,1997.230.

[55][古希腊]亚里士多德.政治学[M].吴寿彭,译.北京：商务印书馆,1965.27,124,199.

[56][美]约翰·罗尔斯.正义论[M].何怀宏,何包钢,廖申白,译.北京：中国社会科学出版社,1988.70,213,216.

[57][英]约翰·洛克.政府论[M].叶启芳等,译.北京：商务印书馆,1964.35.

[58][美]约瑟夫·斯蒂格利茨.社会主义向何处去[M].周立群等,译.长春：吉林人民出版社,1998.48-49.

[59][美]约瑟夫·E·斯蒂格利茨.公共部门经济学[M].郭庆旺等,译.北京：中国人民大学出版社,2012.120-126,170-173.

[60][美]詹姆斯·M·布坎南.经济学家应该做什么[M].罗根基,雷家骕,译.成都：西南财经大学出版社,1988.3.

[61][美]詹姆斯·M·布坎南.自由、市场和国家：80年代的政治经济学[M].吴良健,译.北京：北京经济学院出版社,1989.34.

[62][美]詹姆斯·M·布坎南,戈登·塔洛克.同意的计算 立宪民主的逻辑基础[M].陈光金,译.北京：中国社会科学出版社,2000.160-161,207,332.

[63][美]詹姆斯·M·布坎南,理查德德·A·马斯格雷夫.公共财政与公共选择：两种截然不同的国家观[M].类承曜,译.北京：中国财政经济出版社,2000.40.

[64][美]詹姆斯·M·布坎南.财产与自由[M].韩旭,译.北京：中国社会科学出版社,2002.18-19.

[65][美]詹姆斯·M·布坎南.宪政经济学[M].冯克利等,译.北京：中国社会科学出版社,2004.154-155.

[66][美]詹姆斯·M·布坎南.规则的理由[M].冯克利,译.北京：中国社会科学出版社,2004.58.

[67][美]詹姆斯·M·布坎南.宪法秩序的经济学与伦理学[M]罗豪才,译.北京：商务印书馆,2008.78.

[68]张维迎.博弈论与信息经济学[M].上海:上海人民出版社,2011.256-262.

[69][美]珍妮·V·登哈特,罗伯特·B·登哈特.新公共服务:服务而不是掌舵[M].丁煌,译.北京:中国人民大学出版社,2004.36.

[70][美]帕特里夏·英格拉姆.公共管理体制改革的模式[A].国家行政学院国际交流合作部编译.西方国家行政改革述评[C].北京:国家行政学院出版社,1998.62-63.

中文杂志

[1]郭小聪,聂勇浩.行政伦理:降低行政官员道德风险的有效途径[J].中山大学学报,2003,(1):86-90.

[2]何彬,潘新美.任务压力、问责风险与政府公共服务供给模式的选择——以城市管网巡护为例[J].甘肃行政学院学报,2016,(02):35-44.

[3]黄腾,柯永建,李湛湛,王守清.中外PPP模式的政府管理比较分析[J].项目管理技术,2009,(01):9-13.

[4]贾康.论分配问题上的政府责任与政策理性(二)——从区分"公平"与"均平"说起[J].审计与理财,2007,(5):5-6.

[5]贾康,孙洁.公私合作伙伴机制:新型城镇化投融资的模式创新[J].中共中央党校学报,2014,(2):64-71.

[6]柯永建,王守清,陈炳泉.私营资本参与基础设施PPP项目的政府激励措施[J].清华大学学报(自然科学版),2009,(09):1480-1483.

[7]赖丹馨,费方域.公私合作制(PPP)的效率:一个综述[J].经济学家,2010,(07):97-104.

[8]李秀辉,张世英.PPP:一种新型的项目融资方式[J].中国软科学,2002,(02):51-54.

[9]刘舒杨,王浦劬.政府购买公共服务中的风险与防范[J].四川大学学报,2016,(05):5-13.

[10]刘新平,王守清.试论PPP项目的风险分配原则和框架[J].建筑经济,2006,(02):59-63.

[11]吕芳,潘小娟.基于公民互助的协同生产——公共服务供给的一种新模式[J].北京行政学院学报,2014(06):103-107.

[12]欧纯智.政府与社会资本合作的善治之路——构建PPP的有效性与合法性[J].中国行政管理,2017(1):57-62.

[13]徐霞,郑志林.公私合作制(PPP)模式下的利益分配问题探讨[J].城市发展研究,2009,(03):104-106.

[14]张成福.公共行政的管理主义:反思与批判[J].中国人民大学学报,2001,(1):15-21.

[15]张康之.评政治学的权力制约思路[J].中国人民大学学报,2000,(02):66-74.

[16]张康之.超越官僚制:行政改革的方向[J].求索,2001,(3):32-36.

[17]张康之.走向合作治理的历史进程[J].湖南社会科学,2006,(04):31-36.

[18]张维然,林慧军,王绥娟,延安东路隧道复线BOT模式之评价[J].中国市政工程,1996,(09):48-53.

[19]蓝志勇.全景式综合理性与公共政策制定——中国行政管理[J].2017(02):17-20.

中文报告

[1]2015全国人大地方债调研报告

中文新闻报纸

[1]广东廉江引资1669万美元建成水厂后空置8年[N].广州日报,2007-6-19.http://news.dayoo.com/guangdong/gb/content/2007-06/19/content_2854931.html.

[2]国家发展改革委讯.国家发展改革委发布政府和社会资本合作推介项目[N].2015-5-25. http://zys.ndrc.gov.cn/xwfb/201505/t20150525_693162.html.

[3]黄全权,吴亮.泉州刺桐大桥连不上高速路[N].中国青年报,2002-9-26.http://news.sohu.com/54/04/news203380454.shtml.

[4]贾康.PPP"政热企冷"之说有偏颇[N].新供给经济学论坛,2015-11-20.http://www.taooil.net/huzang/2015/1120/6087.html.

[5]贾康.PPP——制度供给创新及其正面效应[N].光明日报,2015-5-27.http://theory.people.com.cn/n/2015/0527/c40531-27061850.html.

[6]贾康.PPP—制度供给创新及其正面效应.光明日报[N].中国共产党新闻网,2015-05-27. http://theory.people.com.cn/n/2015/0527/c40531-27061850.html.

[7]贾康.PPP制度创新打开了民间资本跟进的制度空间[N].财新网,2015-1-16.http://opinion.caixin.com/2015-01-16/100775317.html.

[8]贾康.借助PPP推动国企改革[N].财新网,2015-5-6.http://video.caixin.com/2015-05-

06/100806835.html.

[9]贾康.PPP模式是融资机制、管理体制机制的创新[N].中国环保网,2014-8-25 http://www.chinaenvironment.com.

[10]贾康.PPP—制度供给创新及其正面效应.光明日报[N].中国共产党新闻网,2015-05-27.http://theory.people.com.cn/n/2015/0527/c40531-27061850.html.

[11]贾康.政府和社会资本合作正迎来春暖花开[N].中国青年网,2015-03-07.http://news.youth.cn/gn/201503/t20150307_6509448.htm.

[12]贾康.PPP制度创新打开了民间资本跟进的制度空间[N].财新网,2015-01-16.http://opinion.caixin.com/2015-01-16/100775317.html.

[13]贾康.PPP—制度供给创新及其正面效应[N].光明日报,2015-05-27.
http://theory.people.com.cn/n/2015/0527/c40531-27061850.html

[14]贾康.PPP:制度供给创新及其正面效应[N].光明日报,2015-05-27.http://news.gmw.cn/2015-05/27/content_15791552.html.

[15]贾康.PPP模式1+1+1>3[N].太平洋建设,2016-04-19.http://www.hn.xinhuanet.com/2016-04/19/c_1118673958.html.

[16]贾康.合理分配风险是PPP效益最大化前提[N].人民网,2015-03-09.http://www.ccgp.gov.cn/specialtopic/pppzt/news/201503/t20150309_5063520.html.

[17]贾康.用法律为PPP保驾护航[N].政府和社会资本合作(PPP)研究中心,2015-04-13.http://www.pppcenter.org.cn/llyj/zjsd/201504/111949dXh.html.

[18]贾康.PPP:制度供给创新及其正面效应[N].光明日报,2015-05-27.http://epaper.gmw.cn/gmrb/html/2015-05/27/nw.D110000gmrb_20150527_1-15.html.

[19]贾康.PPP模式是1+1+1大于3[N].新浪环保,2014-12-28.http://news.sina.com.cn/green/2014-12-28/132131336601.shtml.

[20]贾康.借助PPP推动国企改革[N].财新网,2015-5-6.http://video.caixin.com/2015-05-06/100806835.html.

[21]贾康.PPP模式是融资机制、管理体制机制的创新[N].中国环保网,2014-8-25.http://www.chinaenvironment.com.

[22]贾康.用法律为PPP保驾护航[N].政府和社会资本合作(PPP)研究中心,2015-4-13.

http://www.pppcenter.org.cn/llyj/zjsd/201504/111949dXh.html.

[23]截至6月末全国PPP总投资额10.6万亿元 加快落地[N].人民日报,2016-7-29. http://www.peopledigital-sd.com/ANNews/ShowInfo.asp?InfoID=89435.

[24]靳明伟.北京地铁4号线背后的PPP故事[N].中国建设工程网,2015-2-9. http://www.chinacem.com.cn/ppp-nljs/2015-02/182562.html.

[25]靳明伟.PPP模式失败案例之长春汇津污水处理厂[N].中国建设工程网,2015-3-6. http://www.chinacem.com.cn/ppp-nljs/2015-03/183741.html.

[26]靳明伟.PPP模式失败案例之长春汇津污水处理厂[N].中国建设工程网,2015-3-6. http://www.chinacem.com.cn/ppp-nljs/2015-03/183741.html.

[27]李香玉.PPP项目的失败案例[N].中国工程建设,2015-02-12.http://www.chinacem.com.cn/ppp-alfx/2015-02/182873.html.

[28]盲目承诺出恶果:港商索赔9亿元[N].新华网,2004-8-4.http://news.xinhuanet.com/comments/2004-08/04/content_1708128.html.

[29]人社部.我国退休年龄全球最早将逐步延迟[N].人民网-财经频道,2015-10-15.http://finance.people.com.cn/n/2015/1015/c1004-27701024.html.

[30]谁动了杭州湾跨海大桥的奶酪?[N].长三角视点浙江在线新闻网站,2005-3-3. http://www.zjol.com.cn/05delta/system/2005/03/03/004356436.shtml.

[31]史尧尧,杜涛.地方报送项目8000亿-银行慎对PPP[N].经济观察报,2015-2-14. http://www.eeo.com.cn/2015/0214/272590.shtml.

[32]武汉汤逊湖污水处理厂BOT项目夭折[N].中国建设报,2004-9-24.http://www.chinajsb.cn/gb/content/2004-09/24/content_108231.html.

[33]赵燕凌.中华发电命系电力改革 竞价上网危及当年BOT承诺[N].财经时报,2003-5-15.http://it.sohu.com/34/12/article209271234.shtml.

[34]中国第二个水务PPP项目北京第十水厂16年后终将建成[N].东方早报,2014-8-18. http://www.huanjingchanye.com/html/industry/2014/0818/1920.html.

外文书

[1]Beetham,D.(1991).The legitimation of power.New York:Macmillan Education Ltd,

1991:15-16,68-69.

[2]Bozeman,B.(1987).All organizations are public: bridging public and private organization theory.Jossey-Bass Inc,10-12,14-29.

[3]Rainey, H.G.(1996).Understanding And Managing Public Organizations.Jossey-Bass Publishers San Francisco ,61.

外文杂志

[1]Abrahamson,E.(1991).Managerial Fads and Fashions: The Diffusion and Rejection of Innovations.The Academy of Management Review,16(3): 586-612.

[2] Alford, J., & Hughes, O.E. Public value pragmatism as the next phase of public management[J].American Review of Public Administration,2008,38(2): 130-148.

[3] Andreoni,J., & Bergstrom, T.(1996).Do government subsidies increase the private supply of public goods?.Public Choice,88(3),295-308.

[4] Andranovich, G.(1995).Achieving consensus in public decision making: applying interest-based problem solving to the challenges of intergovernmental collaboration.The Journal of Applied Behavioral Science: A Publication of the NTL Institute,31(4),429-445.

[5]Ansell,C.,& Gash,A.(2008).Collaborative Governance in Theory and Practice.Journal of Public Administration Research and Theory: J-PART,18(4),543-571.

[6] Bates, R.H. (1988). Contra contractarianism: some reflections on the new institutionalism.Politics & Society,16(2-3),387-401.

[7]Beck,T.,Bozeman,B.(2007).Public Values : An Inventory.Administration and Society, 39(3):354-381.

[8]Bellone,C.J.,& Goerl,G.F.(1992).Reconciling public entrepreneurship and democracy. Public Administration Review,52(2),130-134.

[9]Berry,W.D.,& Lowery,D.(1987).Explaining the size of the public sector: responsive and excessive government interpretations.The Journal of Politics,49(Volume 49,Number 2), 401-440.

[10]Bergstrom, T., Blume, L., & Varian, H.(1986).On the Private Provision of Public

Goods."J.Public Econ（Vol.29,pp.25-49）.

[11]Bing Li, A. Akintoye, & C. Hardcastle.（2005）.Critical success factors for ppp/pfi projects in the uk construction industry.Construction Management & Economics,23(5),459-471.

[12]Bovaird,T.(2004).Public-private partnerships: from contested concepts to prevalent practice.International Review of Administrative Sciences: An International Journal of Comparative Public Administration,70(2),199-215.

[13]Bovaird,T.(2006).Developing new forms of partnership with the 'market' in the procurement of public services.Public Administration,84(1),81-102.

[14]Bozeman,B.,Perry,J.L.,& Kraemer,K.L.(1983).Public management: public and private perspectives.Journal of Policy Analysis & Management,2(4).

[15]Bozeman,B.,Reed,P.N.,& Scott,P.(1992).Red tape and task delays in public and private organizations.Administration & Society,24(24),290-322.

[16]Bozeman,B.,& Kingsley,G.(1998).Risk culture in public and private organizations. Public Administration Review,58(2),109-119.

[17]Braithwaite,V.,Ahmed,E.,Antonides,G.,& Read,D.(2005).A threat to tax morale: the case of australian higher education policy.Journal of Economic Psychology,26(4),523-540.

[18]Brennan,G.,& Brooks,M.(2007).Esteem based contributions and optimality in public goods supply.Public Choice,130(3),457-470.

[19] Brinkerhoff, D. W., & Brinkerhoff, J. M.（2011）.Public-private partnerships: perspectives on purposes, publicness, and good governance. Public Administration and Development,31(1),2-14.[20]Broadbent,J.,Gray,A.,& Jackson,P.M.(2003).Public-private partnerships: editorial.Public Money & Management,23(3),135-136.

[21]Buchanan,J.M.(1976).Barro on the ricardian equivalence theorem.Journal of Political Economy,84(Volume 84,Number 2),337-342.

[22]Buchholz,W.,Cornes,R.,& Rübbelke,D.(2011).Matching as a cure for underprovision of voluntary public good supply.Economics Letters,117(3),727-729.

[23] Chandler, J. (1991). Public administration: a discipline in decline. Teaching pulic administration,9:39-45.

[24]Cheung, E., Chan, A. P. C., & Kajewski, S. (2012). Factors contributing to successful public private partnership projects: comparing hong kong with australia and the united kingdom. Journal of Facilities Management,10(1),45-58.

[25]Camerer CF,& Fehr E.(2006).When does "economic man" dominate social behavior?. Science,311(5757),47-52.

[26]Denhardt,R.B.,& Denhardt,J.V.(2000).The new public service: serving rather than steering.Public Administration Review,60(6),549-559.

[27]Dunleavy,P.(1985).Bureaucrats, budgets and the growth of the state: reconstructing an instrumental model.British Journal of Political Science,15(3),299-328.

[28]E.H.Klijn,& J.F.M.Koppenjan.(2000).Public management and policy networks.Public Management Review,2(2),135-158.

[29]Fenger, M., & Klok, P. J. (2001). Interdependency, beliefs, and coalition behavior: a contribution to the advocacy coalition framework.Policy Sciences,34(2),157-170.

[30]Flinders,M.(2005).The politics of public-private partnerships.British Journal of Politics & International Relations,7(2),215-239.

[31] Franklin, A. L. (2001). Serving the public interest? federal experiences with participation in strategic planning.American Review of Public Administration,31(2),126-138.

[32] Gaffney, D. Pollock, A. 'Pump-priming the PFI: why are privately financed hospital schemes being subsidised?'[J].Public Money and Management,1999,19(1): 55-62.

[33] Geoffrey Brennan, & James M. Buchanan. (1977). Towards a tax constitution for leviathan.Journal of Public Economics,8(3),255-273.

[34]Goel,R.K.,& Nelson,M.A.(1998).Corruption and government size: a disaggregated analysis.Public Choice,97(1),107-120.

[35]Gow,J.I.,& Dufour,C.(2000).Is the new public management a paradigm? does it matter?.International Review of Administrative Sciences,66(4),573-597.

[36] Guðrið Weihe. (2008). Ordering disorder-on the perplexities of the partnership literature.Australian Journal of Public Administration,67(4),430-442.

[37] Hans Van Ham, & Joop Koppenjan. (2001). Building public-private partnerships:

assessing and managing risks in port development.Public Management Review,3(4),593-616.

[38]Heldeweg, M., & Sanders, M. (2013). Good legal governance in authoritative public-private partnerships. European Procurement & Public Private Partnership Law Review, 2, 175-185.

[39]Heldeweg, M., & Sanders, M. (2013). Good legal governance in authoritative public-private partnerships.European Procurement & Public Private Partnership Law Review.

[40]Hill, C. J., & Lynn, L. E. (2005). Is hierarchical governance in decline? evidence from empirical research. Journal of Public Administration Research and Theory: J-PART, 15(2), 173-195.

[41] Hodge, G. A., & Greve, C. (2007). Public-private partnerships: an international performance review.Public Administration Review,67(3),545-558.

[42]Hood,C.(1991).A public management for all seasons?.Public Administration,69(1), 3-19.

[43] Hood, C. (1995). the new public management in the 1990s: variations on a theme. Accounting ,Organizations and Society,20(2-3):93-109.

[44]Hood,C.(2002).The risk game and the blame game.Government and Opposition,37 (1),15-37.

[45]Humphreys,I.M.,Francis,G.,& Ison,S.G.(2003).An examination of risk transference in air transport privatization.Transportation Quarterly,57(4),31-37.

[46]Huxham,C.(2010).Theorizing collaboration practice collaboration.Public Management Review,5(3),401-423.

[47]Jean Shaoul.(2002).New developments: a financial appraisal of the london underground public-private partnership.Public Money & Management,22(2),53-60.

[48]John,D.W.,Kettl,D.F.,Dyer,B.,& Lovan,W.R.(1994).What will new governance mean for the federal government?.Public Administration Review,54(2),170-175.

[49]Ke,Y.,Wang,S.Q.,Chan,A.P.,& Cheung,E.(2009).Research trend of public-private partnership in construction journals.Journal of Construction Engineering & Management,135 (10),1076-1086.

[50] Kettl, D. F. (1997). The global revolution in public management: driving themes, missing links. Journal of Policy Analysis and Management, 16(3), 446-462.

[51] Kooiman, J. (1999). Social-political Governance: Overview, Reflection and Design. Public Management Review, 1(1): 67-92.

[52] Koppenjan, J. F. M. (2005). The formation of public-private partnerships: lessons from nine transport infrastructure projects in the netherlands. Public Administration, 83(1), 135-157.

[53] Lake, D. A., & Baum, M. A. (2001). The invisible hand of democracy. Comparative Political Studies, 34(6), 587-621.

[54] Lockwood, B. (2003). Imperfect competition, the marginal cost of public funds and public goods supply. Journal of Public Economics, 87(7-8), 1719-1746.

[55] Maskin, E. (1999). Nash equilibrium and welfare optimality. Review of Economic Studies, 66(1), 23-38.

[56] Maskin, E., & Tirole, J. (2008). Public-private partnerships and government spending limits. International Journal of Industrial Organization, 26(2), 412-420.

[57] Meier, K. J. (1997). Bureaucracy and democracy: the case for more bureaucracy and less democracy. Public Administration Review, 57(3), 193-199.

[58] Miller, C. (1999). Partners in regeneration: constructing a local regime for urban management?. Policy & Politics, volume 27(27), 343-358.

[59] Milward, H. B., & Provan, G. K. (2003). Managing the hollow state-collaboration and contracting. Public Management Review, 5(10), 1-18.

[60] Moe, T. M. (1984). The new economics of organization. American Journal of Political Science, 28(4), 739-777.

[61] Moore, H., & Mayo, E. (2001). The mutual state: how local communities can run public services. New Economics Foundation.

[62] Ng, S. T., Xie, J., Cheung, Y. K., & Jefferies, M. (2007). A simulation model for optimizing the concession period of public-private partnerships schemes. International Journal of Project Management, 25(8), 791-798.

[63] North, D. C., & Weingast, B. R. (1989). Constitutions and commitment: the evolution of

institutions governing public choice in seventeenth-century england.Journal of Economic History,49(4):803-832.

[64]Ouchi,W.(1980).Markets,Bureaucracies,and Clans.Administrative Science Quarterly,25(1):129-141.

[65] Patrick Dunleavy,& Christopher Hood.(1994).From old public administration to new public management.Public Money & Management,14(3),9-16.

[66] Pennock, & Roland, J. (2010). Federal and unitary government—disharmony and frustration.Behavioral Science,4(2),147-157.

[67]Provan,K.G.,Kenis,P.(2008).Modes of network governance: structure,management,and effectiveness.Journal of Public Administration Research and Theory,18(2): 229-252.

[68] Rainey, H. G. (2003). Understanding and managing public organization. Public Productivity & Management Review,15(4),12-12.

[69]Rainey,H.G.,Backoff,R.W.,& Levine,C.H.(1976).Comparing public and private organizations.Public Administration Review,36(2),233-244.

[70]Rhodes,R.A.W.(1990).Policy networks: a british perspective.Journal of Theoretical Politics,2(3),293-317.

[71] Richards, D., & Smith, M. J. (2002). Governance and Public Policy in the UK. Governance and public policy in the United Kingdom.Oxford University Press.

[72]Richard Laughlin.(1991).Can the information systems for the nhs internal market work?.Public Money & Management,11(3),37-41.

[73] Roberts, R. D. (1987). Financing public goods. Journal of Political Economy, 95(2), 420-437.

[74]Rubinstein,A.(2010).Perfect equilibrium in a bargaining model.Econometrica,50(1),97-109.

[75]Samuelson,P.A.(1954).The pure theory of public expenditure.Review of Economics & Statistics,XXXVI(4),387-389.

[76]Sansom,K.(2006).Government engagement with non-state providers of water and sanitation services.Public Administration and Development,26(3),207-217.

[77]Shen, L. Y., Platten, A., & Deng, X. P. (2006). Role of public private partnerships to manage risks in public sector projects in hong kong. International Journal of Project Management, 24(7),587-594.

[78]Smyth, H., & Edkins, A. (2007). Relationship management in the management of pfi/ppp projects in the uk. International Journal of Project Management,25(3),232-240.

[79]Snyder, S. K. (1999). Testable restrictions of pareto optimal public good provision. Journal of Public Economics,71(1),97-119.

[80]Sorensen, J. (2003). A financial analysis of the national air traffic services ppp. Public Money & Management,23(3),185-194.

[81]Tang, L. Y., Shen, Q., & Cheng, E. W. L. (2010). A review of studies on public-private partnership projects in the construction industry. International Journal of Project Management,28(7),683-694.

[82]Tideman, T. N., & Tullock, G. (1976). "a new and superior method for making social choices.". Journal of Political Economy,84(6),1145-1159.

[83]Tullock,G.(1969).Federalism: problems of scale.Public Choice,6(1),19-29.

[84]Vivien Lowndes, & Helen Sullivan. (2004). Like a horse and carriage or a fish on a bicycle: how well do local partnerships and public participation go together?. Local Government Studies,30(1),51-73.

[85]Warr, P. G. (1982). Pareto optimal redistribution and private charity. Journal of Public Economics,19(1),131-138.

[86] Wibowo, A. (2004). Valuing guarantees in a bot infrastructure project. Engineering, Construction and Architectural Management,11(6),395-403.

[87] Zadek, S. (2001). Partnership alchemy: engagement, innovation and governance. Perspectives on Corporate Citizenship,(16),199-214.

[88] Zhiyong Lan, & David H. Rosenbloom. (2008). Editorial: public administration in transition? Public Administration Review,68(4): 775-777.

致　谢

我要感谢我的导师贾康教授，导师的一系列学术著作将我带入财政学这个全新的领域，这门学科是那样的异彩纷呈，深深地吸引我。感谢他在我的学习和论文研究过程中给予的多方面的悉心指导与帮助，在本论文的写作过程中，与贾老师的多次交谈常常极大地启发我的思路和灵感，论文从初稿到定稿，提出了从资料运用到文字润饰等方面的许多具体的修改意见。在贾老师的指导和督促下，终于完成了我的博士后出站报告。同时，我要诚挚的感谢我的硕士生导师—哈尔滨工业大学的鞠晓峰教授，是鞠老师将我引入到学术的殿堂，还要感谢我的博士生导师—亚利桑那州立大学、清华大学的蓝志勇教授，蓝老师给了我严谨的学术训练。

真诚地感谢刘克崮行长，跟随刘行长做了几个项目，从刘行长那里学到很多东西。还要感谢刘尚希院长，张野平处长。感谢我的博士后同门，他们的睿智和勤奋让我从与他们的交流中收获良多，而他们在学习和生活中所给予我的毫无保留的帮助，也让我感受到无尽的温暖。

最后，我要特别感谢我的家人，由于我做博后期间不能在家，很多事情都落在家人的身上，感谢家人对我的默默付出，感谢家人一直以来对我的经济支持。

欧纯智

2017 年 4 月 10 日星期一

附录

华夏新供给经济学研究院

简介

华夏新供给经济学研究院是由贾康、白重恩、王庆等12位学者发起设立、经政府管理部门批准成立于2013年9月的新型民间智库组织，现任理事长为中国民生银行董事长洪崎先生，监事长为蚂蚁金服集团总裁井贤栋先生，院长为华软资本管理集团股份有限公司董事长王广宇先生，首席经济学家为贾康先生。按中央《关于加强中国特色新型智库建设的意见》的精神，研究院秉承"求真务实融合古今，开放包容贯通中西"的全球视野和时代责任感，以"责任、专业、团结、创新"为文化，以"人才是核心，研究是基础，社会效益是追求"为理念，践行勤勉奋进的"梅花精神"和开放包容的"牡丹精神"，打造学习型组织和创新型团队。研究院通过构建跨界合作的"中国新供给经济学50人论坛"和"中国养老金融50人论坛（CAFF50）"，努力建设具有高学术品味和国际影响力的中国特色新型智库。已有百位经济学家、实业家、金融界精英和媒体人士加盟的新供给研究院的研究团队，通过举办新供给双周学术研讨会、季度宏观经济形势分析会、《中国2049战略》圆桌、新供给金融圆桌以及新供给年度重点课题研究等活动，致力于建设特色鲜明、制度创新的高端智库，为中国改革开放予以理论阐释和提出积极建言，持续推动中国经济改革和发展实践，为中国和世界经济繁荣和社会进步竭尽所能。

China Academy of New Supply-side Economics

China Academy of New Supply-side Economics is a new civil think tank organization established in September, 2013 by 12 scholars including Jia Kang, Bai Chongen and Wang Qing etc., and approved by government administration department, with President of China Minsheng Banking Corp. Ltd. Hong Qi as current Director-General, President of Ant Financial Services Group Jing Xiandong as Supervisor, Chairman of the Board of China Soft Capital Wang Guangyu as President and Jia Kang as Chief Economist. In accordance with the spirits of the Opinions on Strengthening the Construction of A New Think Tank with Chinese characteristics, the Academy adheres to the spirits of "truth-seeking and pragmatism, integration of the ancient and the present, openness and tolerance, and combination of Chinese and western cultures", takes basis on global view and the sense of time responsibility, holds the culture of "responsibility, professionalism, teamwork and innovation", sticks to the philosophy of "talent is the core, research is the base and social benefits is the pursuit" and practices diligent and endeavored "plum flower spirit" as well as open and tolerant "peony spirit". The Academy makes efforts to establish a new think tank with highly academic atmospheres and international influence and also Chinese characteristics by means of setting up a cross-discipline cooperative "China New Supply-side Economists 50 Forum" and "China Ageing Finance Forum". Currently, hundreds of economists, industrialists, financial experts and media personnel have joined the research group of China Academy of New Supply-side Economics. Organize new supply-side biweekly academic symposium, quarterly macro economic analysis workshop, China 2049 Strategy round table, new-supply financial round table and annual new supply-side key research programs, etc., and devote to build a high-end think tank with distinctive features and innovative system so as to theoretically explain China's opening up and reform and actively put forward policy suggestions, continuously promote China's economy reform and development practice and make great efforts for China and the world's economic prosperity and social progress.

中国新供给经济学 50 人论坛

简介

"中国新供给经济学 50 人论坛"(以下简称"论坛")是由中关村华夏新供给经济学研究院(以下简称"研究院")内部设立和管理的经济学术研究平台,由中国经济学界、实业界具有较强学术功底和颇具社会影响力的成员组成。

论坛以全球视野和时代责任感,秉承勤勉奋进的"梅花精神"和开放包容的"牡丹精神",坚持"求真务实融汇古今,开放包容贯通中西"的基本理念,以战略性、法制性、国际性、实践性思维,致力于通过构建跨界合作的新型研究平台,对中国改革开放予以理论阐释和提出积极建言,夯实中国经济学理论基础,特别是新供给经济学理论创新,以经济学理论的不断发展创新持续推动中国经济改革和发展的成功实践,为中国和世界经济繁荣竭尽所能。

第一届论坛成员是国内外有影响力的经济学家、企业家和相关行业专家等。为了突出论坛的广泛性和跨行业特点,论坛设立特邀研究员和特邀媒体合作伙伴,注重其所在行业的影响力。为了培养青年人才,论坛设立特邀论坛成员,侧重于培养具有较大发展潜力,年龄在 40 岁以下(不包括 40 岁)的青年学者。论坛专职工作人员具备高素质,忠实勤勉、有奉献精神。

中国新供给经济学 50 人论坛秘书处
论坛秘书长:王广宇

China New Supply-side Economist 50 Forum

China New Supply-side Economist 50 Forum (hereafter referred to as "Forum") is an internal economic and academic research platform established and managed by China Academy of New Supply-side Economics, composed of members with strong academic foundation and great social influence in China economic circles and business community.

The forum has global view and senses of time responsibility, adheres to diligent and endeavored "plum spirit" as well as open and tolerant "peony spirit", sticks to the basic philosophy of "truth-seeking and pragmatism, integration of the ancient and the present, openness and tolerance, and combination of Chinese and western cultures", and takes strategic, legal, international and practical view. By means of establishing a cross-discipline cooperative new type think tank platform, the forum is committed to theoretically explaining China's opening up and reform and actively putting forward suggestions, building a solid foundation for Chinese economics theories, especially the innovation of new supply-side economics theories, continuously promoting China's successful reform and development practice based on the continuous developing and innovative economic theories, and making great efforts for China and the world's economic prosperity and social progress.

The members of the first session of the forum are influential economists, entrepreneurs and relevant industry experts both at home and abroad. To highlight the breadth and cross-discipline characteristics of the forum, the forum sets specially invited researchers and media partners, focusing on their influence in corresponding industry. To cultivate the young talent, the forum sets specially invited members, and focuses on the cultivation of young prospecting scholars with age less than 40 years old (not including 40 years old). The forum has high-quality, loyal, diligent and dedicated staff.

Secretariat of New Supply-side Economist 50 Forum

Secretary-General: Guangyu Wang (Concurrent)

中国养老金融 50 人论坛

简介

中国养老金融 50 人论坛（CAFF50）由华夏新供给经济学研究院和中国人民大学董克用教授联合多家机构共同发起，于 2015 年 12 月 9 日正式成立。论坛成员由政界、学界和业界具有深厚学术功底和重要社会影响力的人士组成，致力于成为养老金融领域的高端专业智库，旨在为政策制定提供智力支持，为行业发展搭建交流平台，向媒体大众传播专业知识。论坛的使命为：推动我国养老金融事业发展，促进我国长期资本市场完善，推进普惠养老金融建设，践行改善民生福祉的社会责任。

中国养老金融 50 人论坛秘书处

论坛秘书长：董克用

China Ageing Finance Forum (CAFF50)

Introduction

China Ageing Finance Forum (CAFF50) was established on December 9, 2015, which was launched by Professor Keyong Dong, China Academy of New Supply-side Economics and other organizations. Members of CAFF50 are top experts on ageing finance from political, academic, and industry areas, who also have great reputation and social influence. Committed to become a high-quality and independent think tank, CAFF50 acts to provide research support for policymakers, to build a communication platform for industry professionals, and to be a financial literacy center for the public. The mission of CAFF50 is promoting the development of ageing finance industry, perfecting the long-term capital market, impelling the construction of inclusive pension finance, and undertaking obligations to improve people's livelihood and well-being in China.

Secretariat China Ageing Finance Forum (CAFF50)

Secretary: Keyong Dong (Concurrent)